JN241286

法政大学大原社会問題研究所／進藤理香子 編著

日本とウクライナ

遠くて近いパートナー

歴史・挑戦・未来

法政大学大原社会問題研究所叢書

Japan and Ukraine

Distant yet Close Partners

Historical Ties, Contemporary Challenges and Future Perspectives

Edited by Rikako Shindo and The Ohara Institute for Social Research/Hosei University

法政大学出版局

Japan–Ukraine Joint Publishing Project

Japan and Ukraine
Distant yet Close Partners

Historical Ties, Contemporary Challenges and Future Perspectives

Edited by
Rikako Shindo and The Ohara Institute for Social Research/Hosei University
In collaboration with
The State Institution "Institute of World History of the National Academy of Sciences of Ukraine"

日本とウクライナ　遠くて近いパートナー──歴史・挑戦・未来◉目次

第十一章　日越協力の発展とロシア・ウクライナ戦争のベトナムへの影響

刊行によせて

ヴィクトリヤ・ソロシェンコ

本書は、ウクライナと日本の歴史学者、政治学者、経済学者、社会学者などの執筆陣からなる、学際的な論文集である。本書のタイトルである『日本とウクライナ　遠くて近いパートナー——歴史・挑戦・未来』は、偶然に選ばれたものではない。それには次の様な思いが込められている。

ウクライナと日本は地理的な意味での隣国ではないが、長い歴史的な繋がりを有している。ウクライナと日本は、それぞれ困難な過去を経験し、それは自国の歴史のなかで悲劇的な、激動の時代として記憶されている。ウクライナは二度の世界大戦をつうじた荒廃、スターリン体制下のジェノサイド、ホロドモールという未曾有の悲劇を経験し、また日本は、周辺国に対する侵略戦争の歴史を持つと同時に、多くの市民が空襲や原子力爆弾の犠牲となった。このような二〇世紀前半の、それぞれの悲劇的な過去を乗り越え、二十一世紀のウクライナと日本は、いまや共に民主主義的価値観を尊重する国として、より緊密な関係を構築している。そしてそれは、原子力エネルギーの利用をめぐる新たな悲劇、すなわちチェルノブイリと福島における原子力発電所事故の発生と、それを乗り越える努力における両国の密接な協力関係によって象徴されている。

日本人は独自の文化を備え、高度に発展した国家を作り上げた。ウクライナ人もまた自分たちの民族の文化を誇りにし、その長い伝統を世代から世代へと受け継ぎつつ、ウクライナ国家の独立のために戦ってきたという歴史がある。

日本人は自分たちの国のことを「日本国」、すなわち日出ずる国、と呼んでいる。ウクライナ人にとっての伝統的なシンボルの一つは、太陽と光に向かって成長してゆく植物、ヒマワリである。日出ずる国では、ウクライナの歴史と文化についての関心が高まっているという。

いままさに戦われている、この甚大なロシアとウクライナの戦争にさいして、日本政府と日本の市民団体や企業などが、ウクライナに対して多くの支援を提供していることは、非常に重要な事実としてここで言及する必要がある。ロシアによる全面的なウクライナへの軍事侵攻の開始以来、日本はアメリカ合衆国に次ぐ大きなウクライナへの資金援助国の一つとなっている。

日本はウクライナをヨーロッパの民主主義の国として見なし、ウクライナは日本と同じ価値観を共有している。どんなに長く、茨の道であっても、すべては最初の一歩からはじまる。そしてその最初の一歩は、いまから百年以上もまえの一九二〇年代に、ウクライナ人と日本人が、互いに出会うために踏み出したものであった。

ウクライナ国立科学アカデミーの研究者らは、二〇一九年以来、継続的に東京の法政大学大原社会問題研究所との学術交流を実施しているが、これは元をたどれば、ヴィクトリヤ・ソロシェンコと進藤理香子のドイツ・マールブルクのヘルダー研究所（Herder-Institut für historische Ostmitteleuropaforschung）での二〇一四年の出会いに遡る。ここで始まった個人レベルの交流が、ウクライナと日本の間の、実りある協力と信頼できる友好関係へと発展していったのである。

わたしたちは、このウクライナと日本の共同叢書が、ヨーロッパとアジアにおける、平和と自由の繁栄の確立に貢献するものと信じている。

わたしたちのウクライナ側執筆者を代表して、この大変興味深く、そして非常に意義のあるウクライナ・日本共同学術プロジェクトの企画責任者である進藤理香子教授をはじめ、鈴木玲教授、原伸子名誉教授、そしてウクライナ国立科学アカデミー世界史研究所所長アンドリー・クドリャチェンコ教授、そしてこのプロジェクトへ様々な立場で参加し、わたしたちの理念を理解し、支援してくださったすべての日本とウクライナの同僚の方々へ、心より感謝の意を表したい。

そして、ウクライナ国立科学アカデミー世界史研究所と法政大学大原社会問題研究所が、これまで培った共同研究の成果をここで止めてしまうことなく、今後も、新たな研究プロジェクトを立ち上げつつ、学術研究と教育分野における、双方の協力関係を継続してゆくことを願ってやまない。

学術と教育分野も含めた、ウクライナと日本の相互関係における積極的な発展は、両国と両国国民の間の、協力と密接な友好関係を一層深化させる重要な土台となっている。ウクライナ国立科学アカデミー世界史研究所と法政大学大原社会問題研究所のみならず、ウクライナと日本の両国もまた、共通のプランを掲げつつ、より良い未来へ向けて発展してゆくことを心から祈る次第である。

二〇二五年一月、キーウ

［進藤理香子 訳］

序章　法政大学大原社会問題研究所とウクライナ国立科学アカデミー世界史研究所の学術交流について

進藤理香子

はじめに

本書『日本とウクライナ　遠くて近いパートナー――歴史・挑戦・未来』は、法政大学大原社会問題研究所とウクライナ国立科学アカデミー世界史研究所の所員らによる数年間にわたる学術交流の成果である。

両研究所の初めての会合は、二〇一九年一一月に大原社会問題研究所プロジェクトの一環として開催された、東京（法政大学大原社会問題研究所）、キーウ（ウクライナ国立科学アカデミー世界史研究所）、クラクフ（ポーランド・ヤギェウォ大学）をオンラインでつなぐ国際セミナー「冷戦体制下のソ連・東欧社会主義圏と西側世界の文化学術交流（*The Cultural and Academic Relations between the Eastern Bloc Countries and the West during the Cold War Period*）」にさかのぼる。[1] 大原社会問題研究所

（1）二〇一九年一一月一五日法政大学ボアソナードタワー会議室で開催された国際オンラインセミナーには、法政大学大原社会問題研究所から当時の研究所所長であった鈴木玲教授、原伸子教授、進藤理香子教授、オレ・オリーニク法政大学経済学部客員教

とウクライナ国立科学アカデミー世界史研究所の初の顔合わせとなったこの企画の成果は『大原社会問題研究所雑誌』（七五八号二〇二二年一二月刊行）の特集として刊行されたが、東京から郵送されたこの雑誌が八〇〇〇キロメートル以上も離れたキーウに到着したのは、すでに二〇二二年の二月初めとなっていた。当時、ロシア軍はすでにウクライナ東部国境付近に集結しており、越境の機会をうかがっていた。ロシア大統領の好戦的態度はただの脅しに過ぎないと誰もが願い、祈った。だが、メディアによって現地の映像がライヴ配信され、全世界が注視するその目の前で、ロシア軍は二月二四日にとうとう国境を越え、ウクライナへの全面的な侵略を開始した。ウクライナ東部のみならず、首都キーウも爆撃に晒された。ニュース映像では、ヨーロッパの大都市に空襲警報が鳴り響き、ロケット弾の着弾とともに、真っ赤に燃えさかる炎が夜空に舞い上がり、多くの市民が地下鉄の駅構内を防空壕として避難する姿が次々に映し出されていった。それはインターネットやスマホを操る安穏としたスマート生活に慣れた二十一世紀の都会にはまったく不釣り合いな光景であった。ロシア流の「正義」の下に、公然と人間が人間に対する殺傷を正当化する信じがたい光景は、およそ理解の限度を超えていた。東京の私達は、ただ無力なまま、報道メディアで映し出される現地の様子を眺めているしかなかった。

その時、私たちの頭にあったことは、キーウの同僚たちのことであった。当時、大原社会問題研究所とウクライナ国立科学アカデミー世界史研究所の第二回目の国際セミナーのオンライン開催を三月半ばに控え、丁度その準備にあたっていたところであった。ロシアによる攻撃は激化の一途をたどり、戦車隊が首都キーウに接近する中、キーウの同僚の安全を第一に考え、予定された会議はとりあえず状況が落ち着くまで延期するものと決めた。同時に、この未曾有の恐怖に晒され、包囲されたキーウの同僚たちに対し、遠く離れた東京から、反戦・非暴力・平和をつねに訴えてきた大原社会問題研究所の学徒として、私たちが彼らと共にあることを伝えなくてはならないという思いに駆られた。

こうして私たちは、三月の初めに、原伸子教授をはじめ、法政大学大原社会問題研究所の関係者有志、四〇名弱を募り、ロシアによる軍事攻撃を非難し、人道の優先と平和的手段での解決を求める、緊急平和アピールをまとめ、ウクライナ国立科学アカデミー世界史研究所へ送った。キーウの同僚たちは困難な状況にもかかわらず、私たちの声を受け止め、ウクライナ国立科学アカデミー世界史研究所の公式ホームページにこの東京からの平和アピールを間髪入れずに掲載するという勇気ある決断をとった[(2)]。この時、世界史研究所副所長ヴィクトリヤ・ソロシェンコ教授から東京へ送付された返信をここに引用したい。それは東京とキーウという遠く離れた私達のつながりをより身近に感じさせるものとなった。

「皆さまの声援に私たちは大変感銘を受けました。これは私たちを勇気づけ、強くしてくれます。このような日本のよき友人たちを持てたことを、私たちは誇りに思います。皆さまに心より御礼申し上げます」（ソロシェンコ教授からの便りより）。

授・ウクライナ国立科学アカデミー研究員、ウクライナ国立科学アカデミー世界史研究所所長アンドリー・クドリャチェンコ教授、同研究所副所長ヴィクトリヤ・ソロシェンコ教授、アンナ・G・ピョートロフスカ教授（ポーランド・ヤギェウォ大学）、フランク・リースナー講師（東京）らが報告し、ウクライナ側ではキーウ現地の会議室で多くの世界史研究所所員の聴講参加があった。

（2）ウクライナ国立科学アカデミー世界史研究所公式ホームページ https://ivinas.gov.ua/viina-rf-proty-ukrainy/terminovyi-zaklyk-do-myru-ta-prypynennia-rosiiskoi-ahresii-proty-ukrainy-vid-spivrobitnykiv-universytetu-khosei-ta-instytutu-sotsialnykh-doslidzhen-tokio-iaponskoiu-ta-anhliiskoiu-movamy.html

一　本書の企画

戦禍にあるウクライナの人々を始め、世界の人々が希求する平和は残念ながらいまだ達成されていない。戦争開始から一年が過ぎようとしていた二〇二三年の春、当時の法政大学大原社会問題研究所所長の布川日左史教授をはじめとする大原社会問題研究所専任の先生方より、これまでのウクライナとの学術交流をさらに発展させ、その成果を大原社会問題研究所叢書として出版できるのではないかとの提案を受け、改めて本書の企画がスタートすることとなった。

ウクライナ側との共同出版プロジェクトの着手においては、さらにポーランドとリトアニアからの友好的な支援があった。二〇二三年九月半ば、クドリャチェンコ教授、ソロシェンコ教授、および筆者（進藤理香子）が、リトアニアのヴィリニュス大学で開催された大規模な国際会議「ウクライナとヨーロッパの再考——歴史家への新たな挑戦（*Rethinking Ukraine and Europe: New Challenges for Historians*）」へ招待されたことを通じ、現地でこの日本・ウクライナ共同出版プロジェクトの企画段取りについて三者で直接交渉することが可能となった。このような貴重な機会を与えてくださったポーランド国立科学アカデミー付属ベルリン歴史研究センター所長のイゴール・カコレヴスキ（Prof. Dr. Igor Kąkolewski）教授に、本書の出版が実現したことを報告させていただくとともに、この場を借りて、そのご厚意に改めて御礼申し上げたい。

戦況が膠着状態となる中、二〇二三年一二月初め、ようやく大原社会問題研究所とウクライナ国立科学アカデミー世界史研究所の第二回目のオンライン国際セミナーの開催が可能となった。この第二回目の合同会議より、「日本とウクライナ　遠くて近いパートナー」として、共同研究プロジェクトのテーマを刷新し、日本とウクライナの間に展開する様々なレベルの交流について、歴史的背景、現代の状況、そして将来の展望、といった三つの観点から、日本側とウクライナ側それぞれの視点において検証する、ということに設定した。

この会議には、本書に掲載されている諸論文の日本側・ウクライナ側の執筆者と翻訳者らのほぼ全員が参加し、それぞれの執筆テーマに関する研究報告が行われた。会議中にキーウ側の音声に空襲警報が混ざることもあり、不安がよぎる場面もあったが、東京とウクライナ間の時差七時間を考慮して東京の夕方四時に開始した会議は、法政大学多摩キャンパスからの最終バスが出発するからという理由で、晩の九時過ぎに無理やり終了させねばならなかったほど議論は白熱し、双方名残を惜しみつつ、大原社会問題研究所会議室のスクリーンを閉じた。またこの会議は、ウクライナと日本の友好的学術交流事業の成果としてウクライナ側で高く評価され、その会議報告がウクライナ国立科学アカデミー公式ホームページに写真入りで大々的に掲載された[3]。

こうした学術交換の地道な積み重ねを経て、ようやく刊行に至ったのが、本書『日本とウクライナ　遠くて近いパートナー——歴史・挑戦・未来』である。この表題は、ウクライナ国立科学アカデミー世界史研究所側からの提案に沿った第二回国際セミナー会議タイトルに基づいている。それには、極東とヨーロッパという、距離的には数千キロメートルも遠く離れた日本とウクライナであるが、双方は単に友好的な関係を維持しているというだけではなく、たとえばロシアによる侵略を受け窮状にあるウクライナに対する日本の支援、あるいは東日本大震災・福島原発事故処理におけるウクライナ側からの日本に対する支援など、急場には相互に支援を惜しまないという、密接なパートナー関係にあるという意味が込められている。

（3）ウクライナ国立科学アカデミー公式ホームページ https://www.nas.gov.ua/UA/Messages/Pages/View.aspx?MessageID=10918

二　本書の構成

以上のような日本・ウクライナ共同研究プロジェクトの背景からも見てとれるように、本書企画の立ち上げの背景には、ロシアによるウクライナ侵攻という問題が少なからぬ影響を及ぼしている。その面からも、本書掲載論文は大きく分けて、今次のロシアによるウクライナ侵攻という状況に直面し、日本とウクライナの関係がどのように変化したのかという問題を扱う論文と、日本とウクライナの歴史的なつながりについて振り返る論文の二つの系統の作品群によって構成されている。論文の掲載順序は、内容的な統一性からではなく、むしろ、本書が両国の友好学術交流の成果であるとの本来の意図に基づき、ウクライナ側執筆者と日本側執筆者の作品を交互に配置している。

本書の第一章、アンドリー・クドリャチェンコによる「日本によるウクライナ支援の背景――ロシア・ウクライナ戦争の現状と展望」では、主に国際関係・外交政策研究の枠組みにおいて、日本とウクライナのパートナーシップの問題が論じられている。ロシアによるウクライナへの全面的な軍事侵攻直後より、日本政府がウクライナの立場を支持することを明確に表明し、戦禍にあるウクライナの人びとの生活を支えるための多岐にわたる支援を行っていること、そして二〇二三年五月のG7広島サミットにおいて、ウクライナ大統領ゼレンスキーが電撃訪問し、当時の岸田首相と共に、広島原爆死没者慰霊碑に献花したことは、ウクライナと日本の双方の国民にとって、平和へのアピールとして非常に大きな意味を持ったとして強調されている。

第二章である、鈴木玲による「炭労とソ連炭鉱組合の冷戦下での交流――ソ連の炭鉱労働者の状況と労働組合の機能はどのように受け止められたのか」では、一九五六年から一九六一年に実施された日本炭鉱労働組合代表団のソ連訪問、とりわけ現在のロシア・ウクライナ戦争の渦中にある、かつて社会主義のショーウィンドーと呼ばれた産炭・工業地帯ドンバス地域への視察を事例に、冷戦下の東西陣営対立のもとで繰り広げられた日ソ間労働組合交流の政治的意義について、当時の西側世界も含めた国際的な労働組合運動との関わりのなかで検証されている。

第三章である、ヴィクトリヤ・ソロシェンコによる「ウクライナと日本の科学技術・教育分野における協力関係——二十世紀・二十一世紀を中心に」では、両国の文化学術交流の歴史を振り返りつつ、主にソ連時代の一九六〇年代以降に実施されたウクライナ社会主義共和国の科学アカデミーの科学者たちと、日本の産業界・学術機関との交流について、詳細な一次資料研究がなされている。特に興味深いのは、戦後、長くウクライナの科学アカデミー総裁を務めた科学者ボリス・パトン率いるE・O・パトン電気溶接研究所の研究者らによる一九六〇年代の訪日について、当時の旅行報告書や写真をもとに生き生きと再現されているところであろう。

第四章、進藤理香子による「第二次世界大戦後のソ連軍占領下南樺太における日本人とソ連人の共同生活——日本人抑留体験者の記憶に残るウクライナ人の姿」では、かつての日本領樺太（現在のロシア・サハリン南部）に居住していた日本人らが戦後、体験したソ連からの移住者との共同生活について考察される。ドイツとの大祖国戦争を経験し、さらにスターリン体制末期の厳しい統制下にあったウクライナ人移住者もまた、戦争と弾圧の犠牲者であった。ソ連軍進駐に際し多くを失った日本人と、ウクライナ人移住者らとの国家と民族を超えた、人間的な出会いについて論じられる。

第五章、ヴャチェスラフ・シュヴェドによる「グローバルサウスとの関係発展をめざす日本の現行戦略——そのウクライナへの影響」では、日本の外交戦略研究の枠組みにおいて、近年、経済発展の面で注目されているアフリカ、インドなどを中心としたグローバルサウス問題を取り上げている。今後、グローバルサウス諸国が、中国やロシアとの関係を強化する道と、対して民主主義・自由主義を基盤とするG7のグループとの連携という道のいずれかを選択することによって世界経済と国際政治の将来が大きく変わるという重要な論点を掲げつつ、日本の対グローバルサウス政策の意義、ならびに、現在のロシア・ウクライナ戦争とグローバルサウスの関わりについて論じられる。

第六章は、恵羅さとみによる「日本におけるウクライナ避難民に対する支援をめぐる現状」である。ここでは、二〇二二年二月末のロシアによるウクライナへの全面的な軍事侵攻を通じ、国外避難を余儀なくされたウクライナ避難民に対する、日本の受け入れ政策について考察されている。普段、外国人の入国問題には腰の重い日本政府としては、異例のスピードで対応し、ウクライナ人避難民の入国と滞在サポートへの諸措置を講じたこと、ならびに定住と就労をめぐる地方自治体、民間団体を含めた避難民受け入れの実際について詳細に検証されている。

第七章、ヴラディスラフ・ハヴリロフによる「占領地におけるウクライナの子どもたち――ロシアによる侵略と差別の実態」では、二〇二二年のロシアによるウクライナへの全面的な侵攻開始後、ウクライナ東部の諸地域の民間人、とりわけウクライナ人児童が、ロシア軍によってロシア本土へ強制連行されているという驚くべき問題が取り上げられている。その考察によれば、親元から強制的に引き離され、しばしば集団で連行されていったウクライナ人児童たちは、ロシア国内で集団生活と軍事教練を強制され、ロシア化再教育を施されているという。ロシアの今次の軍事侵攻の陰で、現地の人びとに実際になにが起きていたのかを知るうえで、非常に重要な研究成果であり、子どもたちが一刻も早く解放され本来の家族の下へ帰還できることを願う次第である。

第八章となる、伊東林蔵による「農民革命の表象　ウクライナ――一九二〇～三〇年代日本におけるアナーキストのウクライナ認識」では、ロシア帝国の崩壊、第一次世界大戦の終焉に際し発生した内戦において、ロシア・ボリシェヴィキの赤軍にも、旧帝政側の白軍にも属せず、独自の自治要求に基づきつつ抗戦したウクライナの革命的農民運動と、その日本人への思想的影響について論じられる。ネストル・マフノによるマフノ運動と、それに心酔した無政府主義者の大杉栄の逸話が知られているが、戦前、日本のマルクス主義者の多くは、ソ連共産党との関係を論じることが第一であったため、ウクライナの自主独立につながるこれらの農民運動への言及がほとんどなかったとの指摘は興味深い。

第九章、ナタリヤ・ソロシェンコによる「原子力利用における人為的災害の克服へ向けたウクライナと日本の相互協力について」では、未曾有の原子力災害を被った両国が、互いの救助にあたるという運命的な協力関係について考察されている。日本は原子爆弾を投下された世界で唯一の被爆国であるが、一九八六年に発生したチェルノブイリ原発事故に際して、かつて広島や長崎で原爆症の治療にあたった経験を持つ日本人医師団が、当時まだソ連時代のウクライナへ救援に駆けつけた。そして二〇一一年に福島第一原子力発電所事故が発生した際には、チェルノブイリ原発事故処理の豊富な経験を有するウクライナの科学者らが福島の救済にあたったという。以後、両国の間には、原子力災害への対処をめぐる様々なレベルの相互協力が展開していることが示される。

第十章、大和田悠太による「ロシア・ウクライナ戦争と日本の反戦平和運動——抗議イベント・データの分析」では、二〇二二年二月末以降のロシア・ウクライナ戦争と、二〇二三年一〇月に始まったイスラエル・ガザ戦争に対して、それぞれ日本で生じた反戦・平和運動の動向について比較検討し、日本社会がウクライナ人、およびパレスチナ人の人道危機とどのように向き合っているのか、新聞や社会運動団体などの定期刊行物から抗議イベント・データを収集し、比較政治学的枠組みから考察する。

第十一章、イェウヘン・O・プリーピクによる「日越協力の発展とロシア・ウクライナ戦争のベトナムへの影響」では、かつてベトナムのウクライナ大使館員として勤めた著者自身の経験に基づき、社会主義国家ベトナムと日本の間に展開している積極的な経済協力と、その良好な外交関係について詳細に考察されている。また大変興味深いのは、現在のロシア・ウクライナ戦争に際し、ベトナム政府はG7やEUをはじめとした国際的な広がりを見せる対ロシア制裁には追随せず、一貫して政治的中立の立場をとっているという。その背景には、社会主義国ベトナムが、中国、ロシア、日本といった東アジアをにらむ三勢力と過度の緊張を避け、むしろそれぞれとの政治的・経済的バランスを追求していることがあるという。

なお、本書掲載の諸論文に表れている執筆者それぞれの政治的立場、例えば、日本政府の諸政策などについて、本書の執筆者全員が統一的見解にあるわけではないが、ウクライナ人執筆者らによるこれに関する非常に高い評価は、戦時下のウクライナという特別な事情を踏まえて十分理解できることとして、編集段階でそれらの論文の主旨を書き改めることなく、第一にウクライナ人執筆者の思いを尊重して、本書に掲載した次第である。

また、人名・地名について、可能なかぎりウクライナ発声に近いカタカナ読みを採用したが、すでに日本語として定着しているカタカナ表記、例えば、チェルノブイリなどはそのまま日本語として使用した。登場人物の役職は二〇二四年の執筆時のものであり、以降の変更は原則として注記していないことをお断りしておく。

なお、本書に掲載された研究成果を踏まえ、本国際共同プロジェクトの総括として、本書の全ての執筆者が参加して、二〇二五年二月二八日に大原社会問題研究所とウクライナ国立科学アカデミー世界史研究所との第三回目の国際会議が東京・法政大学市ヶ谷キャンパス・ボアソナードタワー会議室において、東京とキーウをオンラインで繋ぎつつ開催され、盛況に終わった。

おわりに

思えば、この日本・ウクライナ共同出版プロジェクトに至る道のりは、二〇一四年三月初めにドイツ・マールブルクにある、ドイツ最大の東中欧史研究センターであるヘルダー研究所(Herder-Institut für historische Ostmitteleuropaforschung)によって開催された春季アカデミーに進藤理香子とヴィクトリヤ・ソロシェンコが参加したことから始まった。それは東中欧諸国から研究者を集め、数日間にわたる合宿形式の国際セミナーであり、私たちは初対面にもかかわらず、互いにすっかり意気投合したのだった。だが、その最終日に報じられたのは、ウクライナ領のクリミアがロシア軍によって占拠されたとのニュースだった。その知らせは、わたしたちをひどく動揺させた。

このマールブルクでの出会い以来、わたしたちは、つかず離れず、日本、ウクライナ、ポーランド、リトアニア、ドイツを結びつつ、様々な学術交流を実施してきた。筆者は、これまで数度にわたり、ウクライナ国立科学アカデミー世界史研究所の学術雑誌や叢書刊行企画へ参加する機会を頂戴した。また、筆者が法政大学に着任して以後は、ウクライナ国立科学アカデミーからオレ・オリーニク（Oleh Oliinyk）上級研究員を法政大学経済学部客員教授として一年間にわたり迎えたこともあった。そしてすでに述べたように、丁度この頃から、法政大学大原社会問題研究所とウクライナ国立科学アカデミー世界史研究所の合同研究プロジェクトが始動していったのである。

　こうしてわたしたちの個人的な友情から始まった交流は、日本・ウクライナ間の学術交流へと発展し、法政大学大原社会問題研究所・ウクライナ国立科学アカデミー世界史研究所の共同叢書の刊行へと辿りつくものとなった。二〇一四年から十年余りが過ぎたが、わたしたちの出会いの日から今日に至るまで、不幸にも、ロシアによるウクライナへの侵略という忌々しい問題が影を落としている。二〇二二年二月末より全面的に拡大した軍事攻撃は、この序文を執筆している二〇二五年の三月となっても、なお止むことなく続いている。このような非人道的な脅威が消えること、全ての人びとの未来が、真に心から笑って過ごせる、穏やかな日々となることを願ってやまない。

　最後になるが、戦時下の困難な状況にもかかわらず、この共同出版プロジェクトを快諾してくださった、ウクライナ国立科学アカデミー世界史研究所所長のアンドリー・クドリャチェンコ教授、同研究所副所長ヴィクトリヤ・ソロシェンコ教授をはじめとするウクライナの全ての執筆者に心より御礼申し上げる。キーウでは、深夜から明け方にかけて毎夜繰り返される空爆と、鳴り響く空襲警報に眠れぬ夜を過ごし、それでもなお、早朝、平時と同じように、誰もが出勤するという。かれらの言葉を借りれば、自分の役目を精一杯果たすこと、それが戦場で戦っている兵士たちのためであり、そして戦時下にある祖国のためであるとの信念からだという。

　この共同プロジェクトの推進には、もう一つ大きな見えない力が働いたのかもしれない。クドリャチェンコ教授のお話では、二〇一九年一一月の法政大学大原社会問題研究所・ウクライナ国立科学アカデミー世界史研究所との第一回目の国際研究会の後、クドリャチェンコ教授は、当時のウクライナ国立科学アカデミー総裁であった、ボリス・パトン（Prof. Dr. Borys Paton）教授に直接お会いし、わたしたちの会議の結果について報告する機会を得たという。すでに大変な高齢であったパトン教授は、かつて自身が日本での学会へ参加したことなど（その日本旅行記については本書の第三章であるソロシェンコ論文を参照）、日本との学術交流を懐かしくお話されたといい、その経験から、「大原社会問題研究所との交流をかならず継続するように」との言葉をクドリャチェンコ教授に託されたという。それから間もなくして、二〇二〇年八月、ソ連時代から合わせて六〇年以上にわたりウクライナ国立科学アカデミー総裁を務められたパトン教授は、享年一〇一歳で他界されたという。このような意味において、この法政大学大原社会問題研究所とウクライナ国立科学アカデミー世界史研究所の共同叢書の刊行は、パトン教授の遺言でもある。

本書の企画から刊行に至るには、多くの方々、諸機関の御助力、支援を頂いた。法政大学、大原社会問題研究所所長の榎一江教授をはじめ、鈴木玲教授、藤原千沙教授、原伸子名誉教授、また、外国語論文の翻訳を快く引き受けてくださった大原社会問題研究所嘱託研究員の坂本博先生、根岸海馬先生、また平野達志先生、校閲を担当してくださった松尾純子先生、そして全ての研究所所員と関係者の皆様の御助力に、心より御礼申し上げる次第である。

また本研究プロジェクトの実施、ならびに本書の刊行には、ＪＳＰＳ科研費基盤研究Ｃ（20K01579）、法政大学・リーディング・ユニバーシティ法政募金、ならびに法政大学大原社会問題研究所研究プロジェクト予算からの助成を受けたことをここに報告し、改めて助成への謝意を表したい。

最後に、この日本・ウクライナ共同企画という大原社会問題研究所叢書としては初めての試みを、こうして刊行まで漕ぎつけることができたのは、偏に法政大学出版局の高橋浩貴氏の御尽力の賜物である。その御厚意に心より御礼申し上げる。

二〇二五年三月、東京

第一章　日本によるウクライナ支援の背景——ロシア・ウクライナ戦争の現状と展望

アンドリー・グドリャチェンコ

はじめに

1　本章の目的

本章は二〇一四年から二〇二四年のロシア・ウクライナ戦争において、ウクライナと日本の間の協力を形作っている主要な傾向を検討する。そして、この期間が二つの段階に区分されること、また両段階の間で協力の密度が異なることを強調する。特に、二〇二二年二月二四日、ロシアがウクライナに全面侵攻した後の協力の分析に焦点を当てる。ロシアの軍事侵略、国際法違反、占領地域の併合に対する日本の態度と評価とを検討し、日本が一貫して明確にウクライナを支持し、政治的、社会経済的、技術的な支援を提供していることを示すとともに、日本政府の首脳および外交官が国連やG7等の様々な国際機関において我が国を支持していることを明示する。また、戦争の展開に伴う東京からキーウへの様々な公的支援について分析を行い、両国間の関係をグローバル・パートナーシップのレベルで概念化すること、さらには戦略的レベルにおいても概念化の可能性があることの重要性を示す。本章は、日本の制裁政策の実施、ならびにその西側諸国による対露制裁への参加を分析するとともに、日本の伝統と外交政策を考慮に入れながら、日本政府のキーウに対する支援が規模の面でも特殊性の面でも増大していることを指摘するものである。ウクライナの戦後復興における二国間の相互に交流のアプローチと可能性、ならびに概略した領域における協力の見通しについては、別途検討する。

2　ロシアによるウクライナへの侵攻

二〇二二年二月二四日、すなわち主権国家ウクライナに対するロシアの全面侵攻の開始は、歴史的発展における現代の出発点であり、これにより世界情勢は新たな性質を帯びることとなった。プーチンによるウクライナ侵攻は、国際情勢に影響を及ぼす公然とした地政学的、地経学的帝国主義として再認識されている。今や国際関係は、二つの連合間での対立の露骨なまでの深刻化によって特徴づけられている。第一の連合に数えられるのは、民主主義と法の支配の価値観を尊重する国々であり、他方で第二の連合の側に立つのは、拡張主義的な外交政策を特徴とし、露骨な権威主義政権を有する国々である。必死の抗戦の中にあり、第一の連合の諸国による広範な国際的支援に頼らざるを得ないウクライナにとって、日本との関係は非常に重要なものとなっている。日本は紛れもなく世界の最先進国の一つであって、多くの場でリーダーとしての役割を果たしており、G7の一員でもある。その社会経済や科学技術における到達点、また企業経営や多くの国家機関の活動に見られる先進的で実践的な慣行は、我が国にとって魅力的である。

ウクライナ・日本間の二国間関係の発展に関する問題については、数多くの研究者たちが取り組んできた。V・アレクセーエヴァ、O・ヘティマンチュク、L・ホルディエンコ、V・リサクとT・イヴァネツィ、S・プローニ、S・シェルヒナ、V・ウドヴィクその他の研究者たちがウクライナと日本の間の協力関係を明らかにしている。中でも、M・ダシュケヴィチ、Yu・コステンコ、M・クリニチ、S・コルスンスキーの各駐日ウクライナ大使が、日本側の在ウクライナの同僚たちとともに協力関係の基本的傾向を検討しているのは注目に値する(1)。二国間関係における個別の側面について詳述したものとしては、政治的次元の協力や(2)、「文化外交」の役割その他についての業績がある(3)。国家機関であるウクライナ国立科学アカデミー世界史研究所では『現代世界における日本の役割』（ウクライナ語）という重厚な学術成果の集成が公刊されている(4)。本書ではコルスンスキー大使が序文を寄せ、O・シャロウのほか、A・ボブロヴィツィキー、O・スホボコヴァ、V・ウドヴィク各研究員といった専門家たちが、ウクライナ・日本間の経済や個別分野における協力や、GUAM〔訳注――ジョージア、ウクライナ、アゼルバイジャン、モルドヴァの間の協力機構〕の枠組みを通じた多国間協力、さらには日本の外交戦略におけるウクライナの位置づけについて分

(1) Дашкевич М. Долгий путь к дипломатическому Олимпу (записки посла), «Логос» (на укр. яз.), 2016–224 с.; Костенко Ю. Украина – Япония: грани сотрудничества / Ю. Костенко // Политика и время (на укр. яз.). 2004. № 9. С. 3–11; Кулинич Н. Украина и Япония: глобальное партнерство и эффективное двустороннее взаимодействие / Н. Кулинич // Внешние дела (на укр. яз.). 2011. № 1. С. 54–58; Корсунский С. Страна «стратегического мышления». *Зеркало недели.* 12 января, 2021. https://zn.ua/international/strana-stratehicheskoho-myshlenija.html; Посол Украины в Японии пообщался с NHK накануне саммита в Хиросиме (на укр. яз.) https://www3.nhk.or.jp/nhkworld/uk/information/202305180600/

(2) Лахманюк Т. Сотрудничество между Украиной и Японией в политическом измерении (1991–2011 гг.). Украина – Европа – Мир. Вып. 12, 2013. Тернополь (на укр.яз.), С. 73–77.

(3) Удовик В. "Культурная дипломатия как "коммуникативный мост" между Украиной и Японией". Публичная дипломатия (на укр. яз.). 2020. № 12 (72). С. 834–855 http://ud.gdip.com.ua/wp-content/uploads/2020/12/72.pdf

(4) Роль Японии в современном мире. Сборник научных трудов. За общей ред. канд. ист. наук, доц. В.А. Шведа (на укр. яз.). Государственное учреж-е «Институт всеобщей истории НАН Украины». 2022. С. 193–237.

析している。専門家たちが指摘するのは、二国間の協力関係の活性化についての既存の可能性と傾向である。ウクライナのシンクタンク、ウクライナ・プリズムは、専門家A・ポリシチュクによる論考「G7における日本のリーダーシップ——可能性、ジレンマ、挑戦」を発表している。[5]

ロシア・ウクライナ戦争の時期における日本によるウクライナ支援については、数名の研究者が検討を加えている。M・ベレスコフの論文[6]では二〇一六年の時点でのウクライナ・日本関係の現状が分析されている。著者は、日本がクリミア併合に際してロシアに制裁を加えたアジア唯一の国家だったということを強調している。これらの問題の主要な研究者であるV・ウドヴィクは、一連の著作の中で二国間関係を様々な側面から検討している。ウドヴィクは論文「二〇一四年のロシアによるクリミア占領のプリズムを通して見たウクライナ・日本関係」[7]で、この文脈に関する日本の研究者による学術論文や記事の検討を試みた。著者はウクライナ・日本・ロシアの三角関係を個別に分析し、安倍晋三政権が自国の地政学的利益のためにその間でバランスを取ろうとしていたと述べている。記事「国際平和・安全保障に対する重要な貢献としてのウクライナ・日本安全保障対話」[8]では、二〇一八年までのウクライナと日本の協力関係が安全保障の視角から検討されている。この文章では、二〇一八年一〇月に開催されたキーウと東京の間の初めての安全保障協議や、両国間の防衛協力の可能性について詳細に分析されている。M・クリニチの「ウクライナ・日本——試練の中のグローバル・パートナーシップ関係」[9]は、二〇一四年のドンバス戦争勃発後の両国の協力関係を初めて研究したものの一つである。元駐日大使であるクリニチは、日本のキーウに対する財政支援や、クリミア半島併合後にロシアに加えられた日本の制裁について論じている。O・ヴェリカの論文「日本の外交政策における優先的方針の中のウクライナ・日本関係」[10]では、掲題の観点から日本の行動について分析が試みられ、ウクライナ経済、交通・エネルギーインフラ、農業セクターへの投資についての基本方針が明らかにされている。O・ヴェリカとYu・マイストレンコの論文「二〇一七～二〇二一年のウクライナ・日本関係の特質」[11]では、協力関係の主要な分野が解明されている。

A・フリッェンコの研究ノート「ウクライナ・日本——協力への展望の概形[12]」は、将来的な相互協力の可能性を検

（5）Полищук А. Лидерство Японии в G-7: возможности, дилеммы, вызовы.（на укр. яз.）. Украинская Призма. 19 сентября, 2023. http://prismua.org/japan_in_g7/

（6）Белесков М. Аудит внешней политики. Украина-Япония - партнерство за ядерным несчастьем. https://www.eurointegration.com.ua/articles/2016/12/28/7059444/

（7）Удовик В. В. Украинско-японские отношения через призму оккупации Крыма Россией 2014 года. 2016 Гилея: научный вестник. Вып. 113（10）.（на укр. яз.）. С. 406–411. http://www.irbis-nbuv.gov.ua/cgi-bin/irbis_nbuv/cgiirbis_64.exe?I21DBN=LINK&P21DBN=UJRN&Z21ID=&S21REF=10&S21CNR=20&S21STN=1&S21FMT=ASP_meta&C21COM=S&2_S21P03=FILA=&2_S21STR=gileya_2016_113_102

（8）Violetta U. The Ukraine-Japan Security Dialogue as an Important Contribution to International Peace and Security. https://www.waseda.jp/inst/oris/assets/uploads/2019/03/05_The-Ukraine-Japan-Security-Dialogue-as-an-Important-Contribution-to-International-Peace-and-Security.pdf

（9）Кулинич М. Украина – Япония: отношения глобального партнерства в условиях испытаний. Внешние дела（на укр. яз）. 2014. № 9. С. 32–34. https://uaforeignaffairs.com/uk/journal-item/66

（10）Велика О. В. Украино-японские отношения в контексте приоритетных направлений внешней политики Японии. Политическая жизнь. Сборник научных статей. Донецкий национальный университет имени Василия Стуса（на укр. яз.）. 2020. № 1. С. 90–95. https://jpl.donnu.edu.ua/article/view/7965

（11）Велика О. В., Майстренко Ю.И. Особенности украино-японских отношений в 2017–2021 гг. Политикус: научный Журнал（на укр. яз）. 2022. № 5. С. 111–115. http://dspace.pdpu.edu.ua/bitstream/123456789/16762/1/Velyka%20Olha%20Vasylivna.pdf

（12）Гриценко А. А. Украина-Япония: контуры перспективного сотрудничества. Киев: Национальный институт стратегических исследований.（на укр. яз.）. 2022. С. 1–4. https://niss.gov.ua/doslidzhennya/mizhnarodni-vidnosyny/ukrayina-yaponiya-kontury-perspektyvnoho

討するとともに、キーウの政府に提言を行っている。フリツェンコは、ウクライナはいわゆる「自由と繁栄の弧」に加入すべきであると主張した。これは、日本がその対外政策の理念に沿う形で世界における自らの影響力を強化する目的で、政治的、経済的支援の提供先として想定する民主国家のグループである。A・モシュコの業績「現段階のウクライナ・日本関係」[13]は、二〇二〇年までの二国間関係を検討している。著者の考えによれば、両国間関係はすでに二〇一一年にはグローバルな水準に達していた。Ye・ティホミーロヴァは論文「ロシア・ウクライナ戦争の文脈におけるウクライナと日本」[14]で、現在進行中の戦争の最初の二年間を対象として、ウクライナと日本の相互協力に見られる主要な傾向について分析している。さらにこの戦争に対する日本政府の評価と見解、ならびにロシアに対する日本の制裁政策の方針を検討しているほか、日本の伝統や精神性を踏まえた上でキーウに示された支援の意義について分析を加えている。

我々の研究テーマに関連し、現在の国際関係システムやその問題を扱った日本人その他の著者になる一連の業績を挙げておくことも重要である。これに該当するものとしては、横浜国立大学大学院国際社会科学研究院の志賀裕朗の業績[15]があり、その中で志賀は現在の日本政府の対外政策方針の実現における政府開発援助（ODA）戦略の役割を分析している。神戸学院大学経済学部・国際交流センター所長の岡部芳彦は、日本・ウクライナ関係史を振り返りながら、その現状に対し非常に客観的で興味深いコメントを示している。[16]シンガポール国立大学東アジア研究所のラム・ペン・ア上級研究員と豪アデレード大学アジア学科のP・ジェインは、編著『二一世紀の日本の対外政策——継続性と変化』[17]の中で、世界の様々な地域に対する日本外交のアプローチを解明している。

二〇二一年、キーウの新ヨーロッパセンターは、日本大使館の後援のもとに四度にわたってウクライナ・日本フォーラムを開催しており、その分析資料と充実した情報は注目に値する。特筆すべきは、フォーラムの出席者たちに提出された専門家たちの立場を示す主要文書や、ウクライナ・日本関係に特化した図版資料が、同センターのウエブサイトに掲載されていることである。[18]平野高志による「日本はロシアの対ウクライナ戦争をどのように認識しているか――分析コメント」[19]は、ロシアのウクライナへの全面侵攻に対する日本の市民の受け止め方を説明している。また、国際協力機構（JICA）ウクライナ事務所の松永秀樹所長は、国際社会がロシア・ウクライナ戦争から引き出すべき主要な教訓を分析した。松永は戦争を抑止することの重要性を強調しつつ、二〇一四年のロシアの行動に対する対応の弱さがロシアの全面侵攻を許すこととなった可能性があると主張した。[20]

-spivrobitnytstva

（13）Мошко А. В. Украино-японские отношения на современном этапе. Научные записки студентов и аспирантов. Серия "Международные отношения". Вып. 5.（на укр. яз.）. 2020. С. 242–251. https://eprints.oa.edu.ua/8285/1/28.pdf

（14）Тихомирова Е. Партнерство Украины и Японии в контексте российско-украинской войны（на укр. яз.）https://relint.vnu.edu.ua/index.php/relint/article/view/324

（15）Shiga Hiroaki. Kishida's Realism Diplomacy. Japan's Official Development Assistance Strategy. *Center for Strategic and International Studies. CSIS*. June 2023.

（16）Квасница О., Дзябко Ю. Реконструкция истории японско-украинских отношений // День, 2021, 7 декабря https://day.kyiv.ua/article/den-planety/rekonstruktsiya-yaponsko-ukrayinskykh-vzayemyn

（17）Japan's Foreign Policy in the Twenty-First Century: Continuity and Change. Ed. by Lam Peng Er and Puznenzda Jain. Lanhaw; Bouldor; New York, London : Lexington Books, 2020. XXIV. 376 p.

（18）Центр «Новая Европа»: the IV Ukraine-Japan Forum "Special Global Partnership. Ukraine and Japan in the context of Russian war" 2024; Forum "Responsible partnership. Ukraine and Japan in the context of Russia's war" 2023; Second International Forum "Ukraine and Japan in regional and global context" 2022; Forum "Asia Strategy in Action. The Role of Ukraine-Japan Cooperation", 2021.

（19）Takashi Hirano. How Japan perceives Russia's war against Ukraine? Analytical Commentary. https://neweurope.org.ua/wp-content/uploads/2022/03/Hirano_-ENG.pdf

欧州外交評議会のグスタフ・グレッセル上席研究員[21]は、二〇二三年にキーウで開催された第三回ウクライナ・日本フォーラムで、進行するロシア・ウクライナ戦争の特質を分析し、これが現代の先進国間の対立であると指摘した。それゆえ、欧州各国の軍は、ウクライナの戦争指導、型破りな決断、そして戦闘方法から多くを学んでいるとしている。N・ホーマとM・ニコライェヴァの著作「日本・ロシア・ウクライナの地政学的三角形――当事者間相互の影響関係[22]」では、日本、ウクライナ、ロシア間の関係に対する相互の影響、さらにはその相互作用がこれら三か国の対外政策の形成全体にどのように影響しているかを検討している。日本は、クリル列島の地位をめぐる問題が未解決であることから、ロシアの行動の抑止とウクライナへの支援に関心を有していたという。このテーマについてさらに研究を続けたホーマは、著作「二〇二二～二〇二三年における日本の安全保障・防衛政策の変化――内実と要因の分析[23]」において、モスクワのウクライナへの全面侵攻によって日本政府がその防衛戦略の再検討を迫られたことを正しく指摘している。

筆者はこのテーマを検討するに当たり、両国外務省など政府関係機関のウェブサイトや東京とキーウの大使館のウェブサイトに掲載されている公式のデータと文書を用いたほか、これらの機関の立場を示す資料を参照した。

両国間の関係の形成と発展を分析することにより、その特性と力学が示される。ウクライナは対外政策の優先順位を何よりもまずヨーロッパ・大西洋地域の各国との関係に置いており、ユーラシアのマクロな諸地域にある各国との関係構築は常に独特な難しさを伴う挑戦であった。例外的に成就したのが、一九九二年に樹立された日本との外交関係の樹立およびその後の関係強化であった[24]。

ウクライナと日本の間では、署名された文書に基づき、共通の利害関心の領域を確定するとともに、今後の互恵的協力関係の可能性を模索するプロセスが継続された。ウクライナ・日本間では毎年新たな協定が加わり、様々なレベルの文書が二〇一三年末の時点で四五件を数え、これが両国間の条約的基盤を形成してきたことに留意したい。その中には、ウクライナと日本国の間の二一世紀における新たなパートナーシップに関する共同声明（二〇〇五年七月二一日）、ウクライナ・日本・グローバル・パートナーシップに関する共同声明（二〇一一年一月一九日）、外相レベルのウクライナ・日本協力委員会の活動に関する覚書（二〇〇六年七月一日）、その他数多くの条約、協定、覚書が含まれる。[25]

（20）Hideki Matsunaga, Chief Representative, JICA Ukraine Office: https://neweurope.org.ua/en/klyuchovi-mesydzhi-spikeriv-pid-chas-i-panelnoyi-dyskusiyi-iv-forumu-ukrayina-yaponiya/

（21）Gustav Gressel, Senior Analyst, European Council on Foreign Relations https://neweurope.org.ua/en/klyuchovi-mesydzhi-spikeriv-pid-chas-i-panelnoyi-dyskusiyi-iv-forumu-ukrayina-yaponiya/

（22）Khoma, N., & Nikolaieva, M. Japanese-Russian-Ukrainian geopolitical triangle: mutual influences of the parties. *Journal of Liberty and International Affairs*, 2023, № 9 (1), P. 374–385. https://e-jlia.com/index.php/jlia/article/view/871/380

（23）Хома Н. Изменения в политике безопасности и обороны Японии 2022–2023 гг: анализ содержания и факторов. *Международные отношения, общественные коммуникации и региональные студии*. 2023. № 1 (15). С. 44–60. (на укр. яз). https://relint.vnu.edu.ua/index.php/relint/article/view/298/273

（24）Посольство Украины в Японии. https://japan.mfa.gov.ua/spivrobitnictvo/256-politichni-vidnosini-mizh-ukrajinoju-ta-japonijeju

（25）Посольство Украины в Японии. Договорно-правовая база отношений между Украиной и Японией (на укр. яз.). https://japan.mfa.gov.ua/spivrobitnictvo/255-dogovirno-pravova-baza-mizh-ukrajinoju-ta-japonijeju

一　二〇一四年に始まったロシア・ウクライナ戦争

二〇一四年に始まったロシア・ウクライナ戦争は、日本政府の対外政策に対する挑戦となったのみならず、図らずもウクライナ・日本関係の全貌に肯定的な影響を与えた。日本の我が国に対する関係と支援の段階は、ロシアの侵略が本格化するのに対応して二つに分けることができる。第一段階は二〇一四年二月のクリミア強奪から二〇二一年までであり、第二段階は二〇二二年二月二四日のロシア軍による我が国の領土への全面侵攻の開始から二〇二四・二五年の現在に至るまでである。

これに対応して生じるのが、次の重要な課題である。すなわち、集中的に展開した二つの段階のそれぞれについて、日本とウクライナの間の関係を特徴づけ、その協力の進展を明らかにすることであり、またロシアによる侵略の時期において日本政府が我が国に提供している支援の質と量や、そのあり得べき展望を分析することである。

筆者の研究の科学的仮説となるのは、ロシアの侵略の時期において、両国間の緊密な協力を喚起した要因は以下のものだということである。すなわち、民主的価値観、国際法規範、そして国境の不可侵性を保護すべきだという至上命令の認識、侵略の犠牲者としての我が国に対する日本の支援と協力の増大、協力の概念化、それを二国間の特別なグローバル・パートナーシップへと引き上げること、である。まさしくこれにより、日本政府はロシアの侵略に対抗するために明確な戦略を打ち出し、両国間の地政学的な距離にもかかわらず、両国の顕著な政治的接近が実現している。こうした状況は、過去と現在の関係のみならず、将来における両国間の相互関係をも明確に形作っている。(26)

ロシア・ウクライナ戦争の数年間、両国間の協力は大幅に拡大した。いくつかの要因がこれを促している。すなわち、両国間には政治的な軋轢や問題が存在せず、また現在の多くの国際問題の解決に関して見解や立場を共有している。さらに、ウクライナと日本は、ともに法の支配、民主主義、人類の普遍的価値といった根本原則を擁護する国家である。加えて、過去数年の間に形成された広範な条約上の基礎も挙げられる。様々なレベルで条約や協定の体系が存在したために、この困難な時期にあっても幅広い分野で協力を発展させることが可能となったのである。それは例えば、様々な国際プラットフォームにおける外交的支持や、人道、経済、軍事の各方面に対応した、伝統的なものから新たなものまでを含む二国間レベルでの協力などである。

非常に示唆に富むのは、ウクライナ・日本関係の条約上の基礎がダイナミックに拡大しているという事実である。二〇一四年からの期間、条約と協定の数は大幅に増加し、二〇二四年秋の時点で文書数は八〇件に上っている(27)。さらに特筆すべきは、キーウ・モスクワ関係の緊張の度合いや、この期間のロシアによる我が国への露骨な帝国主義的行動が、ウクライナ・日本関係の展開全体に相当な肯定的影響をもたらしたということである。

こうした影響は、二国間協力のあらゆる側面において観察され、ロシアの侵略を積極的かつ原則に基づいて非難するという日本の立場に現れている。日本政府は、幅広い国際フォーラムや国際機関において、あるいは二国間レベルにおいて、常に積極的な政治姿勢を取るとともに、ロシアに対する制裁や制限措置に加わることによって、キーウとの連帯を立証している。ロシアによる侵略が行われている全期間において、日本とウクライナの間の政治的、社会経済的協力関係は一貫して強化されてきたのである。

クリミアやドンバスの不法な併合以来、ロシアの侵攻が多くの面でウクライナ・日本関係の性格を決定づけてい

---

(26) Кудрячeнко А. *Поддержка со стороны Японии в контексте российско-украинской агрессии.* История, культура, память в научном измерении: состояние, перспективы: Материалы V международной научно-практическої конференции, г. Киев, 24 мая 2024 г. К.: Арт Экономи, 2024. –196 с. (на укр. яз.), С. 88.

(27) Посольство Украины в Японии. Договорно-правовая база отношений между Украиной и Японией https://japan.mfa.gov.ua/spivrobitnictvo/255-dogovirno-pravova-baza-mizh-ukrajinoju-ta-japonijeju

る状況は、非常に重要である。日本にとってクリミア問題は特に憂慮すべき警報となった。ウクライナ領である同半島が不法に併合されたことは、東シナ海にある日本領の尖閣諸島が中国によって併合される可能性をはっきりと類推させるものだからである。加えて、日本によるクリミア問題の理解は、ロシアによって占拠されている固有の領土、すなわち北方領土の存在によっても強化された。二〇一四年以来、日本政府が一貫してキーウを支持し続けているのはこのような理由による。

こうして、一九九一年に国際的に承認された国境内におけるウクライナの領土保全を確認し、クリミア併合を認めないとする、二〇一四年三月二七日に採択された国連総会決議への日本の支持は明確で確固たるものとなった。日本はこの決議に賛成票を投じた諸国に名を連ねていただけでなく、当該決議を起草した諸国の一員でもあった。吉川元偉国連大使が、「これはウクライナやヨーロッパの問題にとどまるものではない。なぜなら、武力行使によるいかなる国境変更も全世界に対する挑戦だからだ」[28]と表明したのはそれを受けてのことであった。

日本はその対露関係の枠組みにおいてもウクライナに顕著な政治的、外交的支持を示した。二〇一四年三月一九日、安倍首相は、ロシアがクリミアの住民投票の結果を承認し、そのロシアへの併合を内容とする条約に調印したことは、ウクライナの主権と領土の一体性を破壊するものだと述べた。安倍はまた、日本は武力による現状変更の試みを断固として非難すると表明した[29]。

特筆すべきは、日本がウクライナにおけるロシアの行動を非難し、対露経済制裁を実施した、アジアにおける唯一の国家だったことである。日本は、ウクライナの領土の一体性、クリミア自治共和国およびセヴァストーポリ市での人権に関する状況、そしてこれらのウクライナの領土における軍事化の問題をめぐる国連総会決議に、一貫して賛成票を投じている。もちろん当時の日本政府にとって、ロシアの対ウクライナ侵略を非難する立場を取ることは容易ではなかった。実際、安倍首相(当時)は、クレムリンの指導者たちと良好な関係を有しており、平和条約の締結と戦後の北方領土問題の解決を念頭にロシアとの友好関係の維持さえも試みていたのである。

ロシアのウクライナにおける侵略的行動が招いた日本の対露制限措置は、経済的、政治的意義にとどまらない広範な結果をもたらした。日本は二〇一四年に以下のような抜本的な措置を講じた。

——ビザ発給手続きの簡略化、投資協定の締結、宇宙の平和利用および危険な軍事活動の防止をめぐるロシアとの交渉の停止。

——数十名のロシア国民に対する日本への入国ビザ発給の中断。その中にはクリミア担当の高官二名を始めとする国家公務員も含まれる。

——クリミアに駐在する四〇人と二企業の資産凍結。

——欧州復興開発銀行（ＥＢＲＤ）を通じたロシアへの財政支援の停止。

——クリミア製の製品の輸入の制限。

——日本の対露武器輸出制限をめぐる制裁の実施。

——ロシアの五つの銀行（ズベルバンク、ＶＴＢ銀行、ヴネシュエコノム銀行、ガスプロム銀行、ロシア農業銀行）の証券の取扱いの禁止。

これにより日本は、クリミアおよびドンバスをめぐる対露制裁に参加したアジア唯一の国家となった。この制裁

（28）Генасамблея ООН поддержала территориальную целостность Украины // Правда Украины, 27 марта 2014 https://web.archive.org/web/20210122214717/https://www.pravda.com.ua/news/2014/03/27/7020541/

（29）Speeches and Statements by the Prime Minister. 2014 // Prime Minister of Japan and His Cabinet. https://japan.kantei.go.jp/96_abe/statement/201403/0320kaiken.html

のリストは絶えず増え続けた[30]。

以上から筆者は、T・ラフマニュク、V・コンスタンティノフ、A・フリツェンコといった、「二〇一四年のロシアによるクリミア併合に際し、日本が講じた制裁は象徴的なものに過ぎない」とするウクライナの研究者たちの立場には与しない。二〇一三～二〇一四年の尊厳の革命後のウクライナにとって重要だったのは、これに対する政治的支援であった。二〇一四年七月一七日の日本の外相によるウクライナへの実務訪問はまさしくそのように解釈された。その外相こそ、二〇一二年一〇月から二〇一四年一〇月まで首相を務めた岸田文雄である。訪問期間中、新たに選出されたペトロ・ポロシェンコ大統領、アルセニー・ヤツェニュク首相、パウロ・クリムキン外相との重要な会談が行われた。これらの会談では、我が国の社会経済状況、両国間関係における現在の問題、ウクライナ東部の現状、その安定化の方策、被災地域の復興のために外国のパートナーの追加支援を喚起する必要性について詳細に議論された。ウクライナ外務省での会談では、開発政策に対する総額約一億ドルの融資を盛り込んだ協定が調印された[31]。

二国間関係が発展する期間全体にわたって両者の対話が濃密に行われてきたことを考慮に入れると、次の点に気づく。すなわち、ロシアによるクリミア併合と、いわゆるルハーンシク・ドネツィク人民共和国の分離主義者に対する支援を受けて、ウクライナと日本の対話は明らかに深化し、訪問や会談の量と水準が高まっただけでなく、そのほとんどが具体的な性格を持ち、しかるべき成果をもたらした、ということである。中でも重要だったのは、二〇一四～一五年に日本が欧州安全保障協力機構（OSCE）を通じて、ウクライナ大統領選挙（二〇一四年五月）、最高議会選挙（二〇一四年一〇月）、統一地方選挙（二〇一五年一〇月）に際し、ウクライナに一〇名の監視員を派遣し、これらの選挙が国際基準に則ったものとなるよう監視活動を行ったことである[32]。

日本政府は常に積極的な政治的姿勢を取ることによってキーウとの連帯を示してきた。このことは、二〇一五年六月五～六日に両国関係史上初めて行われた、安倍首相によるウクライナ公式訪問によっても確認できる。ポロシエンコ大統領が指摘したように、この訪問は象徴的な意義だけでなく歴史的な意義をも有し、ウクライナ・日本関係史に新たなページを開くものであった。交渉では、ウクライナと日本が「国際的に承認された国境の武力による変更、ならびに普遍的に認められた国際法の諸原則の破壊は許容できない」という立場を共有していることが示された。ポロシェンコは安倍に対し、日本が我が国にとって極めて重要で信頼できるパートナーであることを特に強調するとともに、経済状況の安定化、改革の実施、ドンバス地方の復興プロジェクトの実現、国内避難民の支援のため、我が国に財政的、技術的、人道的支援を提供していることについて感謝の意を表した。困難な時期にあるウクライナにとって、真の連帯の証となり、また効果的な支援となったのは、一五億ドルのクレジット保障の供与である。これはキーウのウクライナ政府が金融システムの安定を確保することを可能にするものであった。訪問の成果は、二国間関係の再出発として総括し得るものとなった。[33]

(30) Кулинич Н. Украина – Япония: отношения глобального партнерства в условиях испытаний. Внешние дела. (на укр. яз). 2014. № 9. С. 32–34. https://uaforeignaffairs.com/uk/journal-item/66

(31) Министерство иностранных дел Украины. https://mfa.gov.ua/news/25592-vidbulasy-zustrich-ministra-zakordonnih-sprav-ukrajini-pavla-klimkina-z-ministrom-zakordonnih-sprav-japoniji-fumio-kisidoju

(32) 在ウクライナ日本国大使館「対ウクライナ支援」二〇一八年二月 https://www.ua.emb-japan.go.jp/jpn/bi_ua/oda/180205_assistance_jp.pdf

(33) Япония поддерживает территориальную целостность Украины - Синдзо Абэ. 06 июня 2015. *Радио Свобода*. https://www.radiosvoboda.org/a/news/27056803.html; Заявление Президента Украины для представителей СМИ по итогам переговоров с Премьер-министром Японии Синдзо Абэ. 07 июня 2015 г. *Генеральное консульство Украины в Чикаго*. https://chicago.mfa.gov.ua/news/3498-zajava-prezidenta-ukrajini-dlya-predstavnikiv-zmi-za-pidsumkami-peregovoriv-z-premjer-ministrom-japoniji-sindzo-abe

これら全てにより、ポロシェンコはウクライナ・日本関係が最高の水準に達したことを確信し、日本をアジアにおける我が国の最も重要な同盟国とさえ呼んだのである。

そして早くも二〇一六年四月五～七日にはポロシェンコ大統領が日本を実務訪問した。両国はクレムリンによる侵略に対して積極的かつ原則的な姿勢を取ることを確認し、ロシアへの制裁および制限措置を拡大した。日本はG7の議長国となっていた二〇一六年の時期、ドンバスの状況の正常化とウクライナの改革の支援に傾注した。こうして、五月に伊勢志摩で行われたG7サミットの決議では、参加国の指導者たちがモスクワに侵略の停止を呼びかけるとともに、ロシアへの制裁はロシア側がドンバス紛争の解決に関するミンスク合意を履行して初めて解除される可能性があるという立場で一致したことが強調された。他方でまたG7の指導者たちは、必要であればロシアへの制限措置を講じる用意があると表明した。同時に共同決議では、ロシアが国際法の履行義務を遵守し、普遍的で安定的な平和を実現することを目的として、ロシアとの対話を維持することの必要性が指摘された[34]。

全体として、国際的なレベルでの日本のウクライナへの政治的支援は、国家間関係レベルでの活動が活発化するのと並行して進められた。日本側で高官たちのほかにキーウを訪れたのは、岩井茂樹経済産業大臣政務官、長嶺安政外務審議官、森英介衆議院議員を会長とする日本・ウクライナ友好議員連盟、菅直人元首相、泉田裕彦新潟県知事らである。

外交関係樹立二五周年を機に開催されたウクライナにおける日本年は重要なものとなった。オープニング・セレモニーは二〇一七年一月二六日にウクライナ外交アカデミーで挙行された。日本側からは角茂樹駐ウクライナ大使が式典に出席し、式辞を述べた。ウクライナ側からはクリムキン外相およびイェウヘン・ニシチューク文化相が出席し、同様に式辞を述べた。角大使は式辞の中で、「ウクライナにおける日本年」を記念できることは光栄であり、現在の友好関係が一般市民のレベルにまで浸透することを通じて、二国間の協力関係がより高まり、相互理解がより深まることを期待すると述べた。このセレモニーにはウクライナ政府関係者、各国外交団、国際機関関係者、文化関係者および日本企業関係者ら約一五〇名が参加した。セレモニーは盛況を収め、日本文化や日本食の紹介も行われた[35]。

その後の会合や関連行事では、日本がウクライナに、旧式の石炭火力発電所（特にブルシュティンおよびトリピリャ火力発電所）に石炭ガス化技術を備えた新設備への改築支援を行う準備があることが確認された。また日本側は、農業インフラ投資（エレベーターの建設、ウクライナ製品の日本市場への輸出に際して必要な穀物ターミナルの建設）、チェルノブイリの事故の影響を克服するための協力拡大などへの関心を示した。

角茂樹大使はウクライナにおける日本年の終了に当たり、約一〇〇〇の関連行事が行われたことを強調して、次のように総括した。様々な会合や関連行事がキーウを始めとした諸地域で行われた。その最も印象深い出来事の一つは、ウクライナ全土の約三〇の都市で約一六〇〇本の桜を植樹したことである。また、一一月にはキーウのアート・アーセナルで「イマジナリー・トラベラー」が開催され、日本の伝統文化や現代アートが紹介された。ウクライナの多くの都市で日本の日が定められた。文化面では、林英哲を始めとした奏者たちによる和太鼓の演奏、人形浄瑠璃、フジコ・ヘミングによるピアノ公演、茶道のデモンストレーションといった行事が行われた。これらの行事においては日本の伝統文化のみならず、漫画家によるマスタークラスや展示会などを通じて、その現代文化も紹介された[36]。

(34) G-7 Ise-Shima Leaders' Declaration. G7 Ise-Shima Summit, 26–27 May 2016. https://www.mofa.go.jp/files/000160266.pdf
(35) 在ウクライナ日本国大使館 Посольство Японии в Украинеhttps://www.ua.emb-japan.go.jp/itprtop_uk/00_000631.html
(36) 在ウクライナ日本国大使館 Приветственное слово Чрезвычайного и Полномочного Посла Японии в Украине Шигеки Суми по случаю завершения Года Японии в Украине 31/12/2017 https://www.ua.emb-japan.go.jp/itprtop_uk/00_001007.html; Посольство Японии в Украине

経団連のキーウ訪問、外交の専門家による多くの講演、両国の高官や企業家による訪問や会談が行われた。また、ウクライナにＪＩＣＡ事務所が開設され、二〇一八年一月一日からはウクライナ国民に対するビザ発給が緩和されることとなった。これと並行し、日本政府はウクライナへの最大の財政的ならびに物的支援の提供国の一つとして、我が国における民主主義と市場経済の発展に関心を寄せていることを宣言した。二〇〇七年以降のこのような対ウクライナ政策は、ユーラシアにおいて「自由と繁栄の弧」を構築するという総合的な戦略の一部であり、日本の対外政策における基本原則の一つとなっていた。

日本はこの戦略に基づき、成功した民主国家から成る地帯の形成を促している。日本は公的援助を行うことによって、それぞれの国家の歴史的特性に応じて、健康と教育、民主主義の確立、インフラおよび法的基盤の整備といった人間の基本的需要の保障を支えている。[37]

クリミアの不法な併合以来、日本政府はウクライナ支援において疑いなくアジアのナンバーワンとなった。日本はロシアに対して制裁を行い、その侵略を非難する全ての国連決議に一貫して賛成票を投じた唯一の国家となった。重要なのは、ウクライナによって立ち上げられたクリミア・プラットフォームに、日本が二〇二一年に直ちに参加したことである。実際に、日本はこのフォーラムに駐ウクライナ大使を派遣した。

日本政府はロシアへの制限措置と制裁に加えて、ＥＵによる支援のレベルに匹敵するようなウクライナ支援政策を実施している。そして、二〇一四年三月二四日に日本政府は総額一五〇〇億円、当時の相場で一八億ドルの経済・技術支援パッケージを提供することを発表した。こうして、日本政府の側から三〇年の間に様々なプロジェクトを通じて行われたウクライナへの支援は、総額三二億ドルを超えることとなった。[38]

二　二〇二二年二月二四日以降

二〇二二年二月二四日、ロシアのウクライナへの全面侵攻が開始されるや否や、日本はクレムリンの行動を明確かつ異論の余地なく非難したアジア・太平洋地域における最初の国家となった。日本政府は我が国に対する非常に有意義な支援の提供を、可能な限り広範に開始した。すでにロシアによる侵攻の初日に、日本は政府レベルで明確に侵略者による一方的な侵攻を非難した。外務大臣は、ロシアの対ウクライナ侵攻は「武力による一方的な現状変更を企てる暴挙であり、欧州のみならずアジアにおいても国際秩序の根幹を毀損するものであって、この国際法の深刻な破壊は決して許容できない」と声明した[39]。

留意すべきは、ウクルインフォルム通信日本語版編集者の平野高志が述べたように、一方で「日本社会では親ロシア的な雰囲気は全くと言っていいほど支配的ではなかった」のだが、また他方で、ロシアのウクライナへの攻撃が始まった当時、日本社会では「ウクライナについてはほとんど知られていないというのが実情だった」ことである[40]。

（37）Hiroaki Shiga. Kishida's Realism Diplomacy. Japan's Official Development Assistance Strategy. *Center for Strategic and International Studies. CSIS*. June 2023.

（38）Infographics: Ukriaine-Japan https://neweurope.org.ua/en/visual-materials/infografika-ukrayina-yaponiya/

（39）Diplomatic Bluebook 2022. Ministry of Foreign Affairs, Japan, p. 131–132, 143. https://www.mofa.go.jp/policy/other/bluebook/2022/pdf/pdfs/2022_all.pdf

（40）Takashi Hirano. How Japan Perceives Russia's War against Ukraine? Analytical Commentary. https://neweurope.org.ua/wp-content/uploads/2022/03/Hirano_-ENG.pdf

したがって、政治家だけでなく、マスメディアや市民社会もまたロシアの侵略の報に強い非難を示したことは興味深く、重要な事実である。国民民主党は公式コメントを発表し、ロシアによるウクライナへの軍事侵攻を非難するとともに、モスクワに対して「直ちに軍事侵攻を中止すること」を求めた。[41] 同様に日本共産党の志位和夫委員長は、ロシアの行為は国連憲章と国際法を踏みにじるものであり、党として断固糾弾すると表明した。志位はまた、プーチン大統領が、ロシアが核兵器大国であることを誇示し、世界各国を威嚇していることについて、決して許されるものではないと強調した。[42]

国会は二〇二二年三月一日、ロシア軍のウクライナからの即時撤退を要求し、衆議院ではロシア軍の我が国への侵略を断固として非難する旨の決議が可決された。ウクルインフォルムは共同通信の記事を引用し、この文書では「ロシアの侵攻はウクライナの主権と領土の一体性を脅かすものである。これはヨーロッパのみならず、アジアを含むより広範な国際秩序の根幹を揺るがしかねない極めて深刻な事態である」ことで一致したと報じた。[43]

日本におけるロシアの侵略への非難が決定的となるに際して非常に重要だったのは、ロシアのウクライナ軍事侵攻前夜に、学識経験者らが二〇一四年から二〇二二年初頭までのロシア・ウクライナ関係における出来事を深く分析したことである。専門家たちはロシアのウクライナ国境付近での挑発行為に関する様々な情報を慎重に検討した。軍事アナリストの小泉悠は、ウクライナ付近でのロシア軍の機動作戦を分析し、来るべき我が国の領土へのロシアの全面侵攻に対して、日本は断固たる対応を取る準備をすべきだと論じた。[44] ヨーロッパ政治を専門とする筑波大学の東野篤子と、NATO問題の専門家である二松学舎大学の合六強は、雑誌の対談記事で進行中の事実関係を説明した上で、次のように主張した。すなわち、ヨーロッパと東アジアの安全保障はリンクしている。そのため、ウクライナで問われている武力による現状変更の試みを容認しないという原則は台湾海峡にも当てはまる。したがって、日本はロシア・ウクライナ危機の情勢に無関心でいることはできず、ロシアがウクライナにさらなる侵攻を行った場合にどのように対応すべきか主体的に検討する必要がある。[45] 他の主要メディアもロシアのウクライナに対する行動を批判するとともに、政府に適切な対応を求めた。ロシアの我が国への全面侵攻開始後、小泉、東野、合六が、ロシア・ウクライナ戦争の情勢について議論するために日本の全国放送のテレビ番組に頻繁に招かれたことは重要である。対照的に、それまでウクライナに関しロシア側の言説を広めていた専門家たちは、発言する機会が大幅に減少した。日本社会は政府機関と同様にウクライナ情勢を見守り、毅然として侵略の犠牲者の側に立った。コルスンスキー駐日ウクライナ大使によれば、日本の国民と政府の共感は完全に我が国の側に向けられている。この国でのウクライナの支持率は過去二年間七五%を下回ったことはない[(46)]。住民アンケートの結果に鑑みると、日本はウクライナ支持において紛れもなく世界のリーダーである。

この文脈において、二〇二二年三月二三日に行われた、ウクライナのヴォロディミル・ゼレンスキー大統領によ

(41) 国民民主党「[党声明] ロシアによるウクライナ侵攻について」二〇二四年二月二四日 https://new-kokumin.jp/news/statement/2022_0224_3

(42) 日本共産党「ウクライナ侵略を断固糾弾する――ロシアは軍事作戦を直ちに中止せよ」二〇二四年二月二四日 https://www.jcp.or.jp/web_policy/2022/02/post-906.html

(43) https://www.ukrinform.ua/rubric-world/3416686-parlament-aponii-zaklikav-rosiu-negajno-vivesti-vijska-z-ukraini.html

(44) 読売新聞オンライン「[深層NEWS] ウクライナ情勢『露が本格的な戦争準備しているのは間違いない』」https://www.yomiuri.co.jp/world/20220119-OYT1T50329/

(45) 合六強、東野篤子「対談・ヨーロッパは国際秩序の担い手たるか（上）ウクライナ危機における欧州の責任と戦略」『外交』Vol. 71（二〇二二年一月・二月）。

(46) Корсунский С., Панченко Ю. Как российско-украинская война заставила Японию возобновить споры с РФ https://www.eurointegration.com.ua/articles/2022/05/21/7139786/; https://www.ukrinform.ua/rubric-polytics/3821802-r ven-pidtrimki-ukraini-v-aponii-za-ostanni-dva-roki-ne-padav-nizce-75-posol.html

る日本の国会の両院議員の前でのオンライン演説は異例の出来事となった。これは、外国の指導者が日本の指導者と国権の最高機関である立法府の代議士たちの双方に向けて行った演説の機会として、日本の議会史上初めてのものであった。[47]

経済学博士、ウクライナ大統領付属国家行政アカデミー名誉教授でもある神戸学院大学の岡部芳彦が正しく指摘するところによれば、ゼレンスキー大統領の演説は「日本政府内のみならず、日本国民にも連帯感を喚起した」。その演説スタイルは「他国の議会を前にした演説とは異なっており、日本人に好意的に受け止められた」。例えば、「人々は住んでいた場所に戻るべきです。皆さんがこの気持ちを理解してくださると確信しています」という文言について、岡部はこう評価する。「第二次世界大戦の際に何十万もの日本人がソ連によってシベリアの強制収容所に連行され、そのうち五万人以上が帰国を見ず死亡したことを記憶する人々の間に共鳴をもたらしたのは間違いない。中には福島原発事故後に家を去るよう強制された人々のことを想起した人たちもいるだろう[48]」。

両国の相互理解とパートナーシップを拡大する上で重要な要因となったのは、ゼレンスキー大統領令第六九二／二〇二二号であり、そこでは「ウクライナは、ロシアによって依然占拠されている北方領土を含め、日本の主権および領土の一体性を尊重することを確認した」とされた[49]。ウクライナ最高議会も対応する声明を採択し、当該領土が依然としてロシアの占領下にあることを指摘するとともに、ウクライナ議会として国際社会に対し、日本の北方領土の国際法上の地位を確立するために可能なあらゆる措置を講じ続けるよう呼びかけた[50]。

このように、両国の対露関係には一定の類似性があり、それが日本社会とウクライナ社会の相互理解を促すだけでなく、客観的に見て協力関係の深化をもたらしてきた。択捉島、国後島、色丹島、歯舞群島の帰属をめぐるロシアと日本の間の領土問題は第二次世界大戦終結後も解決していない。係争中の北方領土の面積は五〇〇〇平方キロメートルであり、海域を含めた総面積は約二〇万平方キロメートルに達する[51]。現在、キーウは日本政府の側に立っており、日本側もまた一九九一年に国際的に承認されたウクライナの領土の一体性を支持している。

したがって、二〇二二年のロシアの全面侵攻開始は、ウクライナと日本のそれぞれが直面する諸問題へのアプローチや、両国間の関係に顕著な影響を与えた。何よりもまず、日本社会の中でウクライナやウクライナ人に対してこれまでにない共感が引き起こされた。それまで日本の政治エリートの間には、キーウに対して行っている様々な政策が、北方領土問題の解決をめぐる東京とモスクワの間の対話にどのような影響を及ぼすかについて警戒心が見られたが、それはこの時点で解消した。これにより、日本政府は明確にウクライナの側に立つことが可能となった。こうして日本は、我が国への支持に関し、疑いの余地のないアジアのリーダーとしての地位を確立しただけでなく、個別の方針、とりわけ制裁政策について、G7各国に取っていた遅れを挽回したのである。

同時に、日本政府の多岐にわたる行動には、モスクワによるキーウへの武力侵攻への迅速で激しい非難のみならず、ウクライナの国家および社会に対する力強い支持も込められていた。日本は開戦当初から文字通り前例のない支

---

(47) Выступление Президента Украины Володимира Зеленского в парламенте Японии https://www.president.gov.ua/news/promova-prezidenta-ukrayini-volodimira-zelenskogo-v-parlamen-73769

(48) Достижения Украины на информационном фронте в Японии https://day.kyiv.ua/article/den-planety/zdobutky-ukrayiny-na-informatsiynomu-fronti-v-yaponiyi

(49) В. Зеленский: Курильские острова – это Япония, 7 октября 2022. https://www.pravda.com.ua/news/2022/10/7/7370841/

(50) https://www.rada.gov.ua/news/razom/228949.html

(51) Кудряченко А. *Поддержка со стороны Японии в контексте российско-украинской агрессии*. История, культура, память в научном измерении: состояние, перспективы: Материалы V международной научно-практической конференции, г. Киев, 24 мая 2024 г. К.: Арт Экономи, 2024. – 196 с. (на укр. яз.), С. 90.

援を提供した。二週間の間にウクライナ避難民の受け入れ態勢が準備された。コルスンスキー大使の情報によれば、約二三〇〇名のウクライナ人の来日が可能となり、彼らは単に避難先を見出すだけでなく、住居、教育環境、仕事、健康保険、経済支援を受ける機会を得た。これを実施したのは中央政府、地方自治体、そして日本財団である。また重要だったのは、日本の八〇の大学が約四〇〇名のウクライナ人学生を無償で受け入れたことである。[52]

いわゆるウクライナにおける特別軍事作戦に関し、三月二日に発表された、ロシアの行動を支持するロシアの大学の学長たちの声明に対する抗議も示唆的であった。一〇〇名を超える日本の大学の学長らがロシアの侵略に対して強く反対する意思を表明し、公然とロシアの行動を非難するとともに、その多くがロシアの大学との協力を中止した。それどころか、連帯の証として日本の大学ではウクライナとの研究協力が広がりを見せ始めた。[53]このことは、筆者らが現在携わっている大原社会問題研究所との共同研究プロジェクトの存在自体からも確認されよう。

ロシア・ウクライナ戦争における第一の時期と比べたとき、この我が国の運命の数年間に対する日本のアプローチを決定的に特徴づけているのは、侵略の被害者に対する明確な支持とともに、クレムリンの軍事行動に対応するための極めて多様で全面的な支援である。日本政府が一貫して政治外交面でウクライナ政府を支持し、西側民主主義諸国による幅広い制裁政策に賛同し、我が国に非常に際立った支援を行ったのは、現段階の苛烈な軍事衝突において、ウクライナとウクライナ国民の英雄的な戦いを支援したいという願望に突き動かされてのものであった。これと並んで、日本政府が国連総会の反ロシア決議案に全て賛成票を投じ、国連人権理事会からのロシアの排除を主張したこと、そして日本政府がＧ７とＥＵのモスクワに対する経済制裁を全て支持したことは、特筆されなければならない。『外交青書二〇二三』の該当箇所には、日本がロシアの侵攻に対応し、またウクライナを支持するために取った措置が紹介されている。二〇二三年五月現在、日本の制裁対象リストには、ロシアの合計七〇〇名の個人と二〇七の組織、そしてウクライナ領内の一時占領地域の侵略者の手先である三一一名の個人が掲載されている。[54]二〇二三年五月のＧ７広島サミットでは、改めてロシアに対しウクライナの全領土から軍隊と軍事装備を即時かつ無条件に撤退させるよう要求がなされ、日本はその際に議長国として貢献した[55]。日本政府はG７の結束に尽力し、国際社会と緊密に協力しながら、ウクライナに力強い支援を提供している。そしてこのサミットの場で、ゼレンスキーと岸田は日本政府によるウクライナ支援のさらなるステップについて、特にウクライナ軍の装備強化の可能性について協議した。大統領はウクライナへの国際支援を喚起したことについて、とりわけG７で議長国としてそれを実行したことについて、日本のリーダーシップを高く評価した。ゼレンスキーは七六億ドルの財政支援パッケージ供与の容認に対し、日本に感謝の意を表した。そしてその一七ヶ月後、松田邦紀駐ウクライナ日本大使は二〇二四年一〇月にキーウで開催されたビジネス・フォーラム「メイド・イン・ウクライナ」において、日本は「一二〇億ドル以上の支援を約束して実行しており、今後もウクライナには予算、人道、エネルギー支援を供与し続ける」ことを確認した[56]。

日本が伝統的な方法だけでなく、最新の方法でも支援を行っていることは非常に重要である。第二次世界大戦後、日本は平和憲法を掲げ、実際に軍を自衛隊に置き換え、国の交戦権を認めなかった[57]。しかし、日本はロシアによる

（52）Посол Украины в Японии пообщался с NHK накануне саммита G 7（на укр.яз.）
https://www3.nhk.or.jp/nhkworld/uk/information/202305180600/

（53）https://day.kyiv.ua/article/den-planety/zdobutky-ukrayiny-na-informatsiynomu-fronti-v-yaponiyi

（54）https://www.ukrinform.ua/rubric-world/3714307-aponia-ogolosila-cergovij-paket-sankcij-proti-rosii.html

（55）G7 Hiroshima Leaders' Communiqué. May 20, 2023. https://www.mofa.go.jp/policy/economy/summit/hiroshima23/documents/pdf/Leaders_Communique_01_en.pdf?v20231006

（56）https://www.kmu.gov.ua/news/u-kyievi-startuvav-naibilshyi-biznes-forum-zakhid-oseni-dvodennyi-biznes-forum-zrobleno-v-ukraini

（57）Конституционные акты Японии（на укр. яз.）https://kfcp.law.sumdu.edu.ua/wp-%20content/uploads/2022/10/

侵攻後の数年間、軍事侵攻の犠牲者であるウクライナに対し、可能な範囲で支援の拡大と協力の強化に努めてきたのである。

三　戦略的グローバル・パートナーシップの概念化

戦略的グローバル・パートナーシップの概念化はウクライナ・日本関係の質的変化に影響を与えている。ロシアの我が国領土への侵攻は、日本の安全保障政策のみならず、その対露・対ウクライナ関係へのアプローチの文脈においても重要な変化をもたらす強い刺激となっている。ドイツのオラフ・ショルツ首相とは異なり、日本の国家指導者たちは公式には「時代の転換点」を宣言しなかった。そうした方法は長年にわたる平和主義政策の放棄を意味し、防衛費の増大を招きかねない。しかし、日本政府の行動には大きな変化が見られる。しかもその最も主要なものは、開戦当初の数ヶ月の間に、特にウクライナ支援に関わりながら続々と発現したものでもあった。日本は第二次世界大戦後初めて、特定の目的のもとで非常に大規模に、しかも交戦状態にある他国に非致死性兵器を提供した。ウクライナ側に提供されたのは、防弾チョッキ、防御用ヘルメット、暗視カメラ、冬季用の衣服と靴、野営ベッド、照準器と双眼鏡、手術用テントである。この支援は日本が重視してきた武器輸出三原則の見直しという枠組みの中で行われたのである。

このように、戦争の危険性と課題への認識があったからこそ、二国間の協力関係が顕著に深まったこと、そして関係の概念が強化されたことは、何より重要である。そして、二〇二三年三月二一日にキーウで行われたサミットの期間、ロシアの我が国に対する過酷な侵略を背景として、ゼレンスキー大統領と岸田首相は両国間のゆるぎない連帯を確認するとともに、幅広い問題について具体的に協議した。両首脳はウクライナと日本の間の協力が持つ大きな可能性を認識し、二国間関係を「特別なグローバル・パートナーシップ」に格上げすることを決定して、これに関する共同声明に署名した[58]。岸田はキーウ訪問時の演説の中で次のように述べた。「我々は責任ある国家として、国際問題に対して責任をもって行動すべきである」、「日本はウクライナの主権と領土の一体性を支持する」、「二国間協力は深化し拡大している。本日我々は両国関係を特別なグローバル・パートナーシップにまで高めることに合意した[59]」。

ところで、ウクライナと日本の間の「グローバル・パートナーシップ」は、二〇一一年一月、V・ヤヌコーヴィチ元大統領と当時の菅直人首相によって署名された声明によりすでに宣言されていた。しかし、専門家らの考察によると、「政権は、改革を約束しながら日本からできるだけ多くの投融資を呼び込む措置を取ったが、この約束は果たされないままであった」という。これに対し、二〇二三年の特別なグローバル・パートナーシップに関する共同声明について強調すべきは、高いレベルの文書として原則的で重要な内容を有していることである。つまりこの声明は、「世界の安全への脅威に対する一般的な態度を反映している」。ここでは「ロシアの侵略はヨーロッパのみならずインド太平洋地域の平和と安全に対する脅威となっている」こと、また「力による一方的な領土の強奪や現状

КОНСТИТУЦІЙНІ-АКТИ-ЯПОНІЇ.pdf

（58）Общее заявление об особенном глобальном партнерстве между Украиной и Японией. *Официальное интернет-представительство Президента Украины*. 21 марта 2023 г.（на укр. яз.）https://www.president.gov.ua/news/spilna-zayava-pro-osoblive-globalne-partnerstvo-mizh-ukrayin-81717

（59）Sobenko N., Halka N. Итоги визита Фумио Кишиды в Киев, 21 марта 2023 г.（на укр. яз.）. https://suspilne.media/421293-aponia-vidilit-30-mln-na-neletalne-ozbroenna-dla-ukraini-pid-sumki-vizitu-fumio-kisidi-do-kieva/

の変更に対抗する」べきであることについて合意された。日本のリーダーがロシアへの制裁強化を支持し、ウクライナ支援をめぐるG7の結束の強化を約束したのも重要である。このように、この文書は世界的な国際情勢に対する日本とウクライナの共通認識を初めて述べたものとなった。

注目されるのは、岸田政権がロシアのウクライナ侵攻への対応として、すでに安倍によって開始されていた改革を継承する形で、二〇二二年に日本の外交と安全保障に関わる二つの重要な決定を行ったことである。それは第一に、モスクワによる侵略を考慮した上での、日本の対露政策の変更である。そして第二に、日本の安全保障政策に影響を及ぼす変更である。日本はG7における唯一のアジアからの参加国であり、日本がロシアへの対抗措置に参加したことによって、ウクライナ侵略戦争は大西洋横断的なものからグローバルなものへと変質したと言える。こうした文脈において、日本政府が五〇年ぶりに防衛予算支出を現在のGDPの二%にまで増額すると決定したことは象徴的であった。二〇二二年一二月、日本では新たな国家防衛戦略、国家安全保障戦略、防衛力整備計画が承認された。

ウクライナと日本の首脳による共同声明において非常に特徴的なのは、ゼレンスキー大統領が防衛力の抜本的強化や外交活動の強化などを含む日本の国家安全保障戦略の策定を高く評価すると述べているところである。

安全保障政策の変更によって、日本政府は防衛予算を増額するばかりでなく、五年間でサイバーセキュリティに七〇億ドル、宇宙開発に七〇億ドル、英国およびイタリアとの第六世代戦闘機「テンペスト」共同開発プログラムに六〇億ドルの投資を想定することを余儀なくされている。ロイター通信の専門家らは、「平和主義を掲げていたかつての島国では考えられないような五ヶ年計画」により、日本の防衛支出が現在の世界九位から、米国と中国に次ぐ三位に上昇すると見ている。[60] このような展開は、二〇二三年一月にアメリカのジョンズ・ホプキンズ大学で行われた岸田首相の講演「歴史のターニングポイントにおける日本の決定」にも顕著である。[61]

そして、日本の武器輸出三原則の再検討は、クリミアの不法併合後の二〇一四年に着手され、二〇二三年一二月に実現に至った。同様に、日本国憲法とその第九条の改定をめぐる重要な議論も継続中である。日本の政治家たちは、憲法に規定された平和主義を近い将来に変更する可能性には大きな疑念を抱いている。しかし、ロシアのウクライナへの全面侵攻と、中国の非常に公然とした攻撃性の発露とは、日本の抑制された「封じ込め」政策を「現実的な封じ込め」政策へと顕著に転換させせかねない要因となった。[62]

相互理解を促進し、関係をさらに概念化させるためのアプローチは、二〇二四年六月のG7イタリア・サミットの際に署名された、事実上の安全保障協定「ウクライナと日本国政府との間のウクライナへの支援および協力に関するアコード」[63]に記された。そこでは、「このアコードに言及された措置の追求により、安全保障および防衛、人道支援ならびに復旧および復興を含む分野における二国間の長期的な協力ならびにコミットメントおよび取決めを強化することをともに決意した」ことが確認されている。文書では、日本側が「ウクライナが現在進行中の侵略に対して自身の主権および領土一体性を守る中、憲法上および法律上の要件ならびに規則に従って」我が国への支援の

（60）Pacifist Japan unveils biggest military build-up since World War Two. By Tim Kelly and Sakura Murakami, December 16, 2022. https://www.reuters.com/world/asia-pacific/pacifist-japan-unveils-unprecedented-320-bln-military-build-up-2022-12-16/

（61）Japan's decisions at history's turning point. Policy. Speech by Prime Minister Kishida Fumio at the Johns Hopkins University School of Advanced International Studies (SAIS). https://japan.kantei.go.jp/101_kishida/statement/202301/_00005.html

（62）War in Ukraine has bolstered Japan's support for a stronger army, The Economist, September, 15, 2022, https://www.economist.com/asia/2022/09/15/war-in-ukraine-has-bolstered-japans-support-for-a-stronger-army

（63）Соглашении о поддержке Украины и сотрудничестве между Украиной и правительством Японии (на укр. яз.) https://www.president.gov.ua/news/ukrayina-uklala-dvostoronnyu-bezpekovu-ugodu-z-yaponiyeyu-91485; 外務省「日本国政府とウクライナとの間のウクライナへの支援及び協力に関するアコード」二〇二四年六月一三日 https://www.mofa.go.jp/mofaj/files/100684187.pdf

提供を継続するとされている。そして、「安全保障および防衛分野におけるこのような支援には、以下の分野を含むが、これらに限定されない。すなわち、このアコードに言及された措置の追求による、安全保障および防衛、人道支援、復旧および復興である」。一〇項目から成り、具体的な協力の方針を示したこれらの合意事項は、今後一〇年間を見据えた新たな協働関係の強化を規定している。

これが二〇二三年七月一二日、ヴィリニュスでのNATO首脳会談の際に採択されたG7共同宣言に基づき、我が国が太平洋地域の国家との間で締結した最初の安全保障協定だったことは特筆されよう。日本にとってこのような協定の締結や、犠牲者としての我が国に対するここまでのレベルの支援は前例のないものである。

ウクライナには、両国が将来的に戦略的パートナーシップに関する条約をさらに締結できるとの確信があることを強調しておきたい。このことを示したのは、第四回ウクライナ・日本フォーラム「特別なグローバル・パートナーシップ――ロシア戦争の文脈におけるウクライナと日本」で講演した、ウクライナ大統領府副長官で大統領外交顧問のイーホル・ジョウクヴァである。ジョウクヴァの確信するところによれば、固定された「特別なグローバル・パートナーシップ」は最後のステップではない。「すぐに次のものがやってくる。そしてそれはウクライナと日本の戦略的パートナーシップとなるだろう」[64]。これに関し、日本とインドが数年間のグローバル・パートナーシップの期間を経てその関係を戦略的なレベルにまで到達させたことを指摘しておこう。また、現在の日本の首相である石破茂の姿勢も考慮する必要がある。石破は二〇二四年一〇月四日の所信表明演説で、「ロシアによるウクライナ侵略は未だに続いて」おり、それゆえ日本は「対露制裁、対ウクライナ支援は今後とも強力に推し進め」ると述べた。また、日本は「現実的な国益を踏まえた外交により、日米同盟を基軸に、友好国・同志国を増やし、外交力と防衛力の両輪をバランスよく強化し、我が国の平和、地域の安定を実現」すると表明した[65]。これらのアプローチは、対ウクライナ関係の文脈においても、両国のグローバル・パートナーシップのさらなる概念化の文脈においても、現在の日本政府首脳が取る確固とした姿勢から来るものである。

四　日本のウクライナ支援の展望

日本の対ウクライナ支援には、多くの側面で大きな展望がある。本研究が示しているように、日本政府はキーウに広範で顕著な支援を供与している。これらの側面には不断の外交的支援や、強力な財政的、経済的、人道的支援のほか、ロシアおよびその政治家や実業家に対する制裁措置、ウクライナ経済への投資の増大、原子力安全保障にも寄与し得る最大規模の防衛装備品の支援、広範な復興事業などが含まれる。この文脈で、二〇二四年の夏、ウクライナ軍に一〇〇台以上の輸送手段を供与したことは非常に示唆的であった。交戦中の国家に対して防衛装備品を提供したのは日本の自衛隊史上初めてのことであった。また二〇二四年一〇月には現防衛大臣である中谷元がウクライナへの防衛装備品の追加供給を発表した[66]。日本はまたウクライナへの軍事支援に関して米国との協力に合意した。このように、あらゆる面で見られる我が国ならびに社会への支援拡大措置は、現在のウクライナ・日本関係の第二段階を特徴づけるものである。

日本の協力と支援がまさに現代化改革を促すよう意図して行われていることは理解すべきであり、これはウクライナ国家とその関連機構にとって重要である。日本は世界最先進国の一つであり、多くの分野で主導的な地位を占

(64) В ОП надеются, что Украина вскоре подпишет с Японией соглашение о стратегическом партнерстве (на укр. яз.) https://www.ukrinform.ua/rubric-polytics/3840294-v-op-spodivautsa-so-ukraina-nevdovzi-pidpise-z-aponieu-ugodu-pro-strategicne-partne

(65) 自由民主党「第二一四回国会における石破内閣総理大臣所信表明演説」二〇二四年一〇月四日 https://www.jimin.jp/news/policy/209152.html

(66) Японiя анонсировала поставки дополнительной техники для ВСУ. https://www.rbc.ua/ukr/news/poniya-anonsuvala-postachannya-dodatkovoyi-1729239275.html

めている。日本は投資を行うことができ、また最新の科学技術や、企業や政府関連機関の活動における先進的な慣行を有している。ウクライナは、いくつもの既存のメカニズムによって、自国の現代化のために必要な技術や資源の提供を受けることが可能となっている。その際に重要なのは、これに対応する日本の組織や機関である。政府開発援助（ODA）、国際協力機構（JICA）、日本貿易振興機構（JETRO）、国際協力銀行（JBIC）、日本貿易保険（NEXI）、さらに国際通貨基金（IMF）やNATOのウクライナのための包括支援パッケージ（CAP）との協力を通じた国際的なメカニズムなどがそれである。

日本が二〇二二年三月以降に供与した援助の総額は一二〇億ドルを超える。今年二〇二四年に入り、日本は我が国にさらに四五億ドルを提供しており、さらに「ウクライナと日本国政府との間のウクライナへの支援および協力に関するアコード」に基づき、この文書が効力を有する一〇年間にわたって支援が継続される。[67]

日本はウクライナに車両100台を提供した。
写真：facebook.com/s.v.korsunsky

我が国の戦後復興やその他の多くの分野での支援に日本が加わることによって、現在だけでなく将来にわたっても協力関係は継続されるであろう。このことについて上川陽子外相は、二〇二四年二月に東京で開催されたウクライナ復興会議の前夜、NHKのインタビューに応じ、日本政府は「官民一体となって息の長い支援を続けていく」と強調した。上川は、この取り組みは「人々の生活や国の再建に向けて」行われるものであり、「日本ならではのきめこまやかな官民一体の取り組みを持続して進められるよう、『オールジャパン』で支援していきたい」と述べた。[68]

これに関連し、二〇二四年二月一九日に東京でウクライナの経済発展と復興の問題をめぐる国際会議が開催され、そこで両国間の協力に関する文書五六件が署名された。その中には政府間協定、覚書、企業や地方自治体の間での合意などが含まれる。ＪＩＣＡ、ＪＥＴＲＯ、日本貿易保険、国際協力銀行といった有力な日本の機関との間で、ウクライナ復興支援に関する九〇件を超える協定が署名されたことを指摘しておく。このほかに、両国は復興計画実現のための無償資金贈与協定を締結し、またウクライナ農業政策食料省と日本企業の間でいくつもの文書が署名された。重要なのは、教育と科学技術の分野での協力に関する政府間覚書が締結されたことである。日本はまさにこれらの分野での先進国の一つなのである。このフォーラムでの重要な出来事として、待望されていた二重課税除去のための政府間条約が署名され、すでに二〇二四年六月五日にウクライナ議会で批准されたことも注目に値する。これは我が国で新たなプロジェクトを計画する日本の企業にとって非常に重要である。東京フォーラムでウクライナ代表団長を務めたデニス・シュミハリ首相は、ナフトガス・ウクライナと日本側との間で署名された風力エネルギー分野での共同プロジェクト、ウクライナのガス輸送システム・オペレーター社のためのガス圧縮ステーション近代化準備に関する覚書、さらにはエネルギー、通信、インフラ、建設、環境の各分野における協力に関する協定への締結にも言及した[69]。

我が国の政府機関は、合意された協定が現在の戦況の中でも実際に履行されるよう尽力している。二〇二四年一〇

(67) Соглашение о поддержке Украины и сотрудничестве между Украиной и правительством Японии (на укр. яз.) https://www.president.gov.ua/news/ukrayina-uklala-dvostoronnyu-bezpekovu-ugodu-z-yaponiyeyu-91485

(68) ＮＨＫ「上川外相〝官民一体で息の長い支援を〟ウクライナ復興会議前に」二〇二四年二月一八日 https://www3.nhk.or.jp/news/html/20240218/k10014362901000.html

(69) Украина и Япония подписали 56 документов о сотрудничестве и восстановлении - Д. Шмыгаль (на укр. яз.) 19.02.24. https://www.ukrinform.ua/rubric-vidbudova/3829085-ukraina-ta-aponia-pidpisali-56-dokumentiv-pro-spivpracu-ta-vidbudovu-smigal.html

月初頭に行われた閣僚会議は、二〇二四年二月一九日付の合意により日本から無償供与を受けた一億ドルをもととして、二五億四八〇〇万フリヴニャの資金を分配した。緊急復興プログラムへの資金は、エネルギーサービス、運輸交通、ウクライナの人道的地雷除去のための設備といった方面に割り当てられている。とりわけ、エネルギー省にはエネルギーサービス用設備の取得のために一三億フリヴニャが、内務省管轄下の国家非常事態庁には人道的地雷除去のための設備や建築物の取得を目的として七億二八〇〇万フリヴニャが、復興インフラ開発庁には運輸通信設備の取得のために五億二〇〇〇万フリヴニャが、それぞれ配分されている。[70]

二〇二四年一〇月一〇日、ウクライナは日本貿易振興機構JETROとの覚書に署名し、同日、キーウにJETRO事務所が開設された。ウクライナでの外交任務を終えた松田邦紀大使は、ウクルインフォルムのインタビューの中で次のように話した。ロシアによる侵略戦争が始まった当初、すぐに実現しなければいけない人道支援から始まり、財政支援と非殺傷性の防衛装備品の支援等も実現した。これは国家予算を原資とし、仕組みとしては世界銀行と一緒になって融資保障の形を取っているものもある。しかし、「戦争が長引く中、ウクライナの経済・社会の安定と発展を守っていくには、どうしても民間の力が必要」である。[71] 日本企業はウクライナ復興という挑戦に機敏に反応している。すでにウクライナの農業、エネルギー、グリーン冶金、サイバーセキュリティ、建設などの投資に関心を見せている。

日本はG7の一員として、二〇二四年九月に採択されたウクライナ復興・再建支援に関する共同宣言に基づき、他のパートナー国やウクライナ援助国と緊密に協力し、我が国の再建のための支援と協働を行っている。この事実こそ、時間はロシア側に有利に推移しており、ロシア側が勝利するとともに、我が国は経済破綻に陥るとする虚偽の考えを反証するものである。このように日本は、特にエネルギー分野における死活的に重要なインフラの復旧と開発、経済成長の強化、社会の持続可能性の支援、優先度の高い改革の実施などの面において、ウクライナを強力に支援しているのである。

おそらく、さらなる将来性を有しているのは核・原子力安全保障とウクライナ復興の分野での協力であろう。かつて原子力安全保障での協力を方向づけたものはチェルノブイリと福島の悲劇であったが、現在はロシアの我が国に対する核の恫喝がそれに代わっている。直接の核攻撃の脅威に話題が及ぶとなれば、世界でも日本ほどの共感を示す国はない。日本は一九四五年に米国からの直接の核攻撃を受けた全世界で唯一の存在である。これに加え、ウクライナの原子力発電所に対する意図的な攻撃によって原子力災害が引き起こされる可能性についても議論されている。

周知の通り、このテーマは広島出身である岸田の首相在任中、敏感に受け止められた。広島はまさに二〇二三年に日本を議長国とするG7首脳会議が開催された都市であるが、そのこと自体は日本政府にとっての重要性と、東京がこの重要な行事に込めた象徴性を強調したに過ぎない。それ以上に、ゼレンスキー大統領という個人がこのサミットに参加したことが、こうした惨事や悲劇を繰り返さないよう明確に警告するというアプローチを強化することとなった。ゼレンスキー大統領は広島滞在中に岸田首相とともに現地の平和記念資料館を訪れ、原爆死没者慰霊碑に献花した。慰霊碑は日本古来の土製偶像である埴輪を模して建造されており、象徴的な碑文とともに一九四五

(70) На восстановление энергетики, инфраструктуры и разминирования направили ₴2,5 миллиарда гранта от Японии (на укр.яз.). https://www.ukrinform.ua/rubric-vidbudova/3911632-na-vidnovlenna-energetiki-infrastrukturi-ta-rozminuvanna-spramuvali-25-milarda-grantu-vid-apo

(71) Открытие в Киеве Офиса Японской организации внешней торговли (JETRO) (на укр. яз.) https://www.ukrinform.ua/rubric-economy/3914117-posol-aponii-vidkritta-u-kievi-ofisu-jetro-sprostit-spivpracu-biznesmenam-oboh-krain.html; 松田邦紀駐ウクライナ日本国特命全権大使「『勝利』は、ウクライナにとって、ウクライナ人が望む形の、公正なものでなければいけない」https://www.ukrinform.jp/rubric-polytics/3914000-song-tian-bang-ji-zhuukuraina-ri-ben-guo-te-ming-quan-quan-da-shi.html

原爆死没者慰霊碑の前で犠牲者を追悼するゼレンスキー。写真：ウクルインフォルムより、2023年5月21日[72]

年八月六日の原爆投下による全ての死者の名が銘されている。この記念碑には「安らかに眠って下さい　過ちは繰返しませぬから」という言葉が刻まれている。この言葉と両国の指導者による死者の追悼は、現在の同様の脅威に対する闘いにおける連帯を象徴するものとなった[73]。

また現実のウクライナ再建の問題も非常に重要である。このプロセスにおいて、日本がウクライナ領内の地雷除去に参画することは効果的な要素である。ウクライナは現在世界で最も多数の地雷が埋設されている国家であるが、日本はもう一つの世界最多の地雷埋設国カンボジアですでに二〇年以上にわたって経験を積んでいる。ここで注目に値するのは、地雷除去の分野における両国の協力プロセスがすでに開始されていることである。そしてそれは、カンボジアとのパートナーシップの形で始まった[74]。国家非常事態庁の最初のウクライナの専門家一五名は、日本政府の協力のもとにカンボジアで研修コースを修了し、日本にも訪問したのである。二〇二三年末に日本政府は車両四〇台、金属探知機五〇台、コンテナ一五〇台、消火剤を我が国に供与した[75]。カンボジアで用いられたこれらの地雷除去のための技術と装置はウクライナの地でも非常に必要とされている。このように、このウクライナの地雷除去プログラムが体系的で長期的なものとなっていることは極めて重要である。

多くの日本企業がロシア市場を失い、中国市場をも失う可能性がある中で、日本がすでに締結された条約や協定に基づき、全面的な復興事業に参加する見込みがあることは、ウクライナとのビジネス協力の展望を描き出す。それに加えて、東京＝キーウ＝ブリュッセルを結ぶ関係構築の可能性についても付言しておかなければならない。このプロセスは、二〇一九年に発効した欧日経済連携協定（ＥＰＡ）や、さらにはウクライナのＥＵ加盟の見通しの延長線上にある。こうした相互協力により、ウクライナの復興プロセスへの参加を通じて、全ての関係者に利益を得る可能性が開かれるのである。

おわりに

本章の検討と分析が示しているように、この間のウクライナと日本の相互関係は強力に発展している。二国間協力は広範な政治的、法的基盤の上に行われており、二国間文書は様々なレベルにわたって八〇件以上を数える。キーウと東京の政府間協力は、広範な条約上の基礎により、困難な戦時にあっても可能となった。そこには、様々な国際プラットフォームにおける外交的支持から、それぞれの特性に応じた人道的、経済的、軍事的支援に至るまで、多様な分野が含まれる。こうした協力は各分野において豊富な歴史を有し、双方の外交当事者たちによる困難

(72) https://www.ukrinform.ua/rubric-polytics/3712216-zelenskij-u-hirosimi-vsanuvav-pamat-zertv-atomnogo-bombarduvanna.html
(73) Зеленский в Хиросиме почтил память жертв атомной бомбардировки (на укр. яз.) https://www.ukrinform.ua/rubric-polytics/3712216-zelenskij-u-hirosimi-vsanuvav-pamat-zertv-atomnogo-bombarduvanna.html
(74) Strengthening Ukraine's capacity in Humanitarian Demining, JICA, January 24, 2023, https://www.jica.go.jp/ukraine/english/office/topics/230124.html
(75) Япония передала МВД Украины 40 автомобилей и оборудование для разминирования (на укр. яз.). https://interfax.com.ua/news/general/948866.html

に満ちた活動と関わっている。このことを裏づけているのが、高位の叙勲に関するウクライナ大統領令である。岸田文雄首相にはヤロスラフ賢公勲章第一等が、細田博之衆議院議長には功労勲章第二等が、日本・ウクライナ友好議員連盟の森英介会長と盛山正仁事務局長には功労勲章第三等が、それぞれ授与された。日本政府が歴代駐日ウクライナ大使のミハイロ・ダシュケヴィチ、ユーリー・コステンコ、ミコラ・クリニチの活動を称えて表彰し、これに対応して我が国に駐在した馬渕睦夫、角茂樹、倉井高志、松田邦紀の各日本大使が表彰されたことも注目される。こうした政府の活動家や外交官は、例外なく両国関係の発展に多大な貢献を行っており、こうした栄誉を受けるに値する。

二国間協力は政治路線の構成要素の一つとなっており、その密度と規模は時期によって異なる。戦時期を区分すれば、第一に二〇一四年から二〇二二年までの時期となり、そして第二に二〇二二年二月二四日からの時期、すなわち、ロシア軍のウクライナ領に対する全面侵攻に始まり、現在も続いている時期となる。

ロシアの大規模な侵攻をきっかけに進められた両国の協力の概念化と具体的な実践により、あらゆる面においてキーウと東京の政府間の相互協力が促され、それは特別なグローバル・パートナーシップのレベルにまで引き上げられつつある。この協力形態は、政府指導者の間だけではなく、関係するあらゆる機構や組織の間でも、質的に新しい、より高いレベルの二国間関係の発展を促している。ウクライナと日本は、地理的距離の大きさにもかかわらず政治的に親近性のあるパートナーであり、その関係は両国の過去の相互作用と、現在および将来にわたる展望とを具現化したものとなっている。

ロシアのウクライナ侵略によって、日本と我が国の関係には決定的な転機がもたらされ、世界政治や安全保障政策をめぐる最も広範で緊急を要する課題に対し濃密な協力関係が構築された。東京の明確な戦略とキーウの利害関心は、今後の戦略的協力の形を見通す上での基礎となる。これら全てが、対侵略戦争の最中にある現段階のみならず、あり得る将来においても、ウクライナ・日本の二国間協力の大きな展望を描き出しているのである。

［平野達志 訳］

第二章　炭労とソ連炭鉱組合の冷戦下での交流
――ソ連の炭鉱労働者の状況と労働組合の機能はどのように受け止められたのか

鈴木　玲

はじめに

本章は、一九五六年から一九六一年の間の日本炭鉱労働組合（炭労）とソビエト連邦石炭鉱業労働組合（ソ連炭鉱組合）との交流について、冷戦とそれを反映した国際労働組合組織（世界労連と国際自由労連）間の対立など、当時の労働組合の国際交流が置かれた文脈を視野に入れて分析する。炭労は、一九五六年一一月から五七年一月にかけて、中華人民共和国（中国）とソビエト社会主義共和国連邦（ソ連）に三〇人から構成される代表団を送った。この代表団が五六年一二月にソ連炭鉱組合と結んだ共同声明に盛り込まれた代表団の相互交流に基づき、ソ連炭鉱組合の代表団が五七年および六一年に日本を訪問している。[1] その後、一九五八年一〇～一一月に四人から構成される代表団をソ連とチェコスロバキアに、一九五九年一一月にモスクワで開かれた炭鉱・鉱山の保安・職業病についての専門

(1) どちらの代表団も四人で構成された。本章は紙幅の関係で、ソ連炭鉱組合代表団の日本訪問はあつかわない。

家会議への出席を主な目的として三人の代表団（うち一人は全日本金属鉱山労働組合連合会（全鉱）の役員）をソ連に派遣した。また、炭労は一九六〇年一〇月～一二月に、五人の代表団をソ連、ハンガリー、ユーゴスラビアに派遣したが、そのうち一人は炭労の競合組合である全国石炭鉱業労働組合（全炭鉱）の役員であった。さらに、五九年から六〇年にかけて闘われた三井三池争議での炭労や三井三池労組に対する共産主義諸国の労働組合からの支援のお礼と争議の報告のため、「三池闘争国際交流オルグ団」（総評、炭労、三池労組、三池炭鉱主婦会の代表五人より構成）が一九六一年二月から四月に中国、ソ連、チェコスロバキア、ドイツ民主共和国（東ドイツ）を訪問した。なお、同年六月～七月に二人の炭労代表団がソ連および西欧諸国（西ドイツ、フランス、イタリア、ベルギー、スイス）を訪れたが、同代表団の主な目的は、ソ連、フランス、イタリアの炭鉱労働組合それぞれと結んだ共同声明を発表すること、および西欧の石炭産業の状況の視察であった（第1表参照）。

一九五六年から六一年の間ソ連を訪問した炭労（あるいは炭労中心の）六つの代表団のうち、少なくとも四つの代表団は、ドンバス地方の炭鉱と関連施設を訪れたことが記録されている。ドンバス地方は、ソ連有数の産炭地帯であるとともに工業地帯でもあったため、ソ連政府は同地域を「社会主義のショーケース」（the showcase of socialism）とみなしていた。[2] さらに、五〇年代から六〇年代にかけて、ドンバスの産炭地帯では新たな炭鉱が開発され、石炭産出量が堅調に増加したため、この時期は「黄金時代」と呼ばれていた。[3] 同地域はウクライナ領内であるものの、二〇一四年以降、親ロシア派の武装勢力とウクライナ軍との衝突が起きた。そして、二二年のロシアのウクライナの軍事侵攻開始後、ロシア軍は同地方の多くの部分を占領した。

本章の課題は、第一に、炭労の代表団がドンバス地方の炭鉱や関連施設の視察、および炭鉱労働者やその家族との交流を通じて、社会主義体制をどのように受け止め、日本の炭鉱設備や炭鉱労働者の労働条件・生活水準とどのような比較をしたのかを、代表団が残した記録に基づいて検討することである。[4] 第二の課題は、炭労などの日本の産業別組織（とくに日本労働組合総評議会（総評）の加盟組合）とソ連など共産主義諸国の労働組合との交流が、冷戦下の国際労働組合運動の文脈においてどのように位置づけられたのか考察することである。なお、総評は一九五〇年七月に結成された労働組合全国組織で、炭労も主要組合として加盟した。結成当初は「西側」陣営の国際自由労連への加盟を志向していたものの、五〇年代前半の国内外の政治状況の影響を受け左傾化し、「西側」「東側」のどちらの陣営の国際労働組合組織にも属さない「中立主義」の立場をとるようになった。以下では第二の課題に関連して、一九四〇年代後半の国際労働組合運動の動向、およびそのなかで炭労がとった立場を簡略に示す。

一九四五年九月に世界労連（WFTU-the World Federation of Trade Unions）が、アメリカ、イギリス、ソ連の労働組合全国組織を含む資本主義国、共産主義国の労働組合の連合体として結成された（アメリカの二つの全国組織のうち、ＣＩＯ（Congress of Industrial Organization）のみ参加、ＡＦＬ（American Federation of Labor）は不参加）。しかし、世界労連内部でソ連を中心とした共産主義国の労働組合が影響力を強め、またアメリカ・イギリスを中心とする資本主義国の労働組合と共産主義国の労働組合の間で国際労働組合運動の組織原則（中央集権型にするか権力分散型にするか）をめぐる対立が起きた。そして、アメリカのヨーロッパ諸国の経済復興のための経済支援（マーシャルプラン）の対応をめぐる対立により、アメリカ、イギリス、オランダの労働組合の代表が四九年一月の世界労連の執行委員会を退席して脱退し、他の

（2）Kerstin Zimmer, "Trapped in past glory Self-identification and self-symbolisation of Donbas," In Adam Swain (ed.) *Re-Constructing the Post-Soviet Industrial Region: The Donbas in Transition.* Taylor & Francis Group, 2007, p. 100, p. 106.

（3）O. Danlin, "On the way to decline: the development of the Donbass coal-mining industry from the 1950s to the 1980s," *Mining Technology*, Vol. 111, Issue 3, 2002, p. 168. ただし、新たな炭鉱の開発が長期間にわたるなど、ドンバス産炭地帯は、さまざまな問題を抱えていたとされる。

（4）本章は「共産主義」を、共産主義を理念に掲げる国家（共産主義諸国）に言及するとき、「社会主義」をソ連などの東側諸国の現状の政治・経済・社会制度（社会主義体制）に言及するときに使用するようにした。

資本主義国の全国組合組織もそれに続いた。世界労連を脱退した労働組合は、四九年一二月に国際自由労連（ICFTU-the International Confederation of Free Trade Unions）を結成した[5]。新たに結成された国際自由労連には、強硬な反共主義により世界労連の参加を拒否したアメリカのＡＦＬも加盟した。

国際労働組合運動の分裂は、日本の労働組合運動にも影響をおよぼした。戦後初期の日本の労働組合は、共産党の影響が強い全日本産業別労働組合会議（産別会議）が主導的役割を担った。しかし、一九四七年の二・一ゼネスト（吉田内閣倒閣・民主政府樹立を掲げ予定されていたものの、ＧＨＱの命令により中止となったゼネスト）などが契機となり、「民同運動」（民同＝民主化同盟）と呼ばれる共産党の影響力を排除する動きが産別会議や主要な産業別組織のなかで活発化し、四〇年代末までに労働組合運動の主導権を握るようになった。これらの労働組合は、国際自由労連加盟を志向し、四九年九月に「国際自由労連加盟促進懇談会」を結成した。懇談会に参加した主要産業別組合のなかには炭労も含まれ、炭労は四九年一一月の「再開第四回臨時大会」で国際自由労連の加盟を決定した[6]。

炭労はその後も国際自由労連に加盟し続けたものの、五〇年代半ばより中国やソ連、東欧諸国などの共産主義諸国の労働組合と交流した。この背景として、ソ連を中心とした世界労連に加盟する労働組合が五〇年代半ば以降（とくに一九五三年のスターリン死去以降）労働外交に力を入れ、国際自由労連に加盟する組合との交流を進めたことがある[7]。炭労などの総評加盟の産業別組織は、中国やソ連などの東側諸国からの招請に応じ、多くの代表団を送った。本章は、ソ連の労働組合が日本など西側諸国の労働組合に対する積極的な「労働外交」を進めた動機について冷戦の文脈から考察する。また、炭労はソ連などの共産主義諸国の労働組合との交流を進めると同時に、国際自由労連にも加盟し続けた[8]。本章は、炭労が国際自由労連との関係を維持した理由についても考察する。

本章があつかう冷戦下における日本の労働組合とソ連の労働組合の交流あるいは「労働外交」は、管見の限りこれまで研究がされていない。近接した領域の研究としては、日本で最大の全国組合組織であるものの中立主義を志向した総評を西側陣営に引き寄せる目的で、アメリカの政府と労働組合および国際自由労連などがとった五〇年代から六〇年代半ばの諸政策を分析した中北浩爾の論文を挙げることができる。(9) また、クリスティアン・ハイデックによる、総評と東ドイツの自由ドイツ労働組合同盟（ＦＤＧＢ）および西ドイツのドイツ労働総同盟（ＤＧＢ）とのそれぞれの関係を分析した論文も挙げることができる。ハイデックの研究は、世界労連と国際自由労連のそれぞれの立場を代表して競合する東西ドイツの労働組合全国組織が、中立主義の総評にどのように接近して関係を築こうと

（5）Lonny E. Carlile, *Divisions of Labor: Globality, Ideology, and War in the Shaping of the Japanese Labor Movement*. University of Hawai'i Press, 2005, p. 22, pp. 121–122.

（6）前掲 Carlile, *Divisions of Labor*. pp. 167–168、鈴木玲「労働運動」久本憲夫、玉井金五編『社会政策Ⅰ　ワーク・ライフ・バランスと労働政策』法律文化社、二〇一〇年、二三六頁、「再開第四回臨時大会　炭労の単一化を前提条件　自由世界労連〔ママ〕への加入決定、国内的には全労会議の方向へ」『炭労』一九四九年一二月一〇日付。炭労は一九四九年の第四回臨時大会まで「日本炭鉱労働組合連合会」と呼ばれていた。第四回臨時大会で日本鉱山労働組合（日鉱）が炭労の「単一化」（全国組織としての日鉱が解散して完全に炭労の一部となること）問題をめぐり脱退した。その結果単一化の障壁がなくなり、単一組織としての炭労（日本炭鉱労働組合）が五〇年四月の大会で結成された。日本炭鉱労働組合『炭労十年史』労働旬報社、一九六四年、二七六〜二七七頁を参照。

（7）Anthony Carew, "ICFTU Politics in the 1950s: From Crisis to Consensus," In Anthony Carew et al. (eds) *The International Confederation of Free Trade Unions*. Peter Lang, pp.245–246.

（8）当初国際自由労連に加盟していた日本の産業別組織の一部は、総評の中立主義と左傾化を反映して同労連を脱退した。国鉄労働組合（国労）と日本私鉄労働組合総連合会（私鉄総連）は一九五三年に、日本教職員組合（日教組）は一九五八年に国際自由労連を脱退した。

（9）Nakakita, Koji, "Incorporating Japanese labor into the Free World: Cold War diplomacy and economic interdependence, 1949–1964," *Labor History*, 49.2, 2008.

したのかを、日本の六〇年安保闘争と六一年の「ベルリンの壁」の建設による第二次ベルリン危機の文脈から分析した[10]。

本章は、炭労に関しては機関紙『炭労』、『月刊炭労』、『みいけ』(三井三池炭鉱労組の機関紙)の記事、大会資料やパンフレットなどを参考にした。ソ連側からみた東西陣営の労働組合の交流に関する情報として、ソ連の英文雑誌(*New Times* および *Moscow News*)の記事などを参照した。また、国際自由労連やアメリカの労働組合の東西陣営の労組交流に対する批判的見解については、AFL-CIO[11]国際部が発行している *AFL-CIO Free Trade Union News*、国際自由労連が発行している *Free Labor World* および国際自由労連東京事務所が刊行している『月刊国際自由労連』の記事などを参照した。

一　炭労代表団のソ連訪問と団員の印象

前記の通り、炭労はソ連を含む共産主義諸国に一九五六年から一九六一年にかけて、六つの代表団を派遣し、そのうち四つの代表団がドンバス地方の炭鉱や関連施設を訪問した(第1表参照)。また、炭鉱文化宮などの福祉施設や炭鉱労働者の住宅も訪れた。このうち、五六年から五七年にかけての日本炭鉱労働組合代表団の中国およびソ連訪問については、最も詳細な記録が残っている。代表団は帰国後、『月刊炭労』の臨時増刊号で「三〇人の見た中・ソの実情」と題する報告書を発表した。また、ソ連の英文雑誌 *Moscow News* は、“Eye-Witness Impressions Japanese miners back from tour”と題する記事で、代表団にドンバス訪問の印象をインタビューしている。一九六一年の三池闘争国際交流オルグ団の中国、ソ連などの訪問については、『交流と連帯　三池闘争国際交流オルグ団報告書』と題する小冊子が刊行されている。その他の訪問は、主に炭労の機関紙『炭労』のなかで代表団参加者の訪問記や参加者の座談会記録の記事として報告されている。

代表団の訪問記録は、団員がドンバス地方の炭鉱の技術水準、および炭鉱労働者の労働条件、生活水準、労働者福祉などに概して好印象（とくに日本との比較のうえで）をもったこと、社会主義体制を積極的に評価していることを示している。例外は、六〇年の「炭労・全炭鉱第一統一代表団」に参加した全炭鉱の平川久米蔵中執の報告である。全炭鉱は、「左翼労働組合主義の立場に立つ炭労」に反対する炭鉱労働組合により一九五四年四月に結成され、全日本労働組合会議（全労会議）に加盟した。全労会議は、総評の政治闘争への傾斜を批判して総評を脱退した産業別組織を中心に同年結成された。[12] 平川中執は、全炭鉱の機関紙の記事で、坑内設備の水準について一定の評価をしたものの、「私たちのみた炭鉱に限っては、日本の大手炭鉱とは大差が」なく、「とくに運搬系統の機械化はあまり上等とは」いえず、見学したドンバスの炭鉱よりも三池炭鉱の坑内設備が「ずっと近代化」していると、やや批判的なコメントをした。労働組合と共産党の関係については、各職場にいる共産党員（約一割）が政府の政策に沿って組合を指導しているが、組合員は文句があっても従わなくてはならないと批判的な評価をした。また、労働者全般の生活水準については、物価が高いこと、生活必需品はそろっているが電気製品があまり出回っていないことを指摘し

（10）クリスティアン・ハイデック「冷戦下の独日労働組合関係――安保闘争とベルリン危機のはざまで」工藤章、田嶋信雄編『戦後日独関係史』東京大学出版会、二〇一三年。

（11）AFLとCIOは一九五五年に統合して、AFL－CIO（アメリカ労働総同盟・産業別労働組合会議）を結成した。

（12）法政大学大原社会問題研究所編『日本労働組合100年』旬報社、一九九九年、二八一～二八二頁参照。反共主義の立場をとる全炭鉱は、これまであったソ連炭鉱組合からの招請を拒否したが、六〇年八月の招請を「条件付き」で受け入れた。日本炭鉱労働組合「第二九回定期大会報告書」（一九六〇年二月五～一一日）、二四四頁。

	期間／目的	ドンバスで訪問した炭鉱や関連施設
	1956年11月13日～1957年1月7日（うち12月13日～12月29日がソ連訪問）	プロレタリア・ブルボカヤ炭鉱、ドンバス第13号炭鉱、キーロフ採炭機械製造所、コチガルカ炭鉱、ゴルロフカ職業中等学校、ヴェツカ・グルボカヤ炭鉱、マキイフカ鉱山労働保安研究所（注）
	1958年10月21日～11月30日	（西シベリアのクズバス炭田訪問）
	1959年11月1日～11月17日／炭鉱インターとソ連炭鉱組合による労災職業病の専門家会議への出席が主な目的	労働衛生職業病研究所（モスクワ）、スターリノ（現ドネツク）炭鉱労働生理研究所、鉱山安全技術研究所（注）（スターリノ市の近隣のマキイフカ）、ムシケトヴォ・ザペレヴァリナヤ炭鉱（スターリノ市の近隣）
	1960年10月16日～12月4日	ドンバスの炭鉱を訪問（訪問先不明）
	1961年2月18日～4月18日（うち3月21日～3月30日がソ連訪問）／三池闘争の報告と、三池闘争への海外からの組合の支援の御礼と今後の支援要請のため	ドビドルスカヤ炭鉱、マキイフカ国立労働保護研究所、ビジョノフスカヤ炭鉱、中央炭鉱救命所、アバクモフ炭鉱（同炭鉱の文化宮で三池闘争の報告）
	6月6日～7月15日／ソ連、フランス、イタリアの炭鉱労働組合それぞれと結んだ共同声明を発表すること	不明

（注）1の「鉱山労働保安研究所」と3の「鉱山安全技術研究所」は同じ研究機関であると考えられる

た。[13]

本節は参考資料が比較的多い、日本炭鉱労働組合代表団（五六〜五七年）、佐々木・佐野・能見のソ連訪問（五九年）、三池闘争国際交流オルグ団（六一年）について検討する（第1表の1、3、5）。1についての報告書「三〇人の見た中・ソの実情」は、訪問した炭鉱内部の設備や機械化の状況を図入りで紹介し、その水準の高さを評価している。例えば、報告書の編集委員の座談会で、「炭鉱技術として考えると、あれまで完全鉄化ということができておる、日本のカッペや鉄化の段ではない。資本主義の国ではとても真似できるものではない。しかしあれに入って仕事をすれば、不安という感じがちょっとせんでしょう」との発言がさ

第1表　炭労代表のソ連を含む共産主義諸国訪問（1956～1961年）

	訪問先（代表団名）	人数／構成
1	中国、ソ連（日本炭鉱労働組合代表団）	30人／団長：古賀定（炭労事務局長）、30人のうち6人は日本炭鉱婦人協議会（炭婦協）会員
2	ソ連、チェコスロバキア	4人／団長：佐々木正男（炭労本部）
3	ソ連	3人／佐々木正男（炭労中執委）、佐野辰雄（炭労顧問、労働科学研究所主任研究員）、能見修（全鉱中執委）
4	ソ連、ハンガリー、ユーゴスラビア（炭労第第三次訪ソ代表団、炭労・全炭鉱第一統一代表団）	5人／団長：相沢秀雄（炭労本部組織部長）、うち団員の1人は平川久米蔵（全炭鉱中執）
5	中国、ソ連、チェコスロバキア、東ドイツ（三池闘争国際交流オルグ団）	5人／団長：若松不二男（総評全国オルグ）、団員：石塚吉男（炭労組対策部長）、永田弘（三池労組教宣部長）、甲斐語（三池労組中央委議長）、南場キソノ（三池婦人会会長）
6	ソ連、西独、フランス、イタリア、ベルギー、スイス	2人／団長：原茂（炭労委員長）団員：小島新一（炭労書記）

『炭労』、『月刊炭労』、『全炭鉱』、『交流と連帯　三池闘争国際交流オルグ団報告書』、労働省『資料労働運動史』等により作成。

れている。また報告書は、男女平等が原則であり女性技師や労働者が働いていること（例えば、ドンバス第一三号炭鉱では、二〇〇〇人いる坑内夫の一〇％が女性で、三〇〇人の鉱外夫の七〇％が女性）を指摘している。(14) *Moscow News*の記事では、古賀定団長が炭鉱労働者と炭鉱の管理職が政策計画の達成の目標を共有していることが最も印象深かったと述べた。藤島はつね（炭婦協）は、炭鉱労働者の住居が快適で台所も立派であり良い印象をもったと述べた。灰原茂雄（全国三井炭鉱労組連合会（三鉱連）事務局長）は、日本とは異なりソ連の炭鉱労働者が社会で高く尊敬され、それに相応する待遇を受けていると指摘した。(15)

代表団が訪れた福祉施設は、ドンバスでは炭鉱文化宮とゴリキー

〔ママ〕少年宮、黒海沿岸の保養地ソチでは炭鉱サナトリウムなどである。炭鉱サナトリウムについては、利用する炭鉱労働者の費用の七〇%を労働組合が負担していること（「労働英雄」は全額負担）、サナトリウムの入所は労働組合が管理していることが報告されている。古賀団長は、後日モスクワで開かれたソ連炭鉱組合主催の歓送会での挨拶で「……私たちは労働者の保護施設としてのソチ市のサナトリ〔ウム〕を見学しましたが、一年の内の一ヵ月近くを風光明媚な環境の中で楽々と休養できるということは、利益追及〔ママ〕を基本とする資本主義社会の改革を達成しない限り現実されがたい、と痛感しました」と述べた。さらに、ソ連や中国での炭鉱労働者の賃金が最高水準であることに触れ、「日本の炭鉱賃金は他産業に比較して著しく低位で、利潤の大小から離れた労働の質と量に対する正しい賃金原則も、社会主義体制の下でこそ確立される」と述べた。このように、資本主義体制と比較して、社会主義体制下の炭鉱労働者が賃金や労働者福祉の面で恵まれているという認識が示された。[16]

一九五九年一一月の佐々木正男（炭労中執委）、佐野辰雄（炭労顧問、労働科学研究所主任研究員）、能見修（全鉱中執委）の三人によるソ連訪問（第1表の3）は、世界労連炭鉱インターとソ連炭鉱組合がモスクワで開催した労災職業病の専門家会議への出席を主な目的としたものであった。この会議に専門家として出席した佐野炭労顧問（労働科学研究所）は、『月刊炭労』に「ソ連の塵肺対策はどうなっているか」と題する報告を寄稿した。報告は専門家会議の内容には触れていないものの、佐野顧問の専門分野であるじん肺（石炭の粉塵を大量に吸入することで肺機能が低下する職業病）のソ連における研究の状況や研究につぎ込まれる予算、炭鉱での防塵対策、障害補償年金などについて、日本との比較で検討している。佐野顧問は二つの医学関係の研究所（モスクワ、スターリノ（現ドネツク））を訪れ、「……医学的な研究面に関しては、ソ連の現状は研究機関の予算、研究者の待遇等ではわが国よりもはるかにすぐれている」ものの「研究自身〔ママ〕の発展では、むしろわれわれ〔日本〕の方に一日の長がある」とする印象を述べた。また、ドンバスのムシケトヴォ・ザペレヴァリナヤ炭鉱を訪れ、「コムバイン」による採掘、粉砕、ベルト積み込みの採炭作業を見学した。そして、「粉じんの飛散を防止する表面活性剤」が混ざった「強烈な注水」を行っているため、「切羽における発塵はわが国のはらい〔採掘場〕に比べれば少ないことは疑う余地はない」こと、他の炭鉱でも湿式の機械を使い採炭、掘進していることを指摘した。粉塵の測定体制や労働者の肺のレントゲン撮影の頻度などの予防対策についても、企業間、企業規模間で差がある日本の炭鉱の予防対策よりも進んでいると論じた。佐野顧問も全炭鉱の平川中執と同様に「各種の消費物質が十分とはいえぬ」と労働者の生活水準についても言及したが、じん肺対策の分野においてはソ連の方が日本より優れていると論じ、その違いの一要因として「社会制度の差」を挙げた(17)。

一九六一年二月から四月までの三池闘争国際交流オルグ団（第1表の5）は、一九六〇年の原水爆反対世界大会の中国代表団の提案に基づき、「三池闘争の実情を世界各国に知らせるため、オルグ団を編成」したとされる。日本と中国間の旅費は中国側が負担し、六一年二月一八日から四月一八日までの訪問期間のうち、中国滞在が三〇日、ソ連滞在が一〇日、チェコスロバキアと東ドイツの滞在はそれぞれ一週間と二週間であった（代表団はソ連と東欧諸国訪問後、中国経由で帰国）。オルグの構成は、団長が若松不二男（総評全国オルグ）、団員が石塚吉男（炭労組織対策部長）、永田弘（三池炭鉱労組教宣部長）、甲斐語（三池炭鉱労組中央委議長）、南場キソノ（三池婦人会会長）であった。総評の若松氏も炭労の石塚氏も「ともに三池闘争のときには現地オルグとして、われわれ〔三池労組〕とスクラムを組みたたかい

(13)「ソビエト見たまま　平川中執にその印象を聞く」『全炭鉱』一九六一年一月一日・一一日合併号。
(14)「30人の見た中・ソの実情」『月刊炭労』臨時増刊号、一九五七年二月二五日、一二八〜一三四頁、一八九頁。
(15) S. Shcherbatov, "Eye-Witness Impressions Japanese miners back from tour," *Moscow News*, December 29, 1956.
(16) 古賀団長の挨拶「ソ同盟労働者階級への挨拶」は、代表団の公式見解として扱われ、全ソ連労働組合評議会（労働組合全国組織）の機関紙『トルード』でも掲載された。前掲「30人の見た中・ソの実情」、一六八頁。
(17) 佐野辰雄「ソ連の塵肺対策はどうなっているか　訪ソをおえて」『月刊炭労』一九六〇年一月号、七九〜八〇頁、八三頁。佐野顧問は、明確に社会主義体制を賞賛していないが、ソ連社会を「強い封建制」が色濃く残っている日本社会と対置している。

の指導にあたった」とされる。三池炭鉱労組は機関紙『みいけ』で国際交流オルグの目的について、「三池闘争には全国の仲間から多くの支援が行われたが、その支援もたんに国内だけでなく、全世界の働らく仲間たちから寄せられた。そういう意味でも、三池のたたかいは全世界の仲間とともにたたかわれたのである。闘争終結後、世界の仲間たちからわれわれに寄せられた、国境と人種をこえたこの暖かい支援にたいして、総評、炭労はじめ三池では御礼とこんごの支援要請の実現を考え、計画を立て決定をみていたものである」としている。[18]

三池闘争国際交流オルグ団は、三月二一日にモスクワに到着し、同月二五日から二七日までドンバスに滞在し、ドビドルスカヤ炭鉱とビジョノフスカヤ炭鉱に入坑し見学をするとともに、繰り込み所で三池闘争について報告をした。オルグ団の三池闘争の報告は、アバクノフ炭鉱の文化宮で開かれた労働者と家族の「大集会」でも行われた。『交流と連帯』は、ソ連の労働者の歓迎ぶりについて「ソ連の炭鉱の坑内でもピックをにぎり、ハンマードリル操作をすれば、附近にいる労働者が目を輝かして握手を求め、親愛の情を示してくれた。……〔住宅参観では〕子どもづれの主婦たちが道路いっぱいに出迎えてわれ先に自分の家に案内しようとする。日本でいうならば、さしずめ石原裕次郎か山本富士子なみである」と指摘した。[19] ソ連の炭鉱労働者の三池闘争の報告への反応について、永田教宣部長は「どこに行っても〝三池の労働者が来た〟ということで、会場に入ると会場が歓声でウアーンとなる。このことは三池の闘いをふかく理解していることのあらわれでないかと思います。みんなの顔に、強い連帯の気持ちがよくあらわれていて、どの集会も最後まで非常に熱心でした」という印象を述べた。ただし、中国の通訳が非常に良かったのに比べソ連の通訳が大学生であったため、労働者たちとの十分なコミュニケーションの確保の面でやや不満を示した。[20] なお、『交流と連帯』はソ連を含む訪問した国々の炭鉱労働者が三池闘争をどのように受け止めたのかという問いについて、「私達が知り得たもの」として以下の三点を挙げた。（一）三池闘争が一企業の企業合理化をめぐる闘争ではなく、アメリカ帝国主義に従属した国家権力と独占資本の総体が「新安保体制確立」のために仕掛けてきた攻撃の一環であること、（二）三池闘争が広範な団結や「階級的な正しい方針」によって継続して進められれば、「一時的な妥協」があったとしても必ず勝利すること、（三）三池闘争はアメリカ帝国主義に対する闘いであるとともに、「全世界の労働者階級と被圧迫民族に支持された正義の闘い」であることである。[21]このような三池闘争の評価は、中国、ソ連などの訪問した国々の共産党や労働組合全国組織および炭鉱労働者の組合の公式見解だと考えられ、オルグ団と交流した労働者の自発的な受け止めとは考えにくい。

この節は、炭労の代表団がドンバスの炭鉱と関連施設やソチのサナトリウムなどを訪問し、炭鉱労働者の賃金、安全衛生を含む労働条件、生活水準、福祉施設等で好印象をもち、それらを支える社会主義体制を積極的に評価したことを示した。日本の炭鉱労働者の賃金水準、労働条件、生活水準は、一部の大手炭鉱の労働者を別とすれば低水準であり、また石炭産業の衰退から雇用も脅かされていた。そのため、組合機関紙や雑誌等で掲載された「恵まれた」ソ連の炭鉱労働者の報告は、炭労の組合員のソ連および社会主義制度に対する見方に肯定的な方向で影響を与えたと考えられる。

(18)「中ソ派遣を決定」『みいけ』一九六一年一月二二日付、前掲「第二九回定期大会報告書」、二四八頁。
(19)『交流と連帯　三池闘争国際交流オルグ団報告書』一九六一年、八頁、一四〇頁。
(20)「素晴らしい社会主義の国々　深い三池への理解　国際交流オルグ団から実情聞く」『みいけ』一九六一年四月三〇日付。
(21)前掲『交流と連帯』、六頁。

二　冷戦下の国際労働組合運動の文脈における日本とソ連の労働組合交流

1　ソ連の労働組合の西側諸国に対する「労働外交」の動機

ソ連を中心とした世界労連の労働組合は、国際労働組合運動の東西対立のなかで、国際自由労連との競合で有利な立場にたつことを目指そうとした。ジョン・ウィンドミュラーは、共産主義諸国の労働組合は資本主義諸国の労働組合への働きかけにおいて「二つの重要な武器」をもっていると指摘した。一つは、世界労連の国際自由労連に対する「平和と団結」(Peace and Unity) キャンペーンである。国際自由労連は世界労連の団結を呼びかけるアピールを無視し、主要な加盟組織も同様な立場をとっている。しかし、少数の加盟組合（そのほとんどがヨーロッパ以外の組合）は、共通の課題での国際自由労連と世界労連の共同行動が世界平和に重要な貢献をするという立場をとったとされる。もう一つの「武器」は、「共産主義諸国と自由世界諸国間の組合代表団の交流」の促進である。国際自由労連はソ連など東側諸国からの招請を加盟組合が受け入れて訪問することに反対の立場を示した[22]。しかし、このような招請の受け入れについて国際自由労連内で多様な見解があり[23]、実際にソ連からの招請を受けて同国を訪問する労働組合は増加した。国際自由労連に加盟する労働組合全国組織は、同労連の交流に反対する方針をほぼ守ったとされる。しかし、全国組織の加盟組合は相対的に自律性をもつため、国際自由労連が決議などで東側諸国の組合との交流を一律に禁止することは難しかったとされる[24]。

ソ連などの東側諸国の労働組合は、どのような動機あるいは目的をもって日本を含む資本主義諸国の労働組合（とくに国際自由労連の加盟組合）との交流を推進したのか。交流の重要な動機として、国際自由労連、とくに強硬な反共主義の立場をとるＡＦＬ－ＣＩＯ[25]が広めている共産主義諸国の労働組合に対する敵対的な言説への対抗が考えられる。国際自由労連は、ソ連など共産主義国の労働組合を「真正」な労働組合とみなしていない。例えば、一九五六年四月の国際自由労連執行小委員会は「声明書」で、ソ連の労働組合が共産党に支配され、賃金や労働条件の交渉の自由をもたない「政府の道具」であり、役員が自由な選挙で選ばれず労働者を代表しないと主張した。[26] また国際自由労連は一九五五年一二月の執行委員会の決議で、「共産主義独裁国家が〔西側諸国の組合と〕交流を推進する目的」の一つとして、「自由世界の労働者」をミスリードして共産党に支配されている労働組合を「真正な自由な組合」として受け入れさせることを挙げている。[27] このような敵対的な言説に対抗するため、ソ連などの東側諸国の労働組合は、

---

(22) John P. Windmuller, "ICFTU After Ten Years: Problems and Prospects," *ILR Review*, 14 (2), 1961, pp. 266–267; Victor G. Devinatz, "A Cold War Thaw in the International Working Class Movement? The World Federation of Trade Unions and the International Confederation of Free Trade Unions, 1967–1977," *Science & Society*, Vol. 77, No. 3, 2013, pp. 353–354.

(23) 国際自由労連幹部のなかでも柔軟な態度をとる人物がいた。チャールズ・ミラード組織部長は、五七年二月に日本を訪問した際、中国やソ連からの招請を受け入れることをどう思うかという質問を受けた。それに対し「あなた方の組合は自律的な組織だ。あなたたちの組合は自主的に国際自由労連に加盟している。この質問に対する答えはあなたたちが決めることだ。ただし、[招請を受け入れるかどうかは] 訪問があなたたちの組合をより強力にし、かつ組合員へのサービスをより効率的にすることに役に立つかどうかを基準にして判断してほしい」と述べた。"Asian journey," *Free Labour World*, 83, May 1957, p. 6.

(24) 前掲 Windmuller, "ICFTU After Ten Years," p. 268.

(25) 強硬な反共主義者で知られるジェイ・ラブストーンAFL–CIO国際広報部長は、共産主義国家が全体主義であるとして、そのような国の労働組合と交流することは、国家社会主義（ナチズム）支配下のドイツの労働者や労働者組織と交流することと同様なことであると主張した。Jay Lovestone, "Why Moscow Seeks 'Cultural Exchanges'," *AFL-CIO Free Trade Union News*, July 1959, Vol. 14, No. 7, p. 6.

(26)「主張　国際情勢を検討する　国際自由労連執行小委員会」『月刊自由労連』一九五六年六月号、五頁。

(27) 前掲 Lovestone, "Why Moscow Seeks 'Cultural Exchanges'," p. 7.

招請に応じた西側の組合代表団が社会主義制度における労働組合の独自の機能・役割、労働者の労働条件や生活水準の実情の理解を深めることで、西側諸国に流布している共産主義国の労働組合の「誤解」を解くことを狙ったのではないだろうか。

ソ連の労働組合が代表団を送った西側諸国の労働組合に対してとくに伝えたかったのは、社会主義体制における労働組合の独特な役割ではないかと考えられる。全ソ連労働組合評議会の機関紙『トルード』の編集委員であるブルコフ（B. Burkov）は、"The Soviet Trade Unions"と題する記事で、海外の労働組合からソ連の労働組合が「政府の組合」（government unions）だとしばしば指摘を受けるが、そのような指摘がソ連の社会主義体制で労働組合が占める位置や機能を十分理解していないことによると論じた。ブルコフは、共産党には労働者階級のなかで最も先進的な人びとが集結しているので、労働組合がそれらの人びととの指導を受けるのは自然なことであり、それが労働組合の強みになっていると指摘した。また労働組合が生産計画の実行に労働者の積極的な参加を求めることは、労働者が主人公である国では、当然であると述べた。工場、炭鉱、土地、鉄道などが人民に属している国においては、生産計画の達成や仕事の向上は、労働組合の中心的な課題であるためである。さらに、工場レベルの労働組合（工場組合委員会）の役割は多様で、住宅建設計画、労働者に対する住居の供給、店舗や食堂の管理、医療サービスや公共施設の提供の「公的な管理者」（public controllers）であると指摘する。労働組合は教育文化活動を実施するとともに、クラブ活動、図書館、競技場、キャンプ場の維持管理を任されており、加えて政府の社会保険制度の運営も行っているとされる。(28)

上記のようなソ連の労働組合の独特な役割の説明に対して、ソ連を訪問した組合関係者は必ずしも納得しなかった。アメリカのＩＬＧＷＵ（The International Ladies' Garment Workers' Union、全米婦人服労働組合）の顧問弁護士を務めたエリアス・リバーマンは、ソ連を訪問（組合代表団の一員として参加したのかは不明）した後に、"Trade Unions in the USSR: Convenient Tool of Communist Party"と題する記事を*AFL-CIO Free Trade Union News*に寄稿した。リバーマンは、ソ連では土地や生産手段が「人民」に属するとされるが、「人民」を「国家や政府」と同義に解釈できるとして、ソ連の労働組合の義務が組合員に対してではなく、共産党と政府に対するものになっていると指摘した。また、ブルコフと同様に、工場組合委員会は幅広い権限をもち、生産計画の作成やボーナス支給などの審議に参加し、労働者の苦情処理、労働者の休暇や住居への入居の申請などを扱うことを指摘した。しかしリバーマンによると、工場労働委員会が共産党員に支配されており、非党員の労働者は共産党員の指導的役割に異議を唱えることは得策ではないとされる。なぜなら、工場組合委員会は、福祉活動を通じて住居の入居の割り当てなどの労働者の生活にとって重要な関心事に権限をもつため、共産党の指導に従わない労働者に対してサービス給付で差別的なあつかいができるためである。[29]

炭労の代表団は、ソ連の社会主義体制における労働組合の役割をどのように受け止めたのか。五六年から五七年にかけて中国とソ連を訪問した日本炭鉱労働組合代表団は、その報告書「30人の見た中・ソの実情」のなかで、ソ連炭鉱組合本部を訪問した際、組合の諸機関について簡単な説明を受けた。工場組合委員会（この場合は炭鉱の組合委員会）については「組合は炭鉱所長と協力して問題の解決にあたる。生活、労働条件の向上、住宅、文化問題、老年労働者の保護等がその主たる仕事である。……月間生産計画をいかに達成するかということは組合にとってもとくに大事な主要な問題である」などの説明を受けたが、それに対する代表団の質問あるいは感想は記録されていない。[30]

また六一年の三池闘争国際交流オルグ団の『交流と連帯——三池闘争国際交流オルグ団報告書』も、ソ連炭鉱組

(28) B. Burkov, "The Soviet Trade Unions," *New Times*, September 1959, pp. 5–6.
(29) Elian Liberman, "Trade Unions in the USSR: Convenient Tool of Communist Party," *AFL-CIO Free Trade Union News*, February 1962, Vol. 17, No. 2, pp. 4–5; *AFL-CIO Free Trade Union News*, March1962, Vol.17, No. 3, p. 7.
(30) 前掲「30人の見た中・ソの実情」、一二三頁。

合本部でのコモゴルツェフ書記長によるソ連の炭鉱の状況や労働組合の組織、労働者の権利などの説明を記録している。労働者の権利については、書記長はやや詳しく次のように述べている。

仕事についての問題はすべて労働者が討議して解決する。所長はどのような問題も議長〔炭鉱の労働組合委員会の議長と考えられる〕と一しょに解決しなくてはならない。出炭計画、投資計画は全労働者の集会で討議し、所長はそれに調印する。……労働組合委員会の了解なしにノルマ設定はできない。ノルマを超過した場合の手当は労働組合委員会の了解のうえ配分する。……労働者が選出した〔労働安全衛生の〕監督と国家の監督は同じ権限を持ち、すべての問題を提案できる。……アパートなどの配分も労働組合の許可なくしてはできない。[31]

書記長の炭鉱の組合委員会の説明は、職場での労働組合や労働者の権限や権利の強さを社会主義体制下の労働組合の独自の機能として強調している。これは、国際自由労連の共産主義諸国の労働組合に対する敵対的言説に対抗したものだとみることもできる。このような説明に対して、全炭鉱の平川中執やエリアス・リバーマン弁護士が指摘したように共産党と炭鉱（あるいは工場）組合委員会との関係の観点から懐疑的な見解を示すこともできる。しかし、『交流と連帯』は書記長の説明を記録するにとどまった。

日本炭鉱労働組合代表団と三池闘争国際交流オルグ団は、ソ連炭鉱組合の説明を額面通り受け入れたと考えられる。なぜなら、前者の代表団が掲げた「訪問の目的」は、「……社会主義社会の実現を目指す日本の炭鉱労働者とその家族の立場から、先進国たる中・ソ両国の社会主義社会建設を虚心に学び、あわせて労働者階級の国際連帯関係のいっそうの強化をはかる」ことだとしたためである。そして訪問の結果、「いまさらのように、社会主義と資本主義体制下における労働者階級の地位のあまりにも大きな相違にがく然とせざるをえなかった」という感想を述べている。[32]すなわち、ソ連を訪問した炭労の組合員は、少なくとも報告書などの記録上では、社会主義体制を肯定的に捉え、組合の機能を批判的に観察しなかった。

2　炭労が国際自由労連との関係を維持した理由

炭労は前述のように、四九年一一月の臨時大会で国際自由労連の加盟を決定し、その後も加盟を続けた。炭労の武藤武雄会長は、一九四九年九月に組合機関紙で「自由世界労連〔ママ〕に対する私見」を発表し、新に結成される国際労働組合組織（国際自由労連）に加盟すべきと論じた。武藤会長はその理由として、日本は資本主義国であり、労働者が「資本主義的支配と搾取」の下にあるため、「……わが国の労働組合は米英及び西欧資本主義国のそれ等とより多くの共通の利害関係の上に立たされている」と論じた。武藤会長は、ソ連などの共産主義国の労働組合を直接批判しなかったものの、「労働組合が国家機構の一部即ち支配機関の一部に変質」したことを挙げ、資本主義下の労働組合との質的な違いを強調した。もう一つの理由として、「米英先進資本主義国に於ける労働組合は、過去一世紀に亙る闘争の経験を有し、資本主義支配の下に於けるいわゆる労働組合主義に対しては、後進国のわれ等にとっては大先輩であり……〔日本で強力な労働組合を確立するためには〕我々は最も多くの教訓をこれ等先進資本主義諸国の経験から汲み取る必要に迫られている」ことを挙げた。すなわち、資本主義という同じ経済体制下の労働組合の共通の利益や、「先進資本主義国」の労働運動の闘争の経験から学べることが多いことなど、実践的な理由を挙げた。[33]

（31）前掲『交流と連帯』、九八～一〇〇頁。
（32）前掲「30人の見た中・ソの実情」、七～八頁。
（33）「自由世界労連に対する私見　炭労　武藤武雄」『炭労』一九四九年九月一九日付。

国際自由労連が結成される前後の炭労の同労連に対する論調は、概して武藤会長の見解を反映するものであった。日本の労働組合が米英など「先進資本主義国」の闘争の経験から学ぶことが多いとする武藤会長の見解は、「先進国たる中・ソ両国の社会主義社会建設を虚心に学」ぶことを目的とした日本炭鉱労働組合代表団の考え方とは大きく異なる。この間（五〇年代前半）、日本の労働組合運動は冷戦の影響を大きく受け、国際自由労連に対する積極的評価が弱まった。五〇年七月に結成された総評は、朝鮮戦争の勃発を契機としたGHQの指示による再軍備、対日講和問題（ソ連、中国を含む全面講和か、これらの国を除外した単独講和か）などをめぐる政治的論争に巻き込まれ、五一年の第二回大会は大激論を経て「平和四原則」（再軍備反対・中立堅持・軍事基地反対・全面講和）を採択した。国際自由労連の一括加盟については、朝鮮戦争でアメリカ側を支持しかつ単独講和の支持も表明した同労連に対して多くの加盟組合が距離を置いたため、決議に必要な三分の二の票を得ることができず廃案となった。[34]

炭労内部でも国際自由労連を批判する意見が表明された。一九五三年九月に開かれた第八回臨時大会では、五三年七月の国際自由労連第三回世界大会が「侵略或いは脅威に直面して、民主国家が軍事防衛を強化する権利を主張する」という文言を盛り込んだ「平和と民主主義に関する決議」[35]を日本代表の反対に拘わらず採択したことに対する批判が出された。討論である代議員は「〔国際自由労連の〕大会で再軍備に反対したのは日本代表だけではなかったか。再軍備こそわれわれにいま大量首切りと労働強化をおしつけるもので、これを賛成するような自由労連になんのために入っているのか」と発言した。そして、五つの支部が共同で「炭労では初めての国際自由労連脱退の動議」を提出し、「自由労連は米国の世界支配政策の手先となっている。例えば日本の場合ではわれわれ労働階級が先頭になって反対した単独講和、安保条約、行政協定を支持し、再軍備にも賛成」していることを提出理由として挙げた。これに対して、執行部は「自由労連は再軍備に賛成しているが日本の再軍備を支持したことはない」と答弁した。採決の結果、脱退動議は僅差（過半数を二票上回る）で否決された。[36]五四年四月に開かれた炭労第一〇回定期大会でも国際自由労連問題が取り上げられた。大会議長団の提案として「自由労連問題についいては批判はあるが、今日この大会で脱退可否を論ずるのは下部の討議を経ていないので、次期大会までに態度を決定することにする」こと、「平和確立については自由労連だけに偏することなく、日本の労働階級の真意をひろく全世界の労働者に訴えるため世界労連の主催するものでも積極的に参加する」ことが示され、可決決定された[37]。この決定は、炭労が中国やソ連などの世界労連加盟の労働組合との交流することを正式に認めたものと捉えることができる。なお、一九六一年二月の第二九回大会でも国際自由労連脱退が五つの支部から共同提案されたが、討議の結果、採決が保留となった[38]。

このような組合内外の批判に拘わらず、なぜ炭労が国際自由労連に加盟し続けたのか。仮説的な考察となるが、炭労の幹部はウィンドミュラーが上記で指摘した、世界労連の国際自由労連に対する「平和と団結」キャンペーンに親和的であったと考えられる。すなわち炭労は、「共通の課題での国際自由労連と世界労連の共同行動が世界平和に重要な貢献をするという立場」をとった少数の組合の一つだったのではないだろうか。炭労の『1958・9年度行動方針』の「国際的な連帯の強化」の項目は、国際自由労連について、「現在なお多くの批判の声がだされて」いるものの、炭労が「われわれの意見を反映し、国際自由労連のあやまった偏見や偏向の是正」に向けて努力するとしている。さらに、世界労連加盟組合とも連携を進めることで「国際労働戦線の完全統一」を目指すとした[39]。同方

(34) 前掲、鈴木「労働運動」二四〇頁、前掲 Carlile, *Divisions of Labor*, p.179.
(35) 労働省『資料労働運動史　昭和28年』労務行政研究所、一九五五年、一〇一八頁。
(36)「自由労連脱退　五支部が共同提案」『炭労』一九五三年九月一一日付。
(37)「北京メーデー　平和大集会にも代表派遣　次期大会で脱退可否を討議　自由労連問題」『炭労』一九五四年四月二一日付。
(38)「自由労連脱退せよ　国際的団結、否定している」『炭労』一九六一年二月一七日付。
(39) 日本炭鉱労働組合『1958・9年度行動方針』、二一二頁。

針が言及する「あやまった偏見や偏向」の一つは、国際自由労連の幹部が日本の労働運動の事情に疎いこと、とくに労働者や労働組合が平和問題に敏感であり、日本の再軍備化に強く反対していることを理解していないことを指していると考えられる[40]。国際自由労連に加盟する炭労や他の少数の労働組合の努力で「平和と団結」あるいは「国際労働戦線の完全統一」が達成されることは現実的ではないものの、これらの組合は労働者が体制を超えて連帯することで冷戦により脅かされている世界平和を維持・強化することを、少なくとも方針上では目指したのではないだろうか[41]。

おわりに

本章は、一九五〇年代後半から六〇年代初めにかけての炭労とソ連炭鉱組合の交流を検討した。現在はウクライナ領内のドンバス地方の炭鉱を訪問した三つの炭労代表団のメンバーの印象や評価を検討するとともに、東西陣営を超えた労働組合の交流が冷戦下の国際労働組合運動でどのように位置づけられたのか考察した。ドンバス地方は工業化における「社会主義のショーケース」であり、代表団が訪問した時期のドンバスの石炭産業は、「黄金時代」であるといわれた。そのため代表団は、ドンバス地方の炭鉱や関連施設の見学を通じ、社会主義体制下の坑内設備、炭鉱労働者の賃金水準、安全衛生を含む労働条件、生活水準、労働者福祉について概して高い評価をした。代表団の社会主義体制に対する好印象は、帰国後の機関紙（誌）等による報告を通じて、炭労の一般組合員にも伝えられた。当時、日本の石炭産業の労使関係は対立的であり、人員削減や賃上げをめぐる労働争議が頻発した（その代表的な事例が、戦後最大の労働争議と言われる五九年〜六〇年の三井三池争議である）。合理化、雇用不安、低賃金あるいは組合弱体化を狙った労務政策など資本主義体制における「労働者搾取」に直面した多くの組合員にとって、報告書で描かれた社会主義体制下の労働者の状態は魅力的に映ったのではないだろうか。

炭労とソ連炭鉱組合の交流の事例のような体制を超えた労働外交は、冷戦下の国際労働組合運動の対立構造のなかで厳しく評価された。国際自由労連は、加盟組合と社会主義体制下の労働組合との交流により「自由世界の労働者」がミスリードされて共産党に支配されている労働組合を「真正な自由な組合」として受け入れることを強く警戒した。ソ連などの東側諸国の労働組合は、そのような敵対的な言説に対抗するため、国際自由労連加盟組合を含む西側諸国の組合を招請し、招請に応じた代表団に工場や炭鉱、労働者の住宅や福祉施設を見学する機会を設け、社会主義体制下の労働組合独自の機能（とくに工場や炭鉱での労働組合委員会の権限の強さ）を示した。このような西側諸国の労働組合に対する「教宣活動」がどの程度成功したのかは不明である。日本の炭鉱組合の問でも、全炭鉱の平川中執が職場の労働組合の機能については共産党の指導に組合員が従わなくてはならないと批判的見解を示したのに対し、炭労の代表団はソ連炭鉱組合による組合の機能の説明を額面通り受け入れたと考えられ、対応が分かれた。また炭労は、組合内の批判に拘わらず国際自由労連に留まり、社会主義体制に親和的な態度をとりつつも、資本主

(40)「自由労連　対日認識が浅い　諸富副委員長二ケ月ぶりに帰国」『炭労』一九五三年八月一日付、「第三勢力論は誤り　中央経過報告　執行部は〝平和勢力〟を説明」『炭労』一九五三年九月一一日付。

(41) 五六年から六二年まで炭労の執行委員長を務めた原茂氏は、六二年大会の退任の挨拶で国際連帯に触れ、「炭労は国際自由労連に加盟しています。そしてこの十年間、自由労連か世界労連かと、どちらかというとイデオロギー論争が過剰です。統一の条件なり、国際的な連携を強めようという討論より、白か赤かという議論が多すぎるので、労働者本来の連帯の行動の強化とか連携ということに議論が発展しないうらみをもっています」と、労働組合の国際連帯を追求するうえでの「理想」と「現実」のギャップに言及した。「労働運動へ私の提言　十年をかえりみて　前委員長　原茂」『炭労』一九六二年六月一日付。

義体制下の労働組合としての立場を維持した。これは、国労、私鉄総連、日教組が当初国際自由労連に加盟していたものの、後に脱退したことと対照的である（注8を参照）。本章は、炭労が国際自由労連に留まった理由として、世界労連が呼びかけた国際労働組合運動の対立関係を克服するための「平和と団結」キャンペーンに親和的な立場をとり、少なくとも方針上では「いかなる国の労働者とも提携交流を行う」[42]ことで世界平和を追求しようとしたことを仮説として挙げた。

今後の研究の課題の一つは、六〇年代以降石炭産業が衰退するなか、炭労が石炭政策の転換により組合員の雇用安定や炭鉱労働者の最低賃金の確保を政府に対して求めた「政策転換闘争」を闘うなかで、これまでの東西両陣営の労働組合との交流の経験に基づいて、国際労働組合運動にどのような支援を求め、支援が闘争の結果にどのような影響を与えたのか検討することである。また、炭労や他の総評加盟の組合は、六〇年代以降もソ連などの東側諸国の労働組合との交流を続けたが、冷戦構造がデタントに向かいうと同時にソ連経済が停滞するなか、社会主義体制の労働者の状態や労働組合の機能に対する訪問者の受け止め方にどのような変化が生じたのか検討することも、重要な研究課題だといえる。

(42) 前掲『1958・9年度行動方針』、二一一頁。

第三章　ウクライナと日本の科学技術・教育分野における協力関係
――二十世紀・二十一世紀を中心に

ヴィクトリヤ・ソロシェンコ

はじめに

1　本章の課題と要旨

学術、教育、文化、そして人道的領域での相互協力は、国家間の友好的関係の構築に不可欠の要素である。またそれは、時として困難を伴う政治的関係構築への前哨戦として積極的な波及効果をもたらす。このような意味において、文化交流は「関係と利益の伝道者」としての役割を担う。本章では、このような観点に立ちつつ、ウクライナと日本の科学技術協力の重要性に着目しつつ、二十世紀半ばから二十一世紀の現代に至るまでに展開された、両国間の学術交流について史的分析を試みるものである。

歴史を振り返れば、ウクライナは長くソ連邦の一部であった。このことは諸外国との関係においてウクライナの自主性を制約し、国際交流においても常にモスクワ政府の方針に従わざるをえない状況に置かれていたことを意味する。したがって冷戦体制下では第一義的には、ソ連と日本の二国間関係という大枠のなかでのウクライナ・ソヴィエト社会主義共和国の動向として理解されるべきである。

ウクライナの知識人らが日本の文化と歴史に興味を抱き、両国の学者らの間で最初のコンタクトが持たれるようになったのは十九世紀末から二十世紀のはじめにかけてのことであった。とはいえウクライナ側で本格的な日本学研究が開始されたのは、一九二〇年代に入ってからのことである。この時期、すなわちソ連時代には日本学研究は一つの独立した学問分野となり、専門研究者らによる学術サークルが形成され、日本研究に関する学術文献のみならず、日本の文芸作品のウクライナ語への翻訳書などが出版されるようになった。残念ながらこれらの試みは、その後、スターリン体制下で厳しい弾圧の対象とされその活動は禁じられるものとなり、一九五〇年代に至るまでウクライナにおける日本学は実質的に進展を見なかった。スターリンの死後、日本に関する学術的関心はまず歴史学の分野から次第に復興を始め、一九七〇年代にはウクライナにおける日本語学習も再開された。

一九九一年一二月二八日、日本政府はウクライナの主権と領土保全を尊重することをもって、ウクライナのソ連からの独立を承認した。これに基づき、翌年一月二六日にはウクライナ・日本間の外交関係が樹立された。だがさしあたりはキーウのウクライナ政府にとって極東問題は外交政策上の優先課題ではなかった。一九九五年三月にはウクライナ政府と日本政府の間で両国のパートナーシップを基礎づける最初の基本文書の一つとなったウクライナ・日本共同声明が署名され[1]、これを機に東京の在日ウクライナ大使館の開館式典が執り行われた。以後、両国政府間の交流、とりわけウクライナ大統領、閣僚や政府代表団などによる日本への公式訪問の場でも、学術分野の振興は重要な議題の一つとしてしばしば取り上げられている。二〇〇五年七月にヴィクトル・ユーシチェンコ・ウクライナ大統領訪日に際して当時の小泉純一郎首相の下で日本政府とウクライナ政府間で「日本国とウクライナとの間の二十一世紀における新たなパートナーシップに関する共同声明[2]」が署名されたが、これはその後の両国間の協力関係に大きな意味を持つものとなった。また共同声明に加えて、日本・ウクライナ科学技術協力委員会の立ち上げも発表された。以来、今日に至るまで、ウクライナ国立科学アカデミーと日本の学術研究機関、およびウクライナと日本の大学・高等教育機関などの間に数多くの学術交流が展開している。例えば、ウクライナ国立医学アカデミー付属放射線医学研究センター、ウクライナ国立医学アカデミー付属V・P・コミサレンコ内分泌代謝研究所と日本の研究機関との協力関係も進展している。

これに加えて、文化領域では、ウクライナと日本の大学間協力に基づく研究者・学生の交換留学制度の展開、また日本語とウクライナ語、ウクライナ語と日本語の辞書編纂などが両国の共同作業において実施されており、これに携わる研究者への奨学金支給や研究助成などが行われている。また二〇二四年二月には、日本の文部科学省とウクライナ教育科学省との間に教育及び科学技術分野における協力覚書も発表され[3]、現在、両国間の文化学術交流は一層強化され、友好的な相互協力の関係が築かれている。

2　資料

本章の考察の資料的土台は、とりわけウクライナ外務省外交史料館に所蔵されている外交文書、ウクライナ教育科学省の公文書である。またとりわけ注目されるのは、キーウのウクライナ国立科学アカデミー付属E・O・パトン電気溶接研究所（E. O. Paton Electric Welding Institute）アーカイブ、ウクライナ国立科学アカデミー総裁室付属アーカイブ、およびヴェルナツキー記念ウクライナ国立図書館付属資料学研究所アーカイブ等に所蔵されている一次資料

（1）外務省「日本・ウクライナ共同声明」、二〇〇三年九月一日。
（2）外務省「日本とウクライナの二一世紀における新たなパートナーシップに関する共同声明」二〇〇五年七月二一日。
（3）文部科学省「文部科学省とウクライナ教育科学省との間の教育及び科学技術分野における協力覚書」二〇二二年二月。

である。[4] 本章の執筆にあたって行われた筆者によるこれらの資料調査を通じ、これまでほとんど関心を向けられてこなかったウクライナ・ソヴィエト社会主義共和国科学アカデミーと諸外国の研究機関、とりわけ日本の科学者や学術機関等との協力関係が明らかとなった。ソ連時代、ウクライナの科学者による国際学会、講演会、インターンシップなどを含め、国際学術交流に携わる諸件はウクライナ・ソヴィエト社会主義共和国科学アカデミー国際協力部によって管轄されていたが、今回発見されたそれらに関する諸資料は、冷戦時代に東西陣営の垣根を超えて展開されたウクライナ・ソヴィエト社会主義共和国科学アカデミーと日本との積極的な協力関係について物語るものであり、非常に貴重なドキュメントと言える。[5] また参考資料として、新聞・雑誌といった刊行物、例えば『*Урядовий кур'єр*』（ウクライナ政府日刊紙）、『*Українська правда*』、『*День*（The Day）』（キーウの日刊紙）、『*Главком*』（ウクライナのオンライン情報誌）、『*Deutsche Welle*』、『*Asia Education Review*』なども参照した。

3　先行研究

ウクライナと日本の多岐にわたる相互関係についてはすでにいくつかの先行研究が存在するが、多くはソ連の国際関係の一部として考察されている場合が多い。[6] 例えば、ソ連と日本間の学術・人道分野における協力関係についてダリヤ・キバ（Дарья Киба）の詳細な研究がある。[7]

これに対して、ヴィオレッタ・ウドヴィク（Віолетта Удовік）の博士論文「日本とウクライナの関係（一九九一～二〇一六年）」では、ウクライナに焦点を当てつつ、政治と文化の領域における重層的な協力関係について示している。[8] ウクライナと日本の科学技術・教育分野での交流については、ハンナ・インディチェンコ（Ганна Індиченко）によってウクライナ・ソヴィエト社会主義共和国科学アカデミーと東方の国々との協力関係に関する調査の枠組みにおいて研究された。インディチェンコは、一九五〇年代から一九六〇年代にかけてのウクライナ・ソヴィエト社会主義共和国科学アカデミーと日本の学術機関との交流に関する一次資料を史学研究の枠組みで検証した最初の研究者の一人である。インディチェンコの分析により、冷戦体制下で、社会主義圏のウクライナと、西側世界に属する日本が、両国の科学知識や技術情報を交換し、共同プロジェクトを実施するなど、様々な学術交流を行っていたことが明らかにされた[9]。

ウクライナ対アジア太平洋科学技術文化協力協会の副会長を務める言語学者のヴォロディーミル・レザネンコ（Володимир Ф. Резаненко）は、ウクライナ人と日本人の最初の接触や、ウクライナにおける日本研究の発展など、文

（4）Архів Президії НАН України, Архів Інституту архівознавства Національної Бібліотеки України імені В. І. Вернадського, Архів Інституту електрозварювання ім. Є. О. Патона.

（5）Звіти про діяльність академії наук Української РСР（1962–1990 рр.）; Звіти про діяльність Національної академії наук України（1991–2023 рр.）. Київ, Наукова думка, Академперіодика.

（6）Александр Иоффе Итернациональные, научные, культурные связи Советского союза 1928–1932гг., Науеа, 1969. 200 с.; Игорь Латишев Япония, японцы и японоведы. М. Алгоритм, 2001. 823 с.

（7）Дарья Киба Развитие советско-японских научных связей в советский период. Известия Юго-Западного государственного университета. Серия: История и право. №6. 2022. Т.12, С.189–201; Дарья Киба Гуманитарное взаимодействие Японии и СССР во второй половине XX века // Новейшая история России. 2021. Т. 11, № 1. С. 199–213.

（8）Віолетта Удовік Японсько-українські відносини（1991–2016 рр.）, Одеса, 2017. С. 28–29. ヴィオレッタ・ウドヴィク『日本とウクライナ——二国間関係一二〇年の歩み』インターブックス、二〇二二年。

（9）Ганна Індиченко Міжнародне наукове співробітництво НАН України з науковими установами країн Сходу（50–60-ті рр. XX ст.）. 2020. Східний світ. № 2（107）. С.17–36.; Ганна Індиченко Міжнародне наукове співробітництво НАН України і наукових установ Японії（60–70-ті роки XX ст.）: історико-джерелознавчий огляд. 2023. Східний світ. № 3（120）. С. 39–56.

化・社会領域での両国関係について多くの研究成果を発表している。[10] レザネンコは日本研究における業績、ならびに長年にわたるウクライナと日本の友好への貢献に対し、二〇一八年に日本国政府よりの旭日小綬章を授与された。[11]

ウクライナ独立後の展開については、テチヤナ・ラフマニュク（Тетяна Лахманюк）による「科学技術面におけるウクライナと日本の協力（一九九一〜二〇一一年）」という論文があり、ここでは専門家育成における両国間の協力などについて考察されている。[12] オリハ・ルチェンコ（Ольга Лученко）とゾーヤ・オウニヴェンコ（Зоя Огнівенко）はウクライナと日本の大学間学生交換プログラム、科学協力、研究助成の問題について整理した。[13] またヴィクトリヤ・リサク（Вікторія Лисак）とテチヤナ・イヴァネツィ（Тетяна Іванець）は、エネルギー、宇宙開発、人災の影響への対処を事例に、二〇一一年以降の両国間の新しい協力関係の形を示している。[14]

これに対して日本側の研究者では、岡部義彦が『日本・ウクライナ交流史　1915—1937年』を二〇二一年に日本とウクライナでそれぞれ出版した。[15] 岡部はこの作品のなかで、シベリアの収容所におけるウクライナ人と日本人によるソヴィエト権力に対する共闘の試みなど、これまで知られていなかった歴史の一ページを明らかにした。岡部は一九三六年に日本語で満州帝国外交部によって作成された極東のウクライナ人居住地の地図を発見しており、いかに当時の日本人がウクライナ人に関心を持っていたかということが窺える。またハルビンの「ウクライナ民族の家」の写真も岡部の著作に初掲載されている。岡部によれば、この「ウクライナ民族の家」は一九三四年から一九三五年にかけて日本人のハルビン高等女学校に貸し出されていたという。当時、日本人女学生らはウクライナ人とロシア人を識別することができたといい、戦後には一括してウクライナ人がソ連人として認識されてしまうことを考えれば、非常に興味深い事実である。[16] 総じて、岡部によって語られる歴史の断片の数々は、ウクライナ人と日本人の間にすでに長年にわたる友好関係が存在したことを物語るものである。アンドリー・クドリャチェンコ（Андрій Іванович Кудряченко）は二〇二一年に『大原社会問題研究所雑誌』に掲載された論文において、冷戦体制下の日本とソ連間の文化学術交流を考察した。[17] クドリャチェンコはとりわけ平和共存を目指したソ連政府の対外政策を念頭に置きつつ、第二次世界大戦を境に両国間に生じた様々な障害を平和的かつ友好的に克服しようとする両国民の努力として、文化学術交流が発展したことを示した。

以上のように、文化学術分野でのウクライナ・日本交流に関する研究は一定の進展をみているが、こと科学技術分野の交流についてはなお多いに研究の余地を残している。このような研究史的状況を踏まえたうえで、本章では第二次世界大戦後から現代に至るまでの科学技術分野におけるウクライナと日本の科学者交流を、主にウクライナ側の一次資料の検証から明らかにする。

（10）Резаненко В.Ф. Україна – Японія. Україна і Схід: панорама культурно-спільнотних взаємин. Київ, 2001. Вип. 1. С. 160–182.

（11）在ウクライナ日本国大使館、平成三〇年三月一二日、URL: https://www.ua.emb-japan.go.jp/itprtop_ja/00_001056.html

（12）Тетяна Лахманюк Співробітництво між Україною та Японією в науково-технічному вимірі (1991–2011 рр.). Україна–Європа–Світ. 2013. Вип. 12. С. 73–77.

（13）Ольга Лученко Зоя Огнівенко Українсько-японські відносини в галузі освіти і науки. 2017. Наукові записки кафедри педагогіки. № 41. С. 120–128.

（14）Вікторія Лисак Тетяна Іванець Особливості розвитку та основні напрямки співпраці між Україною та Японією на сучасному етапі (2012–2015 роки). Гілея: науковий вісник. 2015. № 5 (96). С. 465–471.

（15）Йошіхіко Окабе Історія японсько-українських відносин 1915–1937 рр. Кобе Гакуїн: Університетська преса, 2021, 180 с. 岡部芳彦『日本・ウクライナ交流史　１９１５―１９３７年』神戸学院大学出版会、二〇二一年。

（16）Ольга Квасниця, Юлія Дзябко Реконструкція японсько-українських взаємин. Професор Йошіхіко ОКАБЕ – про свою книжку, що висвітлює «забуту історію людських стосунків на початку XX століття». День. 07 12. 2021.

（17）A・クドリャチェンコ・進藤理香子訳「冷戦体制下におけるソ連と日本の文化学術交流」『大原社会問題研究所雑誌』七五八号、二〇二一年、三～一五頁。

一　ウクライナにおける日本学と語学教育を通じた交流の発展

二国間関係の発展には、しばしばそれに先行する文化交流によって促されることがある。例えば、一九一六年にウクライナ人カメンスキー率いる劇団が日本を巡業することがあったが、これを通じて当時の日本人は初めてウクライナ文化に触れ、ウクライナへの関心を抱くようになったともいえよう。[18] 二十世紀初頭には文化がいわゆる「関係・利益の伝導者」としてウクライナと日本の橋渡しとして重要な役割を果たしていた。

これに対してウクライナ側では、黒海に臨む港湾都市オデーサにおいて比較的早期に日本に対する関心が高まった。すでに一九〇〇年にはオデーサで商人や船員向けのロシア語・中国語・日本語の簡易会話集が編纂されていた。そのような動きは、一九〇二年から一九三四年にかけて、オデーサに日本領事館が開設されていたこととも関係するであろう。また一九一七年に日本の軍事使節団が開設されたキーウでも、例えばキーウ商科学校ではM・コンラド（M. Конрад）の下で日本学が教授されていた。[19] ウクライナでは一九世紀から二十世紀にかけてウクライナの知識人がすでに日本やその歴史、文化に一定の関心を示し、両民族間の最初の交流が生まれた。日本研究の体系的な学問化が始まった一九二〇年代初頭には、ウクライナはソ連邦の一共和国となった。同時期、ハルキウとキーウがウクライナに於ける日本学の中心地となった。すでに一八九五年に、その著書『極東の島々』を刊行したA・クラスノフ（A. Краснов）はハルキウ大学で日本学を教えた。一九二六年には当時ウクライナの首都であったハルキウにおいてウクライナ東洋学研究会が設立された。またこの協会はキーウとオデーサにも支部を持った。一九三〇年にはウクライナ東洋学夜間専門学校も設立され、フョードル・プシチェンコ（Ф. Пушенко）が編集したウクライナ初の日本語教科書が出版された。[20]

一九三〇年代に日本人は満州でそこに居住していたウクライナ移民と出会うが、日本人は彼らの立場を尊重しウクライナ語の雑誌を発行することを認めたという。前出のウドヴィクによればこの時期が日本におけるウクライナ運動のはじまりともみなされている。日本人がウクライナ人を満州におけるウクライナのディアスポラという独立した民族集団として認知していたことは注目に値する。

社会主義国家であったソ連には、国際協力や文化学術交流の推進をめざした数多くの奨励策があったが、同時にソ連が内包する複雑な支配体制と官僚機構のために行政上の障害も多々発生した。一九二五年には日ソ間に国交が樹立されたが、例えばソ連の科学者が日本の研究機関から科学関連資料を取り寄せるといった場合には、まず管轄のソ連当局の許可を得なければならず、それはソ連と日本の科学者間の直接的な交流の妨げとなった[21]。ソ連では諸外国との交流事業は、常にソ連対外友好文化交流団体連合（ＶＯＫＳ）を通じて統括され、橋渡しされた。例えば、ソ連と日本の研究者交流、国際会議への参加、大学間交流や文献資料の調達、科学雑誌への投稿論文掲載の審査に至るまでこの組織が関与した。

日ソ国交樹立後、一九二六年一〇月三〇日から一一月一日にかけて東京で開催された太平洋会議にソ連の科学者たちが参加し、これ以降、ソ連でも太平洋地域に関する研究が盛んとなった[22]。日本の科学界はソ連の科学者と協力することを望んでいたとされるが、戦前の日本政府は共産主義を警戒し、ソ連との交流には様々な制約が課されたという。これに対してソ連政府は一九三〇年代に日本帝国主義の対外政策に対抗するべく、日本との接触を制限するよう努め、日本学はスターリン体制下に弾圧されるものとなった。その結果、一九五〇年代までウクライナにお

（18）岡部、前掲、一一頁。
（19）Капранов С. В. Становлення японознавства в Україні Сходознавство. 2010. № 49–50. С. 41.
（20）岡部、前掲、四三頁。
（21）Киба Д., 前掲（二〇二一年）、一八九から二〇一頁、及び二三一頁。
（22）同前、一九三頁。

ける日本学は全く進展をみなかった。

第二次世界大戦に日本が敗戦すると状況は次第に変化していった。一九五六年に日ソ共同宣言が調印され、両国間の戦争状態が正式に終結すると、科学、文化、学術分野での協力が振興されるようになった。一九六〇年代前半には、ソ連対外友好文化交流団体連合と日ソ協会の間で文化協力に関する協定が結ばれた。このような流れのなかで、ソ連、ウクライナ、日本の研究機関の間の科学者交流も推進された。戦後の日本では国際交流支援における企業の役割も重要となった。例えば、一九六六年に読売新聞社社長の正力松太郎はソ連と日本の科学者らを対象に、最大一〇か月の研究滞在費用を受入国が負担するという研究者交換協定を提案し、ソ連との合意に至った。

一九五六年以降、日本の諸大学はモスクワやレニングラードの大学や研究機関に対し、しばしば学術出版物を送付し、相互の研究者交換を希望した。日本の学術関係者の熱心な申し出にもかかわらず、ソ連側は日本からのそのような要望を繰り返し無視した。科学者同士の交流、シンポジウムや科学会議での発表、長期の研究滞在などは二国間協力を強化する上で非常に重要な意味をもった。一九六七年、日本政府は高等教育機関で従事する学術関係者を毎年両国間で交換することをソ連側へ提案した。また一九六七年にキーウ国立大学と京都大学は学術文献交換協定に合意した。同時期、モスクワ大学東洋言語研究所と神戸の外国語大学は、ロシア語教員と日本語教員の交換、若手研究者二名の九ヶ月間にわたる交換留学、教授二名の交換研究制度などについて合意した。ソ連政府と日本政府は一九八六年五月三一日に文化交流に関する協定を調印し、一九七三年の合意で結成された日ソ科学技術協力委員会の活動を再開させた[23]。一九八〇年代にはモスクワ大学と早稲田大学、東海大学、芦屋大学など日本の私立大学との協力関係が発展した。だがこれらの大学間協定は両国の国家的な指導の下に行われたわけではなく、とりわけ日本側では、第一義的には各大学間の独自のイニシアティブとして展開した。一九八〇年代後半にはソ連と日本の協力関係はさらに前進したが、大阪大学とレニングラード大学の間の協定など、幾つかの協定は実際には実施されることなく終わった場合もあった[24]。

ウクライナの科学アカデミーは国際交流の長い伝統を持ち、今日においてもそれは受け継がれている。日本の歴史家らとの交流は一九六一年に松村四郎を代表とする数名の日本人研究者から成る日ソ文化交流訪問団がキーウの歴史研究所を訪れ、キエフ・ルーシの文化的発展などについて研究したことに遡る。またキーウの歴史研究所は一九六四年に東洋史学部門を開設しウクライナにおける東洋学の発展にも貢献した[25]。また同じ年、日本人の学術代表団はキーウのウクライナ社会主義共和国科学アカデミー付属の言語学研究所（Potebnia Institute of Linguistics）を訪問し、ロシアの言語学者たちの成果について研修した。

さらに一九六四年には、ウクライナ社会主義共和国科学アカデミーは日本の労働者教育協会より、実験音声学研究所のブリズニチェンコ（Л. А. Близниченко）所長が開発した睡眠学習に関する資料を提供するよう要請された。人間の能力を最大限に活用することを目的とした歴史的な研究成果であるとして、日本側がこの技術を賞賛したことは注目に値する[26]。

（23）外務省「文化交流に関する日本国政府とソヴィエト社会主義共和国連邦政府との間の協定」昭和六一年五月三一日署名、昭和六二年一二月二五日発効。Соглашение между правительством Союза Советских Социалистических Республик и Правительством Японии о культурних связях. URL: https://www.mid.ru/ru/foreign_policy/international_contracts/international_contracts/2_contract/49138/

（24）Киба Д., 前掲（二〇二一年）、一八九～二〇一頁、及び一九一頁。

（25）Архів Президії НАН України, Ф. 251, оп. "Секретаріат", спр. 1348 "Постановления № 1–56 Президиума АН УССР 11 января – 14 марта 1964 года" Арк. 24.

（26）Архів Президії НАН України, ф. 251, оп. "Відділ наукових зв'язків із зарубіжними організаціями", спр. 318 Переписка с ЦК КП Украины, Госкомитетом СМ СССР по координации научно-исследовательских работ, Киевским горкомом КПУ о выезде учених за границу за 1964–1965 годы, Том II Арк. 197.

京都を訪問したボリス・パトン、1964年（ヴェルナツキー記念ウクライナ国立図書館付属アーカイブ研究所収蔵[27]）

京都の石庭に臨むボリス・パトンとヴィクトル・グルシコフ、1964年（ヴェルナツキー記念ウクライナ国立図書館付属アーカイブ研究所収蔵[28]）

一九七二年にタラス・シェフチェンコ記念キーウ国立大学で日本語学習が導入された。またウクライナにおける日本研究において重要な役割を果たしたのは、メチニコフ記念オデーサ国立大学のA・ボーンダリ（А. Бондарь）教授であり、一九九〇年代に日本におけるウクライナ研究のはじまりについて調査し、それまでの研究史上の空白領域を埋めることに努めた。これに対して、日本でもウクライナ文学への関心が次第に高まり、ウクライナの傑出した詩人タラス・シェフチェンコの作品が日本人研究者によって邦訳出版された。

ウクライナ国立科学アカデミーの国際学術交流の一つに、書籍・文献資料の交換制度があり、これは例えば、日本遺伝学会、日本民族学会、日本言語学会、日本溶接学会ほか、経済や数学関係に至るまで、東京の様々な学術機関との間で実施されていた。[29]

二　ウクライナ・ソヴィエト社会主義共和国科学アカデミーと日本の科学技術交流

一九六四年には三二人の日本人科学者がウクライナ国立科学アカデミーの研究機関を訪問し、二年後の一九六六年には日本人来訪者の数は六〇人に達した。ウクライナ側からは一九六四年に三名の科学者が日本を訪問し、ウクライナ人研究者による訪日数はその二年後の一九六六年には五〇人へと急増した。

ウクライナ・ソヴィエト社会主義共和国科学アカデミーは戦後間もない時代に材料工学分野に関する研究センターを立ち上げ、その卓越した理論的、実践的な成果によって世界的な評価を獲得した。この研究機関は、様々な構造材料の溶接プロセスに関する大規模な複合的研究開発に基づき、電気溶接を始めとする独自の溶接技術や建造法を確立し、その技術は産業界へ移転された。世界で初めて開発・導入された鉄道線路や石油・ガスの大口径パイプラインの現場における溶接技術と可動式装置は世界的に高く評価された。当時としては珍しい、屋外での溶接、切断、はんだ付け、構造化、メッキの実験なども実施された。ヨーロッパで最長の全溶接橋はE・O・パトン（Е. О. Патон）、B・E・パトン（Б. Е. Патон）、D・A・ドゥドコ（Д. А. Дудко）、V・K・レベジェウ（В. Е. Лебедев）らによってこれらの新技術を用いて建造された[30]。

（27）Архів Інституту архівознавства Національної Бібліотеки України імені В.І. Вернадського Фонд 35 Патон Борис Євгенович. Опис №3 Фотодокументи за 1944 - 2019 рр.; Справа 11 Патон Б.Є. під час відвідування Саду каменів у м. Кіото (Японія). 1964 р.

（28）同前。

（29）Архів Президії НАН України, Ф. 251. оп. “Відділ наукових зв’язків...”, спр. 19 Переписка с Министерством иностранных дел УССР о международных научных связях АН УССР и о подготовке к XII сессии Европейской экономической комиссии ООН 9 апреля 1956 г. – 15 апреля 1957 г. Арк. 102–103.

Для служебного пользования
экз. № 07

ОРДЕНА ТРУДОВОГО КРАСНОГО ЗНАМЕНИ ИНСТИТУТ
ЭЛЕКТРОСВАРКИ им.Е.О.ПАТОНА АН УССР

Б.И.Медовар, В.П.Ливинский

ОТЧЕТ
о командировке в Японию
/ 6 сентября- 14 октября 1965 г./

Киев-октябрь 1965

B. I. メドヴァルとV. P. リヴィンスキーによる日本出張報告書、1965年9月6日～10月14日（ウクライナ国立科学アカデミー会長室アーカイブ所蔵[32]）

一九六五年にウクライナ・ソヴィエト社会主義共和国科学アカデミー付属E・O・パトン電気溶接研究所のB・I・メドヴァル（Б. И. Медовар）とV・P・リヴィンスキー（В. П. Ливинский）が初めて全国日本溶接機材展に参加した[31]。またウクライナ国立科学アカデミー副総裁で、コンピュータ技術のパイオニアであるヴィクトル・グルシコフ（В. М. Глушков）が、東京で開催された大型計算機システム理論に関する国際シンポジウムに参加した。グルシコフはこれに際して医療用エレクトロニクスや東芝の最新開発、日本鋼管冶金工場のコンピュータセンター等も見学した。一九六五年に東京で開催された第一三回国際生理科学会議に、ウクライナの生物学者・医学者グループのP・G・コスチューク（П. Г. Костюк）、N・M・アモソウ（Н. М. Амосов）、V・I・スコック（В. И. Скок）が参加した。

科学アカデミーの科学者たちは海外出張から戻ってきた後に詳細な報告書を提出することが義務付けられていた。これらの海外出張報告書からは、科学者らの海外での賞賛や成し遂げた仕事に対する自身の満足感などが窺えるのみならず、時には批判的情報や、海外出張の組織的弱点に関する自己分析、機器の使用に関する技術的問題点なども記録されていた。

以下、一九六五年にＥ・Ｏ・パトン電気溶接研究所から全国日本溶接機材展へ派遣されたＢ・Ｉ・メドヴァルとＶ・Ｐ・リヴィンスキーによる日本出張報告書から引用する。

> ソ連の専門家らが一九六五年九月六日の晩に大阪に到着した際には、まだ装置のほとんどは組み立てられていなかった。日本側の専門家らの協力を得て、三六時間に及ぶ不眠不休の作業の末、九月八日の展覧会初日には装置は組み立てられ、その一部はどうにか稼働に漕ぎつけた。装置Ａ５３５は溶接なしで実演されたが、全ての機能は作動した（供給電力は溶接には不十分だった）。トラクターＴＳ－３２はアイドリング状態で展示された。(33)
>
> 〔中略〕
>
> 電気回路図がなかったため深刻な困難が生じたが、これを克服できたのは日本企業の大電、特電、およびソ連対外経済連合マシノエクスポルト（*Машиноэкспорт*）と特別協定を締結しているニチメンの技術者らによる技

(30) Національна Академія наук України (1918–2018). До 100-річчя від дня заснування/редкол.: Б.Є. Патон (голов. ред.) та ін. Київ: Академперіодика, 2018. С. 70.

(31) Архів Президії НАН України, Ф. 251, оп. "Відділ наукових зв'язків", спр. 355, Отчет о научной командировке в Японию сотрудников Института электросварки им. Е.О. Патона АН УССР Б.И. Медовара и В.П. Ливинского с 6 сентября по 14 октября 1965 г. Арк. 1-78.（ウクライナ国立科学アカデミー総裁室アーカイブ収蔵文書、Ｆ・二五一「学術交流部局」、文書番号三五五「ウクライナ・ソヴィエト社会主義共和国科学アカデミー付属Ｅ・Ｏ・パトン電気溶接研究所研究員らによる日本への学術研究旅行の報告書、一九六五年九月六日から一〇月一四日まで」、一～七八頁。）

(32) 同前、報告書、表紙。

(33) 同前、報告書、六から七頁。

術的な協力によるものであった[34]。

ソ連製溶接装置の一般的な欠点には次のようなものがある。

――特にカホフカ工場施設の外観が劣っている。E・O・パトン電気溶接研究所が供給した設備外観は満足のゆくものであるが、とはいえ最終加工の品質という点では日本の設備に大きく劣っている。

――ソ連製のすべての電気機器、とりわけ機器を包摂するボディは古風で巨大である。ソ連の溶接機器の機械的な部分はある程度容認できるが、電気機器それ自体はすでに時代遅れであり、機械内部の組み立てにおいては日本人の笑いを引き起こすようなものだと日本の専門家は率直に感想を述べた。電気機器の種類、ボタン、タンブラースイッチ、給電機構、統一性の欠如、不必要で未使用の配線の存在など、日本人を困惑させてしまうような数々の問題が存在する。

――欠点としては、ワイヤ送り出し減速機にガタガタとノイズが入ること、ハードウェアボックスには異なる電圧に切り替える仕組みがないこと、電気機械アンプが作動しなかったことなどが挙げられるが、この点は日本の専門家によって解消された。


一九六〇年代には展示会が盛んに開催されるようになり、研究所の知られざる活動の側面や優れた成果が披露された。ウクライナの科学者の技術開発は日本の研究者の関心を呼び、とりわけE・O・パトン電気溶接研究所の研究成果は非常な人気を博した。一九六六年に研究所所長B・E・パトンは日本溶接学会の会員に選ばれた。しかし成功裏に開催された数多くの展示会の中には、次のような失敗例もあった。

レールとサンプルの固定だけでなく、スタンドについての技術説明書も揃っていなかった。そのため組み立ては手当たり次第に行わなければならなかった。

多くの障害や欠点にもかかわらず、ソ連・ウクライナの科学者たちは自らの技術が日本を含む海外の研究者たちの興味を引くまでに発展を遂げたことに誇りを感じた。当然のことながらソ連が出展した装置の中でエレクトロスラグ溶接（ESW）用の装置が最も大きな関心を呼んだ。

TC－17とTC－32トラクターは日本の専門家の注目を集めたが、それはとりわけ次の二つの原理を使用したことに起因している。（a）電極の送り速度が一定であること、（b）送り機構とトラクターの移動機構を駆動するモーターが同じであること。(35)

日本では一九七三年六月七日から八日にかけて、日本鉄鋼協会主催の第四回ESR（エレクトロスラグ再溶解）国際シンポジウムが開催された。このシンポジウムには、世界一六カ国から約二四〇名の参加者と、世界的に有名な企業の代表者らが会場を訪れた。ウクライナ・ソヴィエト社会主義共和国からの参加グループであるB・E・パトン、B・I・メドヴァル、G・A・ボイコ（Г.А. Бойко）、I・I・クミシュ（И.И. Кумыш）の研究発表では、エレクトロスラグ鋳造によって製作された多くの製品実例が紹介され、エレクトロスラグ再溶解法の幅広い応用の可能性についてのデータが提示された。

一九七三年一〇月一〇日、ソ連政府と日本政府は科学技術協力協定に調印した。(36) これ以降、ソ連と日本間の学術

---

(34) 同前、報告書、七から八頁。
(35) 同前、報告書、七から八頁。
(36) 10 жовтня 1973 року між СРСР та Урядом Японії було укладено Угоду про співробітництво у галузі науки і техніки URL: https://www.mid.ru/ru/maps/jp/1677804/

協力は積極的に振興されるようになった。一九六〇年代から一九八〇年代にかけて、ウクライナ・ソヴィエト社会主義共和国科学アカデミーの様々な研究所は日本からの代表団を受け入れていたが、日本の学術関係者らはしばしば非公式訪問を行い、観光客としての身分でソヴィエト連邦を訪れることもあった。一九七六年一月二一日、E・O・パトン電気溶接研究所は東京の国立金属材料技術研究所から郡司好喜を迎えた。日本からの来訪者のキーウ訪問の目的は冶金分野の技術研修にあった。研究所副所長を務めたウクライナ科学アカデミーのV・K・レベジェウ（В. К. Лебедев）が講義し、ラタシュ（Латаш）研究所の科学者であるG・M・グリゴレンコ（Г. М. Григоренко）とG・F・トルホフ（Г. Ф. Торхов）が郡司と会談した。さらに映画「時を越える橋（Мосты сквозь время）」が上映され、特別に研究所の見学紹介が実施され、展示ホールやESR実験室が披露されたという[37]。

ソ連人、すなわちウクライナの科学者にとって、外国人に日々の労働の成果を見せるだけでなく、ウクライナ・ソヴィエト社会主義共和国に莫大な可能性が存在することを示すことは国家の威信に関わることだった。特に興味深いのは、ピオニールのキャンプ地における夏のレクリエーション休暇である。ウクライナ・ソヴィエト社会主義共和国科学アカデミー付属E・O・パトン電気溶接研究所実験プラントのピオニールキャンプ「カシュタン（Каштан）」で実施された日本人青少年観光団の受け入れに関する報告書の中でB・E・パトンは次のように示している。

一九八二年七月二八日のウクライナ・ソヴィエト社会主義共和国科学アカデミー指令15/1806に基づき承認されたプログラムの下、日本からの観光団体（三〇名）を「友好の青年の船」として受け入れた。一行は日本の様々な教育機関の学生と教師らで構成され、その大半は日ソ親善協会の若い世代のメンバーであった。訪問目的はピオニールキャンプへの参加と工場労働者子弟の健康増進を目的として作られたソ連の施設について研修することであった。彼らはサークル活動、ロケット作り、木彫りを楽しみ、またとりわけ「ぬいぐるみの家」に感激していた。キャンプ場の素晴らしさのみならず、工場労働者子弟のためのレクリエーション組織に非常に感

心していた。(38)

一九八〇年代には、ソ連とその経済に対する関心が著しく高まり、ソ連と日本の代表者によって組織された科学技術協力委員会が活動を再開した。

三　ウクライナ独立後の日本との科学技術協力

一九九〇年代のウクライナ独立はウクライナ社会の民主的変化への期待を諸外国に呼び起こした。ウクライナの体制転換が進むにつれ、科学・教育分野における諸外国との関係は刷新されていった。これまで培った長年の関係

(37) Архів Інституту електрозварювання ім. Є. О. Патона. Программа пребывания в ИЭС им. Е.О. Патона АН УССР специалиста в области металлургии Национальный институт металлов, Токио, Япония. Лист 154.（E・O・パトン電気溶接研究所付属アーカイブ収蔵文書「ウクライナ社会主義共和国科学アカデミーE・O・パトン電気溶接研究所の滞在プログラム、東京国立金属研究所冶金学専攻の研究者」。）

(38) Архів Інституту електрозварювання ім. Є. О. Патона. Программы пребывания в институте делегаций из капиталистических стран за 1982 год, 08.09.1982 г. – 09.12.1982 г. Фонд Ученый секретарь (отд. № 90). Опись № 1. Дело № 3463. Лист 182–183.（E・O・パトン電気溶接研究所付属アーカイブ収蔵文書「資本主義諸国からの訪問団の研究所滞在に関するプログラム、一九八二年九月八日から一二月九日」。）

は維持強化され、さらに独立後の新しい政治関係に対応したより現代的な交流の確立が求められた。このような転換の成果は以下の数字にも現れている。一九九〇年にはウクライナ・ソヴィエト社会主義共和国科学アカデミーが海外学術機関と締結した科学技術協力に関する協定はわずか一五件にすぎなかったが、ウクライナ国立科学アカデミー創立一〇〇周年を迎えた二〇一八年には五〇か国計一二〇件に上る協定が達成されていた[39]。これはウクライナ国立科学アカデミーがいかなる障害にも屈せず、常に国際的な科学技術協力への努力を続けたことを証明している。

ウクライナは独立直後に日本政府から主権国家として承認されたにもかかわらず、ウクライナ政府は当初、日本に対してはあまり大きな関心を向けていなかった。一九九〇年代初め、両国の関係は主に儀礼的なものにすぎなかった。だが、日本の学術関係者らのウクライナに対する関心は独立後に著しく高まっていった。このような展開を背景に、一九九五年三月二三日に「ウクライナ・日本共同声明」が日本政府とウクライナ政府によって署名され、同時に、東京の在日ウクライナ大使館の開館式が挙行された[40]。ウクライナ大統領や閣僚などの政府代表の日本公式訪問では、文化学術交流、科学技術協力に関する日本・ウクライナ合同委員会の発足など、学術交流分野の重要な課題について協議された。またウクライナと日本の両国民の共通の利益に資するものとして、キーウにウクライナ日本センターが設立された。それに際して、科学技術、文化、芸術などの幅広い交流は両国民の信頼と相互理解を深める上で重要であり世界平和の安定にも貢献すると謳われた[41]。センターの主な活動は、日本からの講師陣を受け入れ、日本の経験やノウハウをウクライナに移転し、市場経済で活躍する人材育成を目的としたセミナーや講演会を開催し、また日本企業や日本の大学での研修機会をウクライナ人に提供するなどである。

二〇〇六年二月一五日、ウクライナ・日本科学技術協力委員会の第一回会合がキーウで開催され、チェルノブイリ原発事故の医学的影響に関し、長崎大学原爆後障害医療研究所、ウクライナ国立医学アカデミー付属放射線医学センター、ウクライナ国立医学アカデミー付属V・P・コミサレンコ内分泌代謝研究所などの参加の下に議論された。二〇一一年一一月一七日、ウクライナ国立科学アカデミー代表団の訪日に合わせて、ウクライナ・日本科学技術協力委員会第二回会合が開催された。ウクライナ国立科学アカデミーの各機関は、情報技術、人工知能、機械工学、医療、バイオテクノロジー、金属鉱床の探査・開発、石油・天然ガス開発、宇宙研究などの分野において、日本のパートナーとの協力関係を構築へ向けたおよそ三〇項目の提案を提出した。

近年、日本とウクライナの科学技術協力において宇宙研究分野は重要な位置を占めている。二〇〇五年にバイコヌール宇宙基地から日本の宇宙航空研究開発機構（ＪＡＸＡ）の衛星二機を搭載したドニエプル（ドニプロ）輸送ロケットが打ち上げられ、光衛星間通信システムとオーロラの地球近傍環境が調査された。二〇一三年三月には、ウクライナ国立科学アカデミー付属コレツキー国家・法学研究所の宇宙法センターと慶應義塾大学宇宙法研究センターとの間で協力協定が締結された。二〇一四年には、チェルノブイリと福島を監視するために、ウクライナのドニエプル（ドニプロ）ロケットを使って日本の衛星ほどよし三号と、ほどよし四号が打ち上げられた[42]。

またノーベル化学賞受賞者である理化学研究所の野依良治が二〇一三年七月にキーウを訪問した。ウクライナ側との会談では、学術教育および科学技術分野における日本とウクライナの協力、学際的研究の発展、学術機関と産業界の相互協力の推進などついて話し合われた[43]。二〇一三年一二月六日、ウクライナ・日本科学技術協力委員会第

（39）Національна Академія наук України, 前掲、一三三頁。

（40）Спільна заява України та Японії 23.03.1995 URL: https://zakon.rada.gov.ua/laws/show/392_031#Text; Домовленість між Урядом України і Урядом Японії про встановлення дипломатичних відносин (у формі обміну листами) URL: https://zakon.rada.gov.ua/laws/show/392_018#Text

（41）Меморандум про створення і діяльність Японського центру в Україні. Меморандум, Міжнародний документ від 19.05.1997. Верховна Рада України. URL: https://zakon.rada.gov.ua/laws/show/392_001#Text

（42）Світлана Сіденко Міжнародне співробітництво України в сфері інновацій. Стратегія розвитку України. 2016. № 1. С. 172–176.

三回会合がキーウで開催された。ウクライナ基礎研究財団と日本学術振興会の間に科学協力と二国間共同研究プロジェクトのための共同助成支援プログラムの実施に関する議定書が調印された。日本政府のＳＡＴＲＥＰＳ・地球規模課題対応国際科学技術協力プログラムの枠組みでウクライナ・日本科学技術プロジェクト「チェルノブイリ災害後の環境管理支援技術の確立」を二〇一七年四月が立ち上げられ、放射能汚染地の環境修復のためのウクライナにおける環境放射線管理と法的枠組みの改善の方策が探られた[44]。とりわけウクライナ国立科学アカデミー付属カヴェツキー実験病理学・腫瘍学・放射線生物学研究所は、チェルノブイリ事故犠牲者の血芽細胞症診断のためのウクライナと日本の共同研究室を運営し成功裏に研究を進めた[45]。二〇一九年九月二四日、ウクライナ国家立入制限区域管理庁の支援のもと、福島大学とウクライナ国家戦略研究所は、立入禁止区域における放射線・環境管理の改善などに関する科学技術協力に関する覚書に署名した[46]。

四　近年の教育分野におけるウクライナ・日本間の交流

ウクライナ国立科学アカデミー世界史研究所の研究者と日本人研究者との協力関係は、二〇一四年まで遡る。当初は、ヴィクトリヤ・ソロシェンコと進藤理香子の個人的な交流から始まった。それ以来、ドイツ、ウクライナ、日本の間での会議参加や学術文献の出版などを行ってきた。この交流は、二〇一九年一一月にはウクライナ国立科学アカデミー世界史研究所と法政大学大原社会問題研究所とのあいだでの学術交流へと発展した。両機関は、キエフと東京で国際研究会「冷戦体制下におけるソ連・東欧社会主義圏と西側諸国との文化・学術交流」をオンライン開催した。二〇二三年九月にはリトアニアのヴィリニュス大学で開催された、ウクライナの平和と学術分野での国際協力

ヴィリニュス大学で開催された国際会議 "Rethinking Ukraine and Europe: New Challenges for Historians" 2023年9月15日～17日。左からイゴール・カコレヴスキ、ヴィクトリヤ・ソロシェンコ、進藤理香子、アンドリー・クドリャチェンコ。

について歴史家の視点から議論する国際会議"Rethinking Ukraine and Europe: New Challenges for Historians"へ、アンドリー・クドリャチェンコ、ヴィクトリヤ・ソロシェンコ、進藤理香子が参加した。さらに、二〇二三年一二月七日にキエフと東京をオンラインで繋ぎ、本書刊行の土台となる「日本とウクライナ　遠くて近いパートナー」と冠した会議が、ウクライナ国立科学アカデミー世界史研究所と大原社会問題研究所主催によって開催され、これをもって本共同研究プロジェクトの開始となった。またこの会議は、日本学術振興会（JSPS）科学研究費と法政大学大原社会問題研究所研究プロジェクト費からの助成を受け実施された。

　教育分野におけるウクライナと日本の交流は、学生や研究者を対象とした日本政府、文部科学省、国際交流基金による奨学金付きの留学・在学研修制度を通じ積極的に支援されている。キー

（43）Посольство Японії в Україні. URL: https://www.ua.emb-japan.go.jp/ukr/bi_ua/topic/2013report_3.html

（44）Украина и Япония успешно проводят радиационный мониторинг Чернобыльской зоны URL:https://delo.ua/economyandpoliticsinukraine/ukraina-i-japonija-uspeshno-provodjat-radiacionn-359999/

（45）Національна Академія наук України, 前掲、二四三頁。

（46）В НІСД відбулася зустріч між керівництвом Інституту та представниками Університету Фукусіма（Японія）. URL: https://niss.gov.ua/news/novini-nisd/v-nisd-vidbulasya-zustrich-mizh-kerivnictvom-institutu-ta-predstavnikami

ウ国立大学イヴァン・ボンダレンコ（И. Бондаренко）と天理大学の日野貴夫によるウクライナ語・日本語、日本語・ウクライナ語辞書の共同編集は、両大学間の積極的な協力関係を示している。またウクライナの詩人スキルダ（Л. Скирда）の詩集『*The Garden of Love and Sun*』が日本語とウクライナ語で出版された[47]。二〇〇七年メチニコフ記念オデーサ国立大学国際関係学部では、横浜からの教員による日本語講座が開催された。二〇一一年三月の東日本大震災後の日本を支援する活動の一環として、オデーサ大学の学生たちは折り鶴を作成し、また義援金を集め、在ウクライナ日本大使館とパートナー都市である横浜市に送った。二〇一七年一月二〇日、ウクライナ国立イーゴリ・シコルスキー記念キーウ工科大学は、日本企業のパナソニック現地法人（Panasonic Ukraine Ltd.）とイノベーションを目

大原社会問題研究所とウクライナ国立科学アカデミー世界史研究所によるオンライン国際研究会「日本とウクライナ　遠くて近いパートナー　歴史・挑戦・未来」、2023年12月7日。写真上段左より、ヴィクトリヤ・ソロシェンコ、アンドリー・クドリャチェンコ、根岸海馬、中段左より進藤理香子、原伸子、大和田悠太、下段左より、惠羅さとみ、鈴木玲。

同上会議、写真左よりイェウヘン・O・プリーピク、ヴャチェスラフ・シュヴェド、ナタリヤ・ソロシェンコ。

指した実践的な教育と支援に関する協力について合意した。また東洋大学は二〇二二年四月にウクライナの三大学（タラス・シェフチェンコ記念キーウ国立大学、ボリス・グリンチェンコ記念キーウ市立大学、国立航空大学）と包括的学術交流協定ならびに学生交換協定を締結した。もっとも、ここに挙げた諸事例は、ウクライナと日本の間に現在展開している数多の協力事業のほんの一例にすぎない。

二〇一八年一〇月六日から九日までの日本滞在中、リリヤ・フリネヴィチ（Лілія Михайлівна Гриневич）教育科学大臣は東京で柴山文部科学大臣と会談し、続いて京都で開催された国際会議「科学技術と人類の未来に関する国際フォーラム」に参加した。

ウクライナは日本をウクライナ科学技術センター（STCU）の参加へ招待した。これに対して日本側からはウクライナに対し、日本とヨーロッパ間の科学技術イノベーションを目指す一一か国の共同公募を中心とした多国間プログラムであるThe European Interest Group（EIG）CONCERT-Japanへの参加が提案された。

二〇二四年七月二九日に第一回日本・ウクライナ教育・科学技術協力合同委員会が開催され、両国の学生と研究者など学術関係者の交流を強化することを求めた覚書が署名された[48]。教育分野での協力は、日本語能力の向上や日本学研究を目指すウクライナの学生、研究者、教員などへの財政的支援を含めた日本政府の支援プログラムが大きな役割を演じている。特に、日本の文部科学省は、日本語学習・上達プログラム、様々な分野の大学院生や日本語教師のための研修プログラムを実施している。近年、ウクライナと日本の大学間の交流は目覚ましく、例えば、タ

（47）Удовік В., 前掲、一九五～一九六頁。〔リュドミラ・スキルダ『愛と太陽の園』三輪洋司、トカチョフ　コンスタンチン訳、鳥影社、二〇〇七年参照〕

（48）文部科学省「文部科学省とウクライナ教育科学省との間の教育及び科学技術分野における協力覚書」令和六年二月二六日、URL: https://www.mext.go.jp/b_menu/activity/detail/2024/20240228.html

ラス・シェフチェンコ記念キーウ国立大学は龍谷大学、天理大学、筑波大学、青山学院大学、大阪経済法科大学と、またキーウ国立貿易経済大学は創価大学と、ウクライナ国立農業大学は東京農業大学と、キーウ国立言語大学は東京農業大学及び大阪経済法科大学と、イヴァン・フランコ記念リヴィウ国立大学は東京外国語大学及び大阪経済法科大学となど、ここで挙げられた以外にも、多くの大学間協定が締結されている。両国大学間の直接的なつながりは、教育分野における相互協力発展の証である。日本のウクライナ研究会年次総会において会長の岡部芳彦(神戸学院大学)は、ウクライナの歴史、文学、文化、言語や伝統を日本人に紹介することがウクライナ研究会の目的であると語った。二〇二二年から二〇二三年にかけてセルギー・コルスンスキー(Сергій Володимирович Корсунський)駐日ウクライナ大使が神戸学院大学で客員教授として迎えられた。講義では、とりわけロシアによる戦争犯罪の惨状や日本からの人道支援について伝えられた[49]。

一九三〇年代前半にウクライナを中心に発生した大飢饉ホロドモールは、残念ながら日本ではあまり知られていないが、ウクライナの歴史の重要な一ページを成している。とはいえ、当時、すでに日本でもこれに関する若干の報告が出版されていた。一九三四年に、内蒙古での文化工作を目的に日本の軍部や財界を背景に設立された善隣協会の調査部長を務めた吉村忠三は、その著書『日露の現在及び将来』において[50]、ソ連の政策を通じてウクライナから大量の穀物が飢餓輸出されていることなど、犠牲者の状態とその原因について指摘していたという。また自称、共産党員の正兼菊太は、一九二〇年代末から三〇年代中頃までソ連に滞在したとされ、そこで多くのウクライナ人が餓死してゆく大飢饉の惨状を目の当たりにしたという。正兼は日本へ帰国したのち、一九三五年に大川周明が主催する全亜細亜会で開催された「正兼菊太氏に物を聴く会」において、ソ連の内情について批判的に報告したとされる[51]。

ホロドモールについては、近年、日本でも在日ウクライナ正教会が主催した祈禱会が毎年秋に開催され、大飢饉の犠牲者を追悼している[52]。ウクライナ政府の要請に基づき、世界の多くの国は、ホロドモールがスターリン体制下に行われたジェノサイドであったと認定しており、日本政府も今後、これをジェノサイドと公式に認めることが望まれる。それは、ソ連によって創作された神話を否定するうえで重要な貢献となるであろう。

二十世紀初頭より、日本人はまず文化を通じてウクライナを知るようになった。文化交流は科学技術・教育分野での協力に新たな推進力を与えている。例えば、二〇二二年二月のロシアによる全面的な侵攻以後、日本人のウクライナに対する関心は大きく高まり、ウクライナに関する書籍が多く出版されるようになり、大学や専門家による講演会や座談会などの開催が増加している。二〇二二年には在日ウクライナ大使館、東京大学、京都大学、神戸学院大学でウクライナ語の授業が開講された。日本ウクライナ文化協会とウクライナ外務省の支援の下、東京にウクライナ日曜学校ジェレルツェと名古屋にウクライナ日曜学校ベレヒーニャが開設され、ここでもウクライナ語学習が可能となっている。ウクライナのミュージシャンやダンスグループの日本ツアー、ウクライナ人芸術家らの展覧会も開催されている。日本初公開のウクライナ映画上映会などもあった。このような教育文化イベントは、ウクライナの歴史、伝統について知る良い機会であり、ウクライナ文化のイメージ向上にも貢献するものである。

在日ウクライナ大使館は、ウクライナの正統な立場を国際的に代表するのみならず、ロシアのプロパガンダの欺瞞に日本人が惑わされないように正しい情報を伝えることに努めている。ロシアとウクライナの戦争を通じ、ウクライナでいったい何が起こったのか、その真実について日本人へ伝えることは、ウクライナ大使館の重大な使命の

---

(49) 神戸学院大学、二〇二三年一月二三日、URL: https://www.kobegakuin.ac.jp/international/news/afc8eb27c2c397aad59.html

(50) 吉村忠三『日露の現在及将来』日本公論社、一九三四年。

(51) 岡部、前掲、二七〜三九頁。

(52) 在日ウクライナ大使館「日本における1932―1933年のホロドモールの85周年の記念行事について」二〇一七年一一月二〇日、URL: https://japan.mfa.gov.ua/ja/news/61193-pahodi-z-vshanuvannya-85-ih-rokovin-golodomoru-1932-1933-r

一つである。この戦争をめぐり、日本はウクライナに多大な人道支援を提供し、戦闘で負傷したウクライナ兵士の治療などの医療支援も行っている。日本の各都道府県に住むウクライナ人もウクライナ本国の同胞に対し支援を実施している。

おわりに

本章ではウクライナと日本の学術交流を中心にその歴史的展開を論じた。両国の交流史は民主主義的な価値観に基づき発展した現代の両国関係と、悲劇的な過去という両面を持ち合わせている。科学技術・教育・文化における二国間関係をみれば、一九世紀末から二十世紀初頭にかけて、ウクライナの知識人たちは、まず日本の歴史や文化に関心を示し、そのことが発端となって両国の学術関係者らの最初の接触につながったことがわかった。体系的な日本研究がウクライナ側で始まったのはソ連時代の一九二〇年代であった。だが間もなくしてスターリン主義の下で日本学や日本との交流は弾圧されるものとなった。このような傾向はとりわけ第二次世界大戦中に強まった。戦後、日本学の再興が始まったのは、いわゆるフルシチョフの雪解けの時代になってからであり、それはまず歴史学の分野から取り組まれた。またウクライナにおける日本語教育の再開と日本学が独立した学問分野として確立したのはようやく一九七〇年代に入ってからのことであった。

冷戦体制下のソ連時代、ウクライナ・ソヴィエト社会主義共和国と日本の学術機関や企業と科学技術交流が実施されていたことが、本章の一次資料にもとづいた分析によって明らかにされた。鉄のカーテンを乗り越えた東西陣営間の科学技術協力は、とりわけウクライナ・ソヴィエト社会主義共和国科学アカデミー付属E・O・パトン電気溶接研究所の活動に顕著であった。パトンらの研究成果の伝播を通じて、ウクライナ学界と日本の産業界が橋渡しされたといっても過言ではないであろう。

一九九一年のウクライナ独立に伴い、日本とウクライナの関係は根本的に変化し、二つの主権国家間の関係としての性格を持つようになった。日本とウクライナは一九九二年に国交を樹立して以来、二国間関係は様々な意味においてその重要性を増している。一九九五年三月二三日に両国間のパートナーシップの最初の基本文書の一つに数えられる「日本・ウクライナ共同声明」が署名されたことは画期的な出来事であった。それは科学技術・教育分野におけるその後の二国間関係を支えた「日本国とウクライナの間の二十一世紀における新たなパートナーシップに関する共同声明」（二〇〇五年）や、「日本・ウクライナ科学技術協力委員会」の政治的・法的基盤となった。

ウクライナ国立科学アカデミー付属の諸研究機関、ウクライナ国立医学アカデミー付属放射線医学研究センター、ウクライナ国立医学アカデミー付属V・P・コミサレンコ内分泌代謝研究所をはじめ、大学・高等教育機関など、両国間に繰り広げられる多様な協力関係は多くの積極的な成果を達成し、二国間関係の発展に大きく寄与している。ウクライナ語・日本語、日本語・ウクライナ語辞書の共同出版は両国の学術協力の雄弁な証拠である。またウクライナ人教師や学生への助成金支援は協力事業の重要な要素である。

ロシアによるウクライナの侵略に反対し、解放と自由を求めるウクライナ人の無私の闘いという非常に困難な状況の下で、科学技術・教育分野を含む両国の関係発展を促す原動力となる日本からのウクライナに対する多大な支援は、両国民による相互協力と友好関係を構築するための強力な基盤である。現在、ウクライナと日本の関係は、安定的で相互に有益なものと言える。両国の学術機関と研究者らはよりよい未来へ向けた共同作業のビジョンを持っている。その目標はこれまでの交流を一層強化・拡大し、より実りある協力関係へと導くことにある。

［進藤理香子 訳／平野達志 監修］

第四章　第二次世界大戦後のソ連軍占領下南樺太における日本人とソ連人の共同生活——日本人抑留体験者の記憶に残るウクライナ人の姿

進藤理香子

はじめに

1　本章の目的

本章の目的は、第二次世界大戦後、ソ連軍の占領下におかれた樺太（サハリン南部）に居住していた日本人と新たに到着したソ連人移住者との共生という問題について、終戦から第一次公式引揚が一旦終了する一九四九年前後までの期間を対象に史的考察を行うことにある。

樺太は一九〇五年から一九四五年までの四〇年間にわたり日本領であった。終戦後、ソ連政府は占領地樺太に対するソ連邦からの移住政策を実施し、その中にはロシア人ばかりではなくその他の民族、例えばウクライナ人も少なからず含まれていた。移住政策に参加した人々の多くは農村部の出身であり、一九三〇年代にはスターリンによる弾圧に耐え忍び、さらに大戦中はドイツによるソ連侵攻を受け、家族や住居を失った貧しい市井の人々であったという。ソ連軍進駐に際し多大な困難に直面した日本人と新たな入植者として到着したソ連の人々らは、ソ連軍占領下の樺太でどのように対峙し、また一つ屋根の下での同居など、戦後の苦楽を互いに分かち合ったのであろうか。一九四五年の終戦からすでに八〇年が経過しようとしているが、現在に至るまで樺太での終戦とソ連占領下での日本人抑留・残留問題に対する日本社会の認知度は決して高いとはいえない。その背景に隠れる戦後日本の社会的事情は、かつて樺太に生きた人々の日本という国に対する思いを少なからず複雑なものにしている。

本章では、日本人抑留体験者らの回想録や南樺太に進駐したソ連軍の指導の下で刊行された赤軍の日本語新聞『新生命』などを参考にしつつ、主に日本人の立場から見たソ連人との共同生活について検証する。

2　ロシアによるウクライナ侵攻とサハリン

ロシアによるクリミア占拠とウクライナ東部のドンバス紛争勃発から一年余りが過ぎた二〇一五年六月、モスクワのタス通信は、ロシア政府が極東のサハリン島へ一三〇〇人のウクライナ市民の移住を決定したと報道した[1]。それによればこれらの人々は元々居住していた場所、すなわちウクライナから「立ち退きを強要され（were forced to leave）」たため、「自由意志（voluntary）」においてロシア連邦のサハリン島への移住政策への参加を決めたという。このタス通信の報道の真偽を判断しうる十分な資料は残念ながら本章の筆者の手元にはない。だがそのモスクワ発表から七年が経過した二〇二二年八月に出されたアメリカCNNの報道は事態がより複雑かつ深刻であることを示唆している。それによればロシアによる全面的なウクライナへの軍事侵攻が開始された二〇二二年二月末以降、ロシア軍によって占領されたウクライナ東部の諸地域で非戦闘員であるウクライナの一般市民が大量に連行され、ロシア連邦の辺境へ強制移送されており、移送先には極東のサハリンも含まれているという。西側情報機関によればロシア側によって拘束されたウクライナ人は数十万人に上り、これらの人々は自らの意志で祖国へ戻ることを全く許されない状況に置かれているとされている[2]。

かつてサハリン島の北緯五十度以南は樺太と呼ばれ、一九〇五年からおよそ四〇年間にわたり日本の領土であった。日本統治時代、樺太では入植と開拓が進み、一九四一年の最盛期には樺太の日本人はおよそ四〇万人を数えたが、第二次世界大戦後、樺太と千島列島はソ連軍占領下となった。一九五一年にアメリカをはじめとする連合国と締結されたサンフランシスコ講和条約において当時の日本政府は南樺太と北方四島以外の千島列島の領土権を正式に放棄した。だが同条約にソ連政府が調印しなかったことを理由に、日本政府は現在でもサハリン南部と北方四島以外の千島列島を帰属未確定地であるとみなし、日本の学校教科書ではこれらの地域を白抜きで表示するよう指示している。[3] これに対して北海道に近接する南千島列島に属するいわゆる北方四島（択捉島、国後島、色丹島、歯舞群島）は、日本政府の公式見解に従えば、日本固有の領土であるが、第二次世界大戦の終了後にソ連軍により占領され、現在でもソ連の後継国であるロシアによって不法占拠の状況が続いているとされる。[4] ロシアによる軍事侵攻を受け、二〇二二年一〇月七日にウクライナ議会は北方領土をめぐる日本の主張を全面的に支持する決議を行い、北方四島の領土主権が日本側に存在し、現在に至るまでロシアによる不法占拠の状態にあることを確認した。この決議内容はウクライナ大統領ゼレンスキーによって大統領令として署名され、ウクライナにおいて法的効力を持つものとなった。[5]

（1）*TASS*, 2 June 2015, https://tass.com/russia/798062［二〇二四年一一月三日閲覧］

（2）*CNN*, 27 May 2022, Russia is depopulating parts of eastern Ukraine, forcibly removing thousands into remote parts of Russia, https://edition.cnn.com/2022/05/26/politics/ukraine-filtration-camps-forcibly-remove-russia/index.html［二〇二四年一一月三日閲覧］

（3）帝国書院 https://www.teikokushoin.co.jp/high/faq/detail/108/［二〇二四年八月二四日閲覧］

（4）内閣府北方対策本部 https://www8.cao.go.jp/hoppo/index.html［二〇二四年十月六日閲覧］

（5）ウクライナ大統領府ホームページ、大統領令 692/2022号、二〇二二年一〇月七日（УКАЗ ПРЕЗИДЕНТА УКРАЇНИ №692/2022：

日本、韓国、北朝鮮、中国を対岸に控えたサハリン島は北方四島に比べ地政学的にも経済的にもより一層重要な位置づけにあり、ロシアにとって今後最も開発の期待される地域の一つである。歴史的にサハリンと関係の深い日本など、外国資本も参加しつつロシアのサハリン開発は進められてきたが、ウクライナ侵攻後は経済制裁を背景に、石油・天然ガス開発プロジェクトであるサハリン2への日本企業による出資などを例外として残しつつも、西側資本の大半は引き揚げられることになった。[6] すでに二〇一八年を最後に北海道・稚内港とサハリン・コルサコフ港（大泊）間の定期航路は停止されていたが、[7] 北方領土へのビザなし交流や墓参など、かつて日本・ロシア間の友好の証として築き上げられた多くの日ロ間の友好協力事業は二〇二二年の戦争勃発を受け棚上げとなり、現在に至るまで再開の目途は立っていない。[8]

サハリンをはじめ、かつて日本領であった北方の島々に居住していた日本人の大半は、一九四五年夏以降、ソ連統治下に一年半から三年程度抑留された後、引揚という形で日本へ送還された。もっとも、全ての日本人住民の引揚が完了したわけではなく、実際には様々な経緯から引き揚げることができず、現在に至るまでロシア領となったサハリン州に残留している日本人、朝鮮人男性と婚姻した日本人女性の残留などもあり、サハリンには現在でも残留邦人会が存在している。[9] 様々な意味において、サハリンが日本とロシアの接点であることは昔も今も変わりない。

一　先行研究と資料

1　研究史的概観

樺太の戦中、終戦、戦後の抑留と引揚までの数年間を包括的に扱った最も代表的な作品は、全国樺太連盟の要請により編纂された『樺太終戦史』（一九七三年）である。[10] 日本領樺太時代の様相のみならず、ソ連軍との戦闘状況、そして樺太のソ連行政への取り込みの過程について、日本側の官公庁公式資料や調査報告書、抑留体験者の体験談などを基に記録されている。全国樺太連盟は一九四八年に樺太からの引揚者を中心に結成され、[11] 平成の初めには六〇〇〇人を超える会員を有したがその数は次第に減少し、近年では会員数は六〇〇人強、また平均年齢は八四歳を超え、高齢化を理由に二〇二一年三月をもって解散された。[12]『樺太終戦史』は資料性の高い作品であり、およそ五〇年

Про питання Північних територій Японії) https://www.president.gov.ua/documents/692022-44369［二〇二四年一〇月六日閲覧］

（6）ロイター、二〇二四年一一月二二日、https://jp.reuters.com/markets/commodities/X6X33NX6ENNVLGPTMCYUDIU27A-2024-11-22/［二〇二四年一二月二日閲覧］

（7）稚内市「サハリン定期航路」、https://www.city.wakkanai.hokkaido.jp/sangyo/saharin/teikikouro/［二〇二四年一一月三日閲覧］

（8）「北方四島交流事業、当面見送り」『朝日新聞』二〇二二年四月二七日、朝刊、四頁。

（9）小川峡一『樺太（サハリン）・シベリアに生きる――戦後60年の証言』社会評論社、二〇〇五年。

（10）樺太終戦史刊行会『樺太終戦史』東京・社団法人全国樺太連盟、一九七三年。

（11）前掲、六一一頁。

（12）「全国樺太連盟、活動に終止符、歴史の継承願う」『産経新聞』二〇二一年八月一三日。

前に刊行されたとはいえ、本文六六五頁に加え六〇頁以上にわたる付録を合わせた圧巻の大著は、散見の限りこの分野における日本側研究の到達点を成している。

とはいえ国際的に見れば、一九四五年夏以降のソ連軍占領下の南樺太・千島に関する史学研究は比較的新しい分野の一つに数えられる。その最大の理由は、ソ連軍侵攻とそれに続くソ連軍占領下での南樺太に関するソ連側資料は一九九一年にソ連邦が解体されるまで封印されていたためであり、これら資料の研究利用が可能となったのはようやく一九九二年のことであった。また南樺太で占領時にソ連側へ押収された日本関係資料は戦後ソ連・ハバロフスク州の公文書館へ移管され、同様にしてソ連崩壊まで開示されることはなかったとされる。[13] それまで公文書館で極秘とされてきた資料解読を行いつつ、サハリン・樺太の戦後史を書き直すという作業は、一九九〇年代にサハリン州の公文書館の研究者ら、とりわけサハリン州立文書館のアレクサンドル・I・コスタノフ（Костанов А. И.）、サハリン現代史文書センター及びサハリン国立大学を中心に開始された。かつて国立サハリン州文書館に勤務した歴史家エレーナ・サヴェーリエヴァ（Савельева Е. И.）によって執筆されたソ連占領下の統治の状況に関する研究書『日本領樺太・千島からソ連領サハリン州へ――一九四五年～一九四七年』が二〇一五年に小山内道子翻訳、サハリン・樺太史研究会監修（天野尚樹と中山大将による解説付き）のもとに成文社より刊行された。[14] サヴェーリエヴァの研究では、ソ連軍政と民政局による日本行政の強制的解体と新たなソヴィエト都市建設の過程がソ連側の視点から明らかとされている。また樺太終戦問題では、同様にソ連側原資料調査に基づきつつ、小山内によって邦訳出版されたロシア人研究者ニコライ・ヴィシネフスキー（Вишневский Н. В.）による『樺太における日ソ戦争の終結――知取協定』がある。[15] またソ連側の証言としては、ソ連軍将校として南樺太の民政局開設に直接関与したクリューコフ大佐（Крюков Д. Н.）の回想録もソ連時代には発禁となっていたが、ソ連崩壊後に公開され、日本でも邦語と英文の双方で抜粋として発表された。[16]

樺太・千島問題をめぐる日本側の研究では、地理的近接性から伝統的に北海道大学をはじめとする北海道の学術機関がこれに貢献してきた。近代以降の樺太・サハリン史をめぐる研究史詳細は竹野学[17]と池田裕子[18]によって示されている。また一九〇五年から第二次世界大戦後のソ連占領初期の数年間までの四〇有余年を包括的に扱った日本樺太史としては初めての通史となる『樺太四〇年の歴史』が原暉之および天野尚樹らの編著で二〇一七年に全国樺太連盟の要請により刊行された。[19] またソ連統治下での残留邦人、朝鮮人、および極東の地に原住のアイヌその他の諸民族、ソ連からの移住者など、多様な民族・文化が混住するサハリンとの視点から人口動態と日本の引揚政策の問題を扱った中山大将による『サハリン残留日本人と戦後日本』(二〇一九年)という社会学的研究が刊行されている。[20]

---

(13) コスタノフ、A・I著、ダリア・コジェブニコワ訳「樺太庁の史料館(公文書館)の歴史から(1945年~1947年)」『北方人文研究』北海道大学大学院文学研究院・北方研究教育センター、一六号(二〇二三年)、九九~一〇八頁。

(14) エレーナ・サヴェーリエヴァ著、小山内道子訳、サハリン・樺太史研究会監修『日本領樺太・千島からソ連領サハリン州へ――一九四五年~一九四七年』成文社、二〇一五年。

(15) ニコライ・V・ヴィシネフスキー著、小山内道子訳『樺太における日ソ戦争の終結:知取協定』御茶ノ水書房、二〇二〇年。

(16) Mariya Sevela / Dmitrii N. Kriukov, Civil Administration on South Sakhalin and the Kurile Islands, 1945–1948: The Memoirs of Dmitrii N. Kriukov, in: *Monumenta Nipponica*, Sophia University, Vol. 56, No. 1 (2001), pp. 39–91. マリヤ・セヴェラ著、吉村玲子ほか訳「日本がソ連になった時:樺太からサハリンへの移行一九四五~一九四八」『歴史学研究』歴史学研究会、六七六号、一九九五年、二六~三五、六三頁。

(17) 竹野学「日本における近代サハリン・樺太史研究の動向その1――政治・外交・軍事・経済」『北方人文研究』北海道大学大学院文学研究院・北方研究教育センター、一三号(二〇二〇年)、九九~一一九頁。

(18) 池田裕子「日本における近代サハリン・樺太史研究の動向その2――社会・文化」『北方人文研究』北海道大学大学院文学研究院・北方研究教育センター、一三号(二〇二〇年)、一二一~一三七頁。

(19) 原暉之・天野尚樹(編著)、『樺太四十年の歴史――四〇万人の故郷』全国樺太連盟、中西出版、二〇一七年。

また第二次世界大戦直後の海外植民地と引揚問題の観点からは加藤聖文[21]や竹野学[22]らによる関係史料編纂[23]やそれに基づく諸研究がある。また近年、日本・ロシアの枠組みを超え、極東・沿海地域周辺の東アジアも見据えた樺太・サハリン問題に関し、政治や文化など多様な観点から人々の移動とアイデンティティーの問題について論じた学際的な論文集『*Voices from the Shifting Russo-Japanese Border Karafuto/Sakhalin*』が英語で刊行されており[24]、ソ連邦の解体後、サハリンの地政学的・経済的意義が高まるにつれ、国際的にも学術的な関心が寄せられているのが窺える。

2 抑留体験者の回想

先に挙げた全国樺太連盟の『樺太終戦史』に加え、これまで日本側では複数の抑留経験者の回想録、あるいは個人的体験に基づいた諸作品が出版されてきた。戦後初期に発表された作品としては、かつて樺太庁に勤務し、ソ連占領下ではソ連行政に徴用された泉友三郎による体験談『ソ連南樺太——ソ連官吏になった日本人の記録』(一九五二年)がある[25]。また一九五五年に北海道の北海タイムスにおよそ半年間、五八回にわたり連載された自身の抑留体験記を収録した大橋一良の『失われた樺太』が平成に入ってから単行本として再出版されている[26]。大橋がかつて勤務していた『樺太新聞』編集部はソ連軍に接収されソ連側の日本語新聞『新生命』となった。大橋は編集員として引揚までの間、『新生命』編集部に徴用される形で勤務した。これに対し、かつて『樺太日日新聞』編集長も務めた福家勇の回想録『南樺太はどうなったか——一村長の敗戦始末記』[27]の出版事情は、より稀有な運命をたどった。福家は一九四七年に樺太から引揚げ、病床で原稿を完成させたが、出版を打診されたある新聞社は時期尚早として刊行に応じなかったという。福家は一九四九年に他界し、ようやくその回想録が親族の手を通じ刊行されたのは福家の死去から三三年が経過した一九八二年になってからのことであった[28]。

ソ連兵やソ連人移住者らとの日本人家庭での共同生活の実体験については、抑留体験者自身による単行本としては清水茂子による『樺太日記』[29]、飯田和夫による『激動の樺太より生きて祖国に帰還して』[30]、そして上田秋男の『樺太は熱かった――原野の中の工場での日本人とロシア人の風変りな二年間』[31]を参照した。これらに加え、数多くの抑留体験者の声を集めた創価学会青年部反戦出版委員会から出版された『北の海を渡って――樺太引揚げ者の記録』[32]および『望郷の島々――千島・樺太引揚げ者の記録』[33]、国書刊行会から出版された『悲憤の樺太』[34]などを主に参

(20) 中山大将『サハリン残留日本人と戦後日本――樺太住民の境界地域史』国際書院、二〇一九年。
(21) 加藤聖文『海外引揚の研究――忘却された「大日本帝国」』岩波書店、二〇二〇年。
(22) 竹野学「南樺太――サハリン住民と日本・ソ連の軍政」、坂本悠一（編）『地域のなかの軍隊7　帝国支配の最前線――植民地』、東京・吉川弘文館、二〇一五年、八六～一〇五頁。
(23) 加藤聖文（監修・編）『海外引揚関係史料集成　国外篇　第三十巻（樺太篇）』東京・ゆまに書房、二〇〇二年。
(24) *Voices from the Shifting Russo-Japanese Border Karafuto/Sakhalin*, ed. by Svetlana Paichadze and Philip Seaton, Abingdon, Oxon: Routledge, 2015.
(25) 泉友三郎『ソ連南樺太――ソ連官吏になった日本人の記録』妙義出版社、一九五二年。
(26) 大橋一良『失われた樺太』大橋英子、札幌・アイワード、一九九五年。
(27) 福家勇『南樺太はどうなったか――一村長の敗戦始末記』葦書房、一九八二年。
(28) 福家、前掲、二八一頁。
(29) 清水茂子『樺太日記――私の戦争体験から』同時代社、一九八三年。
(30) 飯田和夫『激動の樺太より生きて祖国に帰還して』鳥影社、二〇〇四年。
(31) 上田秋男『樺太は熱かった――原野の中の工場での日本人とロシア人の風変りな二年間』エム・ビー・シー21、一九八八年。
(32) 創価学会青年部反戦出版委員会（編）『北の海を渡って――樺太引揚げ者の記録』第三文明社、一九七六年。
(33) 創価学会青年部反戦出版委員会（編）『望郷の島々――千島・樺太引揚げ者の記録』第三文明社、一九七六年。

照した。また終戦前後をめぐる樺太の動向に関する文献では自身が樺太生まれの金子俊男による『樺太一九四五年夏――樺太終戦記録』[35]、同様にして樺太生まれで戦後、サハリン残留日本人の一次帰国支援に取り組んだ小川峡一によるサハリン残留日本人へのインタヴュー記録[36]、また藤村建男[37]、吉武輝子[38]らのルポルタージュ作品も参考とした。これらに加え、ソ連軍に接収された『樺太新聞』編集部を基にソ連軍指導下で発行された日本語新聞『新生命』に掲載された占領統治下の南樺太の日本人に関する諸般の記事も参照した。現在、『新生命』の一九四六年から一九四八年までの巻号についてはＣＤ－ＲＯＭ化（『海外引揚関係史料集成』）されており紙面の画像データとして閲覧可能である[39]。

二　日本とロシアの係争の島

ロシアにとってのサハリン島とは元々は最果ての流刑地との位置づけにあった。すでに一九世紀初頭よりサハリンにはロシアの探検隊がしばしば来訪していたが、一八七五年にロシア帝政のサハリン流刑制度が敷かれると、囚人らを送り込んでの開拓が開始された。それらの事情は一九世紀末に出版されたロシアの文豪チェーホフの紀行『サハリン島』に詳しい[40]。さらに二十世紀初頭にはロシア内陸部の農村から移住希望者を募ってはシベリア、沿海州、そして極東のサハリンへ入植したという経緯がある。移住者の中にはいわゆるロシア人のみならず、ロシア帝国支配下の諸民族、例えばウクライナ人も多く含まれていた。一説には一九一七年、すでに極東・沿海地方・外満州あわせて四二万人ものウクライナ人が入植していたとされ、その一帯はゼレニー・クリーン（緑のウクライナ）と呼ばれた[41]。二十世紀の前半には日本による中国進出と相まって、満州での日本人とウクライナ人の接触も様々な政治的思惑を伴いつつ活発化したという(42)。

むろんサハリンの歴史はロシアだけのものではない。元を正せば、サハリン島は沿海州や極東の島々に古来より居住していた漁業や狩猟、交易を生業としたアイヌやニヴフなどの先住民たちの土地であった。日本は早くからこれら先住民との交易を開始し、豊かな漁場に恵まれた北方の島々への関心を強めた。幕府の命を受けた間宮林蔵の樺太探検とその成果としての地図製作は一八一〇年のことであったが、当時すでにロシア側のサハリン探検隊との諍いも絶えなかった。ユーラシア大陸とサハリン島を隔てる海峡が日本側では間宮海峡と呼ばれるのはこの由縁であるが、ロシアを含む欧米では一般にこれをタタール海峡と呼ぶ。サハリンは日本語では樺太と呼ばれ、極東へ版図の拡大を狙うロシア帝国と近代化の歩みを始めた日本との係争の地となった。一八五五年の日露和親条約締結に際し樺太・サハリン島に両国民の居住を認めるかたちで先延ばしにした国境問題は、一八七五年に樺太をロシア領、

---

(34) 引揚体験集編集委員会編『生きて祖国へ　第六巻　悲憤の樺太』国書刊行会、一九八一年。
(35) 金子俊男『樺太一九四五年夏――樺太終戦記録』筑摩書房（初版は一九七二年に講談社から刊行）。
(36) 小川、前掲書。
(37) 藤村建雄『証言・南樺太最後の十七日間――知られざる本土決戦・悲劇の記憶』潮書房光人新社、二〇一八年。
(38) 吉武輝子『置き去り――サハリン残留日本女性たちの六十年』東京・海竜社、二〇〇五年。
(39)『新生命――日本人住民への赤軍の新聞』南樺太・ユージノ・サハリンスク市レーニン街・新生命社（CD-ROM『海外引揚関係史料集成　国外篇補遺篇　第四巻「新生命」』加藤聖文（監修・編集）、ゆまに書房、二〇〇二年）。
(40) チェーホフ著・中村融訳『サハリン島』上・下巻、岩波書店、一九五三年。
(41) ヴィオレッタ・ウドヴィク『日本とウクライナ――二国間関係一二〇年の歩み』インターブックス、二〇二二年、一九頁。
(42) 岡部芳彦『日本・ウクライナ交流史1915―1937年』神戸学院大学出版会、二〇二一年。

千島列島を日本領とする形でいったん決着を見た。だが日露戦争の好機に日本はサハリン島全土を占領し、一九〇五年のポーツマス条約では結局、北緯五〇度以南の樺太の領土権を獲得することで収まった。日本領となった樺太（いわゆる南樺太）ではそれまで居住していたロシア人たちをロシア領サハリン、すなわち北緯五〇度以北へ追放する措置が取られたが、南部に土地資産・農場などを抱えていた場合、日本統治下に残留することを選択したロシア人もいた。一九一七年のロシア革命が勃発すると、ボリシェヴィキの革命軍に追われたロシアの多くの有産階級や文化人などが日本を目指し樺太にも逃れてきた。日本では白系ロシア人と呼ばれたこれらの避難民のなかにはロシア帝政下のポーランド人、ウクライナ人、バルト地方の人々も含まれており、日本を経由して第三国へ向かうのみならず、一部は樺太にも留まった。[43] 日本は一九二〇年に発生したロシア側による日本人数百名の虐殺、いわゆる尼港事件の報復としてシベリア出兵を行い、北樺太には一九二五年まで駐留し続けた。日本軍撤退を前に、以後ソ連支配下となる北サハリンから急遽、日本領南樺太へ逃れた者もあった。良く知られるように、昭和の横綱大鵬の父であるウクライナ・ハリキウ出身のマルキヤン・ボリシコ（Маркіян Боришко）はこの時期にサハリン北部から南部へと脱出したという。[44] またウクライナ出身でサハリンへ移住し毛皮商として財を成したが、ロシア革命後に北サハリンから日本へ逃れたシュヴェッツ家（Швец）などもあった。[45]

日露戦争講和として締結された一九〇五年のポーツマス条約で獲得された北緯五〇度以南の樺太では間もなくして樺太庁が開設され、一九四五年の第二次世界大戦の終戦まで四〇年間にわたり樺太の日本行政を担った。漁業、林業、そして埋蔵資源の宝庫として一攫千金を目論む多くの日本人が樺太へ渡った。王子製紙に代表される製紙業、また一九三〇年代の軍需の拡大と共に三井・三菱などの財閥系鉱山会社に運営される炭鉱なども発展した。樺太では日本人労働者のほか、一部は日本支配下となった朝鮮半島からの労働者も見られ、[46] 自由意志による場合と日本による徴用の場合の双方があったと考えられている。[47] こうして当初一万八〇〇〇人程度（一九〇六年）であった日本人住民の数は、太平洋戦争勃発時には四一万人弱（一九四一年）へと僅か三五年の間に二三倍にも劇的に増加した。とはいえ、一九三一年の満州事変以降、国家の命運をかけて進められた満州開拓事業に拓殖政策の主役の座を奪われることとなり、樺太住民の側からは東京の中央政府からの辺境扱いに嘆く声もあった。そのような東京に対する複雑な思いの背景には、戦争末期の一九四五年四月に施行された衆議院議員選挙法改正まで樺太住民に帝国議会への選挙権が認められていなかったことも挙げられよう。(48) 樺太は東条英機内閣の下で大東亜共栄圏建設のため外地行政の集約化と諸力の結集を図る過程で戦時下の一九四三年に内地へと編入された。(49)

(43) 倉田有佳「日本軍の保障占領末期に北樺太から日本へ避難・亡命したロシア人(1924―1925年)」中村喜和・長縄光男・沢田和彦・ポダルゴ・ピョートル(編)『異郷に生きる――来日ロシア人の足跡』VI巻、成文社、二〇一六年、一五七~一六八頁。
(44) ニコライV・ヴィシネフスキー/小山内道子訳「大鵬の父親サハリンに死す」『文藝春秋』七九巻五号、二〇〇一年、二九二~二九八頁。
(45) 清水恵「サハリンから日本への亡命者――シュウエツ家を中心に」長縄光男・沢田和彦(編)『異郷に生きる――来日ロシア人の足跡』成文社、二〇〇一年、七七~八七頁。グリゴーリィ・スメカーロフ著/小山内道子訳「シュヴェツ家との出会い」『会報』函館日ロ交流史研究会、二〇一五年二月一六日、https://hakodate-russia.com/main/letter/35-05.html [二〇二四年一一月三日閲覧]
(46) 崔吉城『樺太朝鮮人の悲劇――サハリン朝鮮人の現在』第一書房、二〇〇七年。
(47) サハリン残留韓国・朝鮮人問題議員懇談会(編)『サハリン残留韓国・朝鮮人問題と日本の政治――議員懇談会の七年』一九九四年。
(48) 原・天野、前掲、二一〇頁。
(49) 『樺太終戦史』、前掲、六二頁。

三　ソ連軍進駐時の惨状

第二次世界大戦は樺太の命運を大きく変えた。樺太と千島列島では一九四五年八月一五日の終戦を伝える玉音放送の後もソ連軍と日本軍の戦闘が続いた。戦中に最大およそ四一万人弱を数えた日本人は、戦争末期の緊急避難で出航した者、避難船のソ連潜水艦による撃沈、港湾への艦砲射撃、恵須取や豊原をはじめとする市街地への空襲などを通じて減少した。とはいえソ連軍による占領統治が開始した一九四五年九月段階において、なお二八万人の日本人が樺太・千島に残っていたとされる。[50] 一九四六年三月にソ連民政局によって行われた調査では日本人が二二万五〇〇〇人弱、朝鮮人二万五〇〇〇人弱、中国人約七〇人、アイヌが一五〇〇人程度であったと報告されている。[51]

一九四五年八月二二日に南樺太で日本軍とソ連軍間に停戦が結ばれると、ソ連軍は以後、島民の日本本土への疎開を禁止し、同月二五日にはソ連軍は宗谷海峡封鎖を行った。[52] これを通じ当面の間、邦人のソ連占領下での抑留が不可避となった。[53] とはいえソ連軍進駐時の暴行・掠奪に耐え兼ね、ソ連兵の監視の目をくぐって小型漁船で樺太から北海道へ脱出する者は後を絶たなかった。また北海道側から残した家族や家財を心配しソ連軍占領下の樺太へ逆戻りの密航を企てる者もあった。いずれにせよソ連側に発見された場合は重罪となり収容所へ送られ、島に残っていた近親者も連座させられたという。スターリンの指示により終戦から間もない一九四五年九月一八日に、ミコヤンの豊原来訪に際して極東軍管区付属の南サハリン民政局が開設され、民政局長官にクリューコフ大佐が就任した。[54] 日本人に対する統治を円滑化するために、占領初期には旧樺太庁職員らを徴用して業務にあたらせた。また最後の樺太庁長官大津敏男をはじめ行政や経済の要職にあった者らは次々と逮捕され、ハバロフスクなどへ送られた。日本兵らも同様にして戦争捕虜として樺太で収容されるか、さらにシベリア送りとなった者も多かった。

ソ連軍の侵攻に際し、多くの日本人家庭がソ連兵の略奪の標的となった。ヨーロッパ戦線から長旅を経て極東へ送られたソ連兵は装備も身形も貧しく、時計等の貴金属のみならず、越冬に必要となるありとあらゆる生活用品を日本人家庭で物色しては持ち去ったという。兵士の要求を拒めば銃で撃たれ命を落とす者も少なくなかった。また日本人が強制的に住居を追われることも多々あったという。また終戦時の緊急疎開に取り残された女性達は、ソ連兵の強姦の対象となることも稀ではなかった。

ソ連軍の進駐初期におけるこれらの略奪や暴行について、終戦から二年間にわたりソ連占領下で過ごした大橋一良によれば、素行についてはソ連軍部隊によってもかなり違いがあったという。例えばもともとソ連領のサハリン北部に駐屯していた部隊であった場合、樺太の社会状況を良く知っていたため、日本人民家へ暴力的に押し入ることはほとんどなかったという。これに対して、ヨーロッパ戦線から極東へ送られてきた混成部隊のソ連兵らは戦争慣れをしていたためそのような行為に及んだのではないかと指摘している。[55]日本人家庭から強奪された物品や家財はソ連兵自身が利用するのみならず、その後バザールが開設されるとその多くが商品として売りに出されるようになった。[56]こういった兵士の強奪などの背景にはソ連兵自身の困窮があり、進駐先の樺太で替えの衣料品を調達するしかなかった事情も影響した。同じく抑留体験者である福家勇によればあるソ連兵は、ソ連部隊の装備が十分ではない最大の理由は、ドイツとのスターリングラード攻防戦を通じ、スターリングラードの生産施設が破壊され、衣

(50)『樺太終戦史』、前掲、四九六頁。
(51) サヴェーリエヴァ、前掲、三三頁。
(52) 原・天野、前掲、三〇二頁。
(53) 厚生省引揚援護局未帰還調査部『満州・北鮮・樺太・千島における日本人の日ソ開戦以後の概況』一九五九年五月、一八頁。
(54) ヴィシネフスキー、前掲、一一五及び一二三頁参照。
(55) 大橋、前掲、八四頁。
(56) 福家、前掲、一四二頁。

料品をはじめとする生活物資の供給が途絶えたためだ、と答えたという。[57] 当時のソ連兵の思いの所在を知るうえで興味深い逸話である。

また陸軍と海軍によってもその振る舞いに大きな差があった。樺太・留多加近郊の農村で国民学校校長の夫と共にソ連占領下を経験した清水茂子によれば、ソ連軍進駐後、学校に併設した自宅にはソ連軍関係者が入れ替わり立ち代わり同居することとなったが、陸軍の兵隊に比べ、海軍兵は良く規律が行き届いており、決して狼藉に及ぶことはなかったという。[58] これら略奪や強姦などの行為は軍紀で禁止されていたため占領統治が進み治安の安定が図られた後には、これらの違法行為が発見されればソ連軍内で処罰の対象ともなった。豊原からおよそ一二キロメートル離れた小沼の樺太庁中央試験所は当時としては最新鋭の現代建築で良く目立ち、ソ連軍進駐当初は入れ替わり立ち代わりソ連兵らの略奪の標的となった。だが間もなくしてタタール人の隊長が指揮するソ連軍戦車部隊が隣接する豊北農学校に駐留するようになると、兵卒らの不法は厳格に罰せられるようになり、治安の安定が図られたという。[59] 当時、中央試験所の研究職にあった氷室欣児によれば、その厳格なタタール人中佐はあるソ連軍医による日本人に対する乱暴を厳しく裁定し、最果てのカムチャッカ送りにしたこともあったという。アジア人の風貌をもつそのタタール人は日本人への同情があったのかもしれないと氷室は回想している。[60]

いずれにせよ、略奪や暴行はソ連の軍人に限られたことであり、移住政策で樺太に到着したソ連の一般市民、とりわけウクライナ人移住者達はたとえ日本人家庭に同居することとなったとしても、決して黙って日本人の物を盗ってゆくようなことはしなかったと当時を体験した日本人らは振り返っている。[61]

もっとも、ソ連兵らの立場からすれば、日々緊張の連続であった前線での生活に心身共に困憊していたことも影響したのかもしれない。ソ連軍部隊の中には、ドイツ軍との戦いが終了したのち、故郷の町へ帰還することなく、直接に樺太・千島の対日戦線へ投入されたものも多々あった。終戦時に択捉島に在住していた河口きわの回想によれば、ドイツ戦線から極東へ移動された若いソ連兵の中には疲労と望郷の念から早く故郷に帰りたいとそっと本心を打ち明ける者もあったという[62]。

また清水茂子の家に間借りしていたセンガと呼ばれるソ連兵は、自分の祖父の世代は日露戦争で従軍し、日本に負け風呂敷一つで家に戻ってきたのだが、自身の父母、兄弟姉妹は今回の大祖国戦争で皆、ゲルマン人によって焼き殺され、自分は一人になってしまったと言って涙した。ソ連兵らが背負う心の傷に、清水は強く心を揺さぶられたという[63]。

(57) 福家、前掲、一四六頁。
(58) 清水、前掲、一三五頁。
(59) 玉貫きよえ「サハリンでのソ連人とのつきあい」『生きて祖国へ　第六巻　悲憤の樺太』国書刊行会、一九八一年、一七〇～二一二頁。
(60) 氷室欣児「組織の崩壊」『生きて祖国へ　第六巻　悲憤の樺太』国書刊行会、一九八一年、一三三～一四四頁。
(61) 藤村、前掲、三三九頁。
(62) 河口きわ「友人のようなソ連兵」『望郷の島々――千島・樺太引揚げ者の記録』創価学会青年部反戦出版委員会（編）、東京・第三文明社、一九七六年、一一六～一二〇頁。
(63) 清水、前掲、一〇六頁。

四　ソ連軍占領下の住宅難

このような戦後の厳しい条件下において、南樺太では日本人とソ連人の共同生活が長期にわたり営まれた。それは一軒の家の中で共に暮らすという文字通りの同居であった。その背景には、ソ連軍による攻撃を通じ樺太の中心都市であった豊原をはじめ市街地で多くの建造物が破壊されたために、進駐に伴い新たに到着した大量のソ連兵・将校らが住居に事欠き、居住先として日本人住居の供出や間借りを要請したこと、また一九四六年から開始されたソ連政府による組織的な移住政策に基づいて、ソ連邦の様々な地方から軍属ではない一般の移住者が大挙して南樺太に到着し、さしあたりの居住先に事欠き同様にして日本人家庭での同居を優先したことなどが挙げられる。

ソ連人移住者のうち大半は大祖国戦争と呼ばれたドイツによるソ連への侵略戦争に対する本土防衛の闘いのなかで、ドイツ軍の攻撃によって家屋や農場を焼かれた困窮する被災農民であった。日本人の回想にもしばしば表れているように、その中にはいわゆるロシア人のみならず、例えばウクライナ人、ポーランド人、タタール人など、自身を他民族の出自であると主張する者も少なくなかった[64]。これに対してサヴェーリエヴァなどのロシア側の研究では移住者の多くはロシア中央部からサハリンに到着したとされているが、地理的にはブリャンスクやクルスクをはじめ現在のロシア・ウクライナ国境に近接した諸地域からの農民が多かった[65]。終戦後のソ連によるサハリン移住キャンペーンは一九四六年四月のソ連邦閣僚会議決定に基づいて開始され、主にロシア中央部から当初は四〇〇〇家族の移住が組織され南樺太での農業、漁業、その他の経済活動へ割り当てられたという。第一陣の移住者がサハリン島に到着したのは一九四六年六月とされその数はおよそ一万七〇〇〇名を超えるほどであったが、一九四六年の終わりまでにソ連人移住者の数はすでに七万人超に達したとされる[66]。その後もソ連からの移住者は増え続けた。南樺太には十分な宿泊施設が用意されていなかったため、到着後は駅構内や停車場にそのまま滞留して生活している人々も多くいた[67]。ソ連兵の装備も非常に粗末なものでそれぞれ毛布一枚しか所持しておらず、越冬が心配されるほどであったが、ましてやソ連人移住者の身なりは列車での長旅を経て集団で到着したこともあり、日本人の目には哀れなまでに貧しく見えたという。ソ連人移住者は南樺太到着後、ソ連民政局での登録手続きを済ませなければならなかったが、役所の手際は悪く、移住者らは全ての荷物を携えたまま数日間にわたって民生局の前で寝起きしてはじっと忍耐強く自分の番が来るのを待っていた[68]。

ソ連軍進駐に伴った建造物の接収に加え、家屋に関しては日本人が居住している場合は一部強制退去も行われたが、ソ連側が想定したよりも遥かに居住可能な空き家が少なく、むしろ間借り方式が優先されることとなり、ソ連軍関係者の多くは日本人家庭に同居するようになった。同様にして一九四六年に始まったソ連内地からの非軍属の移民たちも住居不足からさしあたりは日本人家庭での同居を優先することとなった。ソ連軍進駐後に多発した暴行や略奪に怯えていた日本人側からすれば、ソ連軍人や移民と同居することを通じ、突発的に来襲する無頼なソ連兵から守られることとなり、むしろ喜んで部屋を貸したという[69]。またソ連人側からしても、ソ連人同志で共同生活するよりも、むしろ日本人家庭に入ることを望んでいたという。一つには、ソ連人同志の場合、所持品の盗難の危険がありお互いに猜疑心を抱いていたからであり、ソ連人らは日本人家主を大いに信用し、日本人に貴重品の管理を

---

(64) 加藤聖文「ソ連軍政下の日本人管理と引揚問題——大連・樺太における実態」『現代史研究』東洋英和女学院大学現代史研究所、五（二〇〇九年）、一～一九頁。
(65) サヴェーリエヴァ、前掲、一〇八頁。
(66) サヴェーリエヴァ、前掲、一一二～一一四頁。
(67) 福家、前掲、一七三頁。
(68) 大橋、前掲、一四八頁。
(69) 大橋、前掲、一三〇頁。

託したという。[70] もう一つの理由は、スターリン体制下でのソ連秘密警察による監視と隣人の密告に怯え、ソ連人同志では本心をうっかり口にできないためであり、彼らはむしろ日本人と同居する方が好ましいと考えていたようであったという。[71] こうして日本人とソ連人の相互の利益において同居という方法が定着していった。

日本人宅での間借りでは、初めは大半のソ連人が土足で座敷にあがったり、台所・風呂場・便所の使い方、夜半突然のソ連人客の来訪に異性の宿泊など、生活習慣の違いに基づく衝突は数限りなく生じた。また断熱性を重視したヨーロッパ建築に慣れたソ連人からすれば、厳寒の樺太で木材、土塀、和紙で作られた簡素な和式住宅に住む日本人の生活は理解し難いものでもあった。だがそれがもとで険悪な関係になることはなく、上田秋男の回想によれば、仕事場の同僚で上田宅に逗留したキシーリョフというソ連人は日本人よりも良い配給を受けており、上田の母へ自分の配給食糧を袋ごと全て渡し、上田の母が調理した食事を皆で食卓を囲みながら食べるという心温まる関係へ発展していったという。[72] また清水茂子によれば、同居人のソ連兵は清水の息子を非常に可愛がり、大泊港に停泊する軍艦の見学へ連れて行ってくれたりしたという。[73] さらに終戦から二年が過ぎた一九四七年に樺太の幌内保に配属されたコルホーズのウクライナ人移住者家族のうち二家族にそれぞれ自宅の一室を貸したという工藤家の話では、日本人の我が子とウクライナ人家族の子供たちはすぐに打ち解け、襖を介して行き来しては食事やおやつを一緒にとるようになった。コルホーズでの共同作業ではウクライナ人は時間が来ると仕事が残っていても辞めてしまうところはあったが、皆、良い人々で関係は上手くいったという。一九四八年に工藤家にようやく引揚の順番が回ってきたときには、ウクライナ人達はビスケットを焼いて長旅の保存食にと持たせてくれたという。[74]

五　復興と労働

ソ連軍は極東軍管区司令部の設置と並び一九四五年九月末には南樺太民政局を開設、その局長としてドミトリー・クリューコフ大佐が着任した[75]。ソ連側は樺太庁を接収し日本人行政の管理網と官吏を徴用して統治に利用したが次第にソ連側職員と入れ替えられ、最終的には一九四六年初めに樺太庁は廃止された。南樺太占領まもない一九四五年九月半ばにモスクワのソ連中央政府からソ連邦人民委員会議副議長ミコヤンが視察に派遣された。その背景にはスターリンもサハリン問題に大きな関心を寄せていたことがあった[76]。南樺太のインフラストラクチャーや住居はソ連軍の進駐時に多くが破壊されたため、破損した設備の復旧と経済生活を通常の状態に戻すことが急務とされ、また漁業や資源に富む南樺太をいち早くソ連の計画経済の一環に取り込み、ソ連の戦後復興へ貢献させることが求められた。こうして一九四六年二月にソ連邦最高会議によって樺太は新たに南サハリン州と指定され全ての企業が国有化、地名のロシア名への変更、ルーブル通貨の導入などが行われた。続く一九四七年一月にはサハリン全島とクリール諸島を統括するサハリン州へと改められ、樺太・千島は急速にソ連邦行政の中へ組み込まれていった[77]。

---

(70) 福家、前掲、二二三頁。
(71) 玉貫、前掲、一七〇～二一二頁。
(72) 上田、前掲、八八頁、九四頁。
(73) 清水、前掲、一〇三頁。
(74) 藤村、前掲、三四四～三四五頁。
(75)『樺太終戦史』、前掲、四九五頁。
(76) ヴィシネフスキー、前掲、一一五頁。

そもそもソ連側では樺太の日本人を日本へ送還することは占領当初から決まっていたわけではなく、さしあたりは占領統治に必要となる技術者や労働者の確保へ現地の日本人を必要としていたとされる。そのような意図は占領直後の一九四五年九月二一日と一〇月一日に発表されたソ連軍司令部ブルカエフ上級大将による日本人住民への二度の布告にも表れていた。それによれば、ソ連軍は第一に、一九〇五年に日本軍によって占領された本来ロシアの領土を日本帝国主義から解放し、再びソ連に取り戻したのであるとされた。またソ連政府は決して日本民族を奴隷化する意図はなく、他民族の権利独立文化習慣を尊重するものであり、かつ日本人の生活安定へあらゆる措置を講じる所存であるから、南樺太の日本人と各種企業は赤軍に協力して早急に生産・労働を再開せよとの命令であった。[78]このようにして占領直後から現地の日本人は元の職場に戻されたのみならず、ソ連民政局によって徴用され、必要に応じて漁業、農業、林業、炭鉱など様々な経済活動と復興事業へ配属されていった。もっともこのような要求は、現地の日本人はもとより、当時の東京・日本政府から見ても、残留日本人に対する強制労働として受け止められた。[79]

労働は成人男子のみならず、日本人女性にも課された。終戦時、樺太・白浦で両親と暮らしていた当時二十歳の原田芳子によれば、徴用による労役は農作業のみならず、女性であっても線路の枕木運搬や木材の伐採など決して軽いものではなく、抑留三年目には食糧難も悪化し体力の限界を迎え、なお所持していた数少ない家財や衣類を僅かばかりの食糧と交換して飢えを凌ぐ日々であったという。[80]またソ連共産党機関紙『新生命』の要請で取材を実施した大橋一良の経験では、家族や親子が離散するような形で徴用配属先が決定されることも稀ではなく、食糧確保に躍起となったソ連当局は重労働として知られるニシン漁に日本人の年配女性を徴用することまであった。だが『新生命』編集部の共産党員将校の話では、日本人ばかりでなくソ連人に対しても等しく徴用が義務付けられており、ソ連人移住者の母娘がカムチャッカと南樺太にそれぞれ分かれて配属されたこともあり、「働かざる者食うべからずはソ連の鉄則」[81]であったという。実際、炭鉱に投入されたソ連人移住者らを世話した旧三井川上炭鉱の福利厚生係を務めた工藤義宗によれば、ソ連人移住者らは男女にかかわらずよく働き、夫婦共稼ぎが常であった。タタール系の年若い女性は坑内ガス検針などを任せられ斜度六八度の坑道や切羽を昇降するような重労働でも汗だくになりながら必死にこなしていたという[82]。

日本植民地からの引揚問題を研究する加藤聖文によれば、樺太では、ソ連軍に占領された大連や北朝鮮の残留日本人に対して行われたような厳しい管理はなく、進駐当初の兵卒による暴行を別とすれば、民政統治下では樺太の日本人はむしろ当時のソ連人入植者とほぼ同等に扱われたと指摘されている[83]。ソ連の労働法規及び労働ノルマは日本人にもソ連人にも同様に等しく適用され、無断欠勤や遅刻、サボタージュなどは厳しく罰せられ、給与の削減や労働強制収容所への収容などもあった[84]。また日本人労働者と新たに移住してきたソ連人労働者の賃金はほぼ同額に設定されていたという[85]。とはいえ、実際には常に平等であったというわけではなかったようである。

樺太・東内淵の樺太人造石油株式会社に建築技師として勤務していた上田秋男の体験記には、ソ連人技師らとの

(77) 原・天野（二〇一七年）、前掲、三二一頁。
(78)『樺太終戦史』、前掲、四八三から四八六頁。
(79)「満鮮、樺太、千島ホウメンノ状況ノ綜合観察（昭和二十一年一月末頃迄ニ於ケル）」ＪＡＣＡＲ（アジア歴史資料センター）Ref.A15060193900、第一復員省資料課情報・内閣（国立公文書館）。
(80) 原田芳子「終戦にはじまる私の戦争」『北の海を渡って――樺太引揚げ者の記録』創価学会青年部反戦出版委員会（編）、第三文明社、一九七六年、一〇七～一一七頁。
(81) 大橋、前掲、一一三～一一五頁。
(82)『樺太終戦史』、前掲、五二七頁。
(83) 加藤（二〇二〇年）、前掲、一〇四頁。
(84)『樺太終戦史』、前掲、五二七～五二八頁。
(85) 福家、前掲、二一四頁。

協働について詳細に記されている。東内淵の工場敷地には炭鉱や発電所、鉄道や煉瓦工場や近代的な社宅などもあり、モスクワから派遣されたミコヤン一行による視察の後[86]、ソ連側はそれらの生産施設を接収した。日本人技師等は煉瓦工場への配置換えなどはあったもののそのまま現地で徴用され、加えて新たにソ連軍関係の技師やレニングラード大学で専門教育を受けた者らも配属され、日本人とソ連人の協働が始まった。間もなくしてソ連人移住者らがこれに加えて到着し、東内淵へも労働力として割り当てられた。ソ連人移住者の多くはドイツによって攻撃され荒廃したウクライナからソ連政府を通じ半ば強制的に南樺太へ移住させられた人々であったという。列車に乗せられ集団で到着した移住者らのなかには老婆や子供もおり、上田が薄汚れた身形をした少年にロシア語で話しかけると、ウクライナから来たと答えたという。宿舎前に集まっていた人々から林檎は収穫できるかと聞かれ、上田が樺太ではできないと答えるとウクライナ人らはがっかりしていたという。移住者達は彼らのためにあえて明け渡された日本人工員寮へ入居することとなった[87]。生産施設での作業では、戦勝国民のソ連人移住者らが単純作業に就き、敗戦国民の日本人技師がむしろ現場監督を務め陣頭指揮をとることもあったという。日本人技師や管理職には比較的良い給与が支給されたが、工員の給与にはソ連人と日本人の間に明確な差が付けられていたといい、日本人工員の給与はソ連人の三分の二から悪くすると半分程度であったという[88]。

六　日ソ学術関係者の出会い——樺太庁中央試験所からソ連科学アカデミー極東支部へ

樺太・東内淵の生産施設での上田秋男の経験が示しているように、当時、大学教育を受けた人々の社会的地位は日本であってもソ連であっても今日に比べれば非常に高いものであった。樺太庁中央試験所は樺太の産業開発に関わる農林水産業・資源分野の研究調査を目的に一九二九年に小沼に開設された国策研究機関であった。中央試験所に勤める研究員には帝国大学出身者が多く採用され、樺太では珍しいインテリ集団を形成していた。[89] 彼らのような研究者たちのソ連占領下の体験は、おそらく樺太では特殊な部類に数えられるであろう。

当時、中央試験所の所員であった氷室欣児は終戦時の崩壊と再生への橋渡しの双方を経験した数少ない者の一人であった。[90] 八月下旬から大規模にソ連軍が国境を越えて南下を始めると、樺太・小沼にあった中央研究所もソ連兵らの略奪の犠牲となった。ソ連兵らは銃で威嚇しつつ、研究所を荒らし廻り、実験室内の金属製品やガラス類などが悉く持ち去られた。ソ連軍の南下が始まって一か月余りが過ぎるとようやく落ち着きを見せ、学術研究の重視を伝統とするソ連側は、むしろ中央試験所を保護する方針へと転換した。軍司令官アリモフ少将（Алимов М. В.）の配慮により中央試験所は日本人所員共々、優遇を受けるようになったという。ソ連軍戦車隊が到着し、その隊長を務めた厳格で寡黙なタタール人少佐の下で軍紀が守られ、中央試験所の所員官舎に住む日本人家族らの治安も急速に安定した。また戦車隊の将校らも官舎に同居することとなった。中央試験所には間もなくして、共産党員として名高いソ連人が新所長として就任し、さらにウラジオストクやハバロフスクからソ連人農業技術者ら、続いてシベリアなどから農林畜産業・生物・応用科学分野の技術者らが配属され、中央試験所のソ連への接収が進められた。日本人所員の目からすれば、これらシベリア・極東地域からやってきた技師らの学問的水準はそれほど高くはなかった

(86) 上田、前掲、二三頁。
(87) 上田、前掲、六六～六七頁。
(88) 上田、前掲、一〇九頁。
(89) 原・天野、前掲、二四六頁。
(90) 氷室、前掲、一三三～一四四頁。

という。このような準備段階を経て、中央試験所は最終的にソ連科学アカデミー極東支部の一機関に昇格することとなった。この頃になると、モスクワ、レニングラード、キーウなどの大都市から大学教授らの視察団も来訪するようになり、さらに生物学、植物学、動物学など各専門分野の権威らが研究所へ赴任してくるようにもなった。氷室がその受け入れ面接にあたった際には、これら一流の学者らは忘れがたい印象を残したという。こうしてソ連の接収の過程において、中央試験所の日本人研究者とソ連人研究者の共同作業が行われるようになり、このような状況は日本人の引揚まで続いた。[21]

終戦時、研究者の妻として小沼の中央試験所官舎に家族で居住していた玉貫きよえによれば、小沼に駐留した戦車隊所属のユダヤ系軍医が玉貫宅の接収の件で訪れた際に、怪我が悪化して破傷風となっていた息子の容体が悪いのを見て取り即治療を申し出、その後は医薬品と食糧を度々届けてくれたという。この軍医を介して中央試験所とソ連戦車隊の間は良好な関係へと発展し、玉貫の家は接収されずに、代わりにソ連将校らが入れ替わり立ち代わり間借りをすることとなった。なかでもとりわけ玉貫の記憶に残ったのは年若いウクライナ出身のウィッチンコ中尉で、対独戦を潜り抜けてきたとは思えないような初々しさで、家のなかでは日本婦人の玉貫のほうが主導権を握っていたという。ウィッチンコ中尉は非常に真面目で、晩に家に帰ってくると深夜遅くまで熱心に勉強をしていたという。また後に中央試験所に配属された土壌学研究技師の三〇歳前後のソ連人女性タイシャも玉貫家に同居することとなり、彼女は非常に丁寧かつ貞操観念も厳しく日本人女性と同じような感覚を持っていたという。タイシャの夫は航空上級中尉でモスクワでの結婚直後にもかかわらず戦時中のため離れ離れになっていたが、病気療養を兼ねて樺太へ派遣されることが決まり、ようやく新婚生活が送れると大変喜んで玉貫に語ったという。ところがその二日後に受けた知らせでは、彼女の夫は豊原到着後に軍病院に入ったが間もなくして死去したとのことであった。泣きはらすタイシャに玉貫ももらい泣きし、戦争の悲惨さは日本もソ連も区別ないと身につまされたという。[22]

七　ソ連軍占領下樺太のポーランド人

ソ連軍は進駐後、ロシア語を理解できない大半の日本人との意思疎通を図るために、もともと南樺太に在住していたいわゆる白系ロシア人らを通訳として徴用した。これらの白系ロシア人といわれた人々のなかには民族的にはポーランド人であると主張するものもあった。かつて樺太庁に勤め、ソ連占領下で民生局に徴用された泉友三郎によれば、日本統治時代に樺太で生まれ、精肉業を営んだオーシップと名乗るポーランド人がソ連軍占領後にソ連軍により徴用され、また樺太育ちで流暢に日本語を話した若いポーランド女性ナーシャもソ連民政局により通訳として徴用されたという。これらの人々はもともとロシア帝国時代にサハリンに来た人々であり、共産主義を忌み嫌って日本統治以後も南樺太に残ることを決意した人々であったが、戦時中は日本官憲によって敵性として追い立てられ、自身の住居から樺太の強制収容所へ移されていたという。彼らはソ連軍によって解放され、比較的良い待遇で徴用されたが、その立場は非常に微妙なものであった。ナーシャが泉に語ったところでは、かつてロシアとソ連に背を向けて日本領に残ったこれら白系ロシア人と呼ばれる人々が、今後、通訳としての一時的な務めが終わった後、いったいどのようにスターリン体制下のソ連で処遇されるのかは予想もできず、戦後、独立を獲得した新生ポーランドへ帰還できるのかどうか、将来に不安を抱いていたという[93]。

スターリン体制下のソ連社会に対し不満を抱いていたのはサハリンのかつての白系ロシア人ばかりだけではなかっ

---

(91) 氷室、前掲、一四一頁。
(92) 玉貫、前掲、一七〇頁〜一八〇頁。
(93) 泉、前掲、一八七〜一九九頁。

た。両親と共に樺太・鵜城町幌千村で終戦を迎え、抑留生活を経験することとなった飯田和夫の回想によれば、戦後に進駐してきたソ連軍には民族的にポーランド人であると主張する者もあったという。飯田の家族が懇意となったワーシャと名乗るソ連憲兵は戦時中にドイツ軍が行った暴力を非難することはあっても日本に対しての批判は言ったことがなかったという。またワーシャは飯田家に略奪を試みた他のソ連兵を厳しく罰し、飯田家を守ることに努めた。冬の到来を前に部隊が村から撤収しソ連へ帰国することとなった際、学校教員であった飯田の父は宴席を用意し、ワーシャらの働きに感謝しもてなした。ワーシャは別れ際に飯田の父に驚くような事を打ち明けたという。彼はソ連軍人であるが、同僚たちにも秘密であるが、実はポーランド人であり、自分の国は一九三九年の独ソ協定でドイツとソ連に奪われてしまった。「ソ連は、領土拡大のために、今までに多くの国を武力で占領してきたが、今回は、また日本領樺太を占領した。わたしはソ連を憎んでいるし、多くのポーランド人の気持ちはわたしと同じだ。皆ソ連をうらみ、心から憎んでいる！　私たちポーランド人は日本人のあなた方に深く同情している。」（ワーシャ軍曹の話より）(94)

このように、スターリン体制下末期のポーランド系の人々の置かれた立場は、多民族国家ソ連においても非常に難しいものであった。

八　スターリン体制下に生きる

南樺太の日本人に対する共産主義的思想教育の問題について、歴史家の加藤聖文は、ソ連人は日本の生活習慣に寛大で、シベリア抑留者に対して行われたような厳格な思想教育のようなものはほぼ無く、学校教育においても大きな制約はなかったと指摘している。[95] とはいえスターリン体制下末期のソ連占領下南樺太で、共産主義思想の宣伝活動が全く行われていなかったわけではなく、新聞、ラジオ、様々な催し物などを通じて比較的緩い形での日本人住民に対する「政治工作」が行われていたことは疑う余地はない。[96] ソ連軍の進駐直後に豊原放送局は接収されソ連軍の許可なしには一切放送禁止となり、また日本本土からの情報を遮断するために住民が所有していたラジオは悉く没収された。[97] 戦中の一九四二年に日本政府の統制に基づき、それまで複数あった樺太の諸新聞は『樺太日日新聞』を主体に新名称『樺太新聞』の下に統廃合・一元化され、これが終戦まで唯一の日刊紙となった。[98] ソ連軍進駐直後の一九四五年八月下旬に豊原の『樺太新聞』編集部は接収され、一か月余りの発刊停止を経て、一〇月半ばよりソ連共産党指導の下に新生命社に社名変更し、新たに『新生命』という日本語新聞が刊行されるようになった。『新生命』の編集部は当初、ソ連側より樺太新聞編集局長であった星野竜緒に任され、[99] 大橋一良などの樺太新聞時代の編集員も一部残される形で進められた。大橋の回想によれば、『新生命』編集部はソ連将校が実権を握り、日本人編集員は事務的協力者に過ぎず、編集方針は全てソ連国内の方針によって決められたという。『新生命』はこれまで社会主義を全く知らない日本人にソヴィエト国家の生活様式を教授してゆくような新聞であり、この点において、ハバロフスクで刊行されていたような日本人の共産党員が中心となって抑留日本軍人向けに共産主義思想のアジテーシ

(94) 飯田、前掲、一六一～一六〇頁。
(95) 加藤、前掲（二〇二〇年）、一二〇頁。
(96) 『樺太終戦史』、前掲、五二八から五三三頁。
(97) 『樺太終戦史』、前掲、四七三頁。
(98) 『樺太終戦史』、前掲、三二頁。
(99) 『樺太終戦史』、前掲、五二九～五三〇頁。

ョンに主軸がおかれた『日本新聞』[100]とは趣が異なったとされている。とはいえ樺太の『新生命』紙上の記事も、今日的視点からすれば、共産主義的プロパガンダとは無縁ではなく、むしろ共産主義思想の浸透に積極的に努めていたといえる。

『新生命』紙上で掲載された政治・国際報道の多くはモスクワの『タス通信』や『プラウダ』、『イズヴェスチヤ』からの抜粋記事の邦訳であった。また対日戦勝記念日やメーデー、十月革命記念日などにはスターリンやレーニンの肖像[101]、スターリン演説やモスクワでの祝典の様子などが所狭しに掲載され、日本人共産主義者によるスターリンに捧げる詩[102]、日本共産党に捧げる歌[103]といったものまで登場し、盛沢山であった。日本の政治状況では日本共産党の『赤旗』からの情報が主であり、徳田球一、野坂参三、志賀義男など戦後初の日本共産党所属衆議院議員が誕生したことについては大々的に報道された[104]。文芸記事ではいわゆる社会主義文学や渡邊政之輔[105]などの社会主義運動家の評伝、片山潜による「レーニンの回想」[106]なども掲載された。また地元樺太に関わる紙面では、労働ノルマを好成績で達成した模範的な日本人労働者の表彰、産業の復興状況、勤労者としての日本女性の社会進出など、労働意欲を刺激しつつ日本人をソヴィエト社会の一員として取り込むことを目論んだ記事が大半を占めた。

日本への引揚の兆しが見えはじめたのはアメリカとソ連による連合軍間の合意（ソ連地区引揚げに関する米ソ協定）が得られた一九四六年一二月のことであり、終戦からすでに一年半近くが経過して後のことであった[107]。翌年一月の『新生命』紙上には、日本への出発を目前とした日本人らによるスターリン大元帥への感謝状といったものが原本の手書き文書の写真入りで掲載された。これには日本人四八名の氏名が代表として記載され、この感謝状にはさらに三〇九名が署名したとされる。

偉大なるスターリン大元帥閣下！　我々南樺太在住の日本人がいま帰国するに際し畏敬する閣下にこの書簡を奉呈することを無常の光栄に存するものであります。顧みるに一九四五年八月、戦争の惨苦から吾々を開放し渇仰久かつた平和を我々の手に還元して下され爾来一年数カ月に亘る南樺太に於いての生活につき民族の差観なく我々の予想もしなかつた御温情溢るる御配慮を賜りましたことは終生忘れ得ない感激であります。ここに深甚の感謝の意を表する次第であります。（以下省略）（第二次帰国日本人代表者、『新生命』掲載、原文は旧字体）[108]

だが当時の状況を知る福家勇によればこういったスターリンとソ連占領軍に対する翼賛的な感謝状は自発的なものではなく、ソ連当局に半ば強制的に執筆させられたものであったという。引揚が許可されると日本人は乗船までの二週間から一か月程度を準備期間として港湾付近の収容所において集団で過ごす決まりとなっており、この収容所内でソ連側は日本人らに「共産主義礼賛の最後の仕上げ」[109]（福家）を施したという。収容所の日本人らは壁新聞を

(100)『復刻　日本新聞』全三巻、朝日新聞社、一九九一年。
(101)「偉大なる社会主義十月革命――第廿九回記念日萬歳！」『新生命』一三一号（通一六三号）、一九四六年一一月七日、一面。
(102)枯木虎雄「同志スターリンへの通信詩」『新生命』一〇三号、一九四六年九月三日、一面。
(103)由利朔太郎詞、河口晋二曲「日本共産黨に捧ぐ」『新生命』五一号（通二三六号）一九四七年五月一日、二面。
(104)「眞民主日本建設に共産黨だけが闘ってゐる！　終戦一年・日本民主化闘争の展望」、野坂参三「専制政治をやめ民主政治確立へ」、「闘う・日本共産党機関紙・アカハタ」『新生命』一〇三号、一九四六年九月三日、二面。
(105)「日本革命家の先駆」『新生命』一一八号（通一五〇号）、一九四六年一〇月八日、二面。
(106)片山潜「レーニンの回想」『新生命』第九号（通一九四号）、一九四七年一月二一日、二面。
(107)厚生省援護局『引揚げと援護三十年の歩み』東京・ぎょうせい、一九七八年、九七頁及びその付録資料三〇、五三三～五三五頁参照。
(108)「スターリン大元帥へ歸國者の感謝文」『新生命』一九四七年一月七日、二面。
(109)福家、前掲、二五九～二六一頁。

作らされ、これにソ連統治下の生活がいかに幸せなものであったのかを報告し、また上述のようなスターリンへの感謝状までも書かされる羽目になったという。

スターリン体制下の監視社会を実体験した南樺太の日本人らの大半は、学問的な社会主義理論とはかけ離れたソ連共産主義の実態に直面し不満を抱くが表だった行動には出ず、黙ってソ連占領軍の統制に従った。彼らのうちには、泉や福家のように、日本帰国後に自らの経験を伝えることをもって戦後の日本社会に興隆していた学生や労働者によるソ連寄りの社会主義運動に強く警鐘を鳴らすことに努めた者もあった[110]。とはいえ、南樺太でも一部の者は、生活上の目先の利益を優先し、必要以上にソ連当局に迎合的となり日本人の同胞を密告したりなど、俄か共産主義者として振る舞うこともあったという[111]。

南樺太のソ連人たちはスターリン体制に対してどのような思いを抱いていたのであろうか。小沼の中央試験所の官舎宅で教養あるソ連将校や研究者らを同居人として受け入れた玉貫きよえは、ソ連の人々は私生活では大変楽天的でお人好しな人々であったが、いったん体制内に入ると突如として取り付くしまのないほどの冷厳無常な恐ろしさを見せたと評している。監視を気にしてソ連人同士はそもそも必要以上の話はせず、常に何かに怯えているようであった。とりわけ知識人らは言論の自由がないことに鬱屈しており、自身がソ連共産党へ入党しないことをもって最大限の抵抗をしていたように見えたという[112]。ソ連国家保安部の秘密警察の誰かが庶民の顔をして紛れ込んでいることはソ連人なら誰もが知っていたとされ、ソ連人はどんな冗談であっても、決してスターリンと当局の悪口は言わなかったという[113]。樺太・幌内保の工藤家の話では、懇意となったソ連人飛行士夫妻は工藤家の娘に対し、スターリンのことを悪く言ったら監獄行きだから決して悪く言ってはならない、日本へ帰れば自由で何でも喋れるからよい、と自由の大切を説いたという[114]。

もっともソ連人のなかにも本心をぶちまける者はあった。東淵内の工場でソ連人技師らと協働した上田によれば、レニングラード生まれのあるソ連人同僚が上田宅に遊びに来て酒を飲み始めると、盗聴の恐れがないことを確かめた後で、現代ソ連のインテリ層にいかにモスクワ中央政府に対する嫌悪が高まっているかを熱く語ったという。[115]

おわりに――差別観のないソ連人

大半の日本人引揚者の回想に共通して見られる指摘として、ソ連人、中でもウクライナ人たちは、軍人・一般市民を問わず、アジア人である日本人に対して特別な偏見は持っていなかったとされる。[116] 例えば飯田和夫は、四年間共に暮らした経験からソ連人には日本人に対する人種差別観が全くなかったと結論付けている。[117] ソ連兵の中には日本人女性との結婚を希望する者も多かったとされ、日本人の両親に娘をくれと頼みにくるソ連兵さえもあった。[118] 当

(110) 泉、前掲、一一～一三頁。福家、前掲、自序。
(111)『樺太終戦史』、前掲、五三一頁。
(112) 玉貫、前掲、一七八頁。
(113) 福家、前掲、二四六頁。
(114) 藤村、前掲、三四二～三四三頁。
(115) 上田、前掲、一三二頁。
(116)『樺太終戦史』、前掲、五五〇頁。飯田、前掲、一七八頁。
(117) 飯田、前掲、一七八頁。
(118) 清水、前掲、一二四～一二五頁。

時なおアジア人差別を強く残していたアメリカをはじめとする欧米社会とは異なり、風貌は洋顔であっても多民族国家で生きるソ連人達のユニバーサルな性格が日本人にとってはむしろ意外に感じられ、とりわけ印象に残ったのかもしれない。

ソ連人の平等観については『新生命』紙上にも日本人の声としてしばしば取り上げられた。例えば、一九四七年五月一日のメーデー特集号では日本人らによる「優秀工員代表座談会」が掲載され、ソ連人は「日本人に対する民族的偏見は微塵もない」[119]と銘打ち、高橋と名乗る日本人は「ソ連軍が進駐当時のあの不安な気持ちなども、その後ソ連の人々と一緒に生活を営むようになつて間もなく一掃されましたがこれは民族平等という高い精神に対する日本人の認識不足が不安をうんだのでせう」[120]（原文は旧字体）と述べている。また一九四七年一月の日本人帰国に際しての特集号では、竹田と名乗る日本人は「第一にソ連の人達がわれわれ日本人に対する民族的優越感をすこしも持つてゐないといふことだ、ソ連当局はわれわれの生活様式とか習慣を尊重し、温かい大きな心で常に配慮を持つてゐる、人情なども細やかで私と同居してゐるソ連の人は、この間彼の知り合ひの日本人が帰国する時など泣いて別れを惜しんでゐました、これなどは資本主義下の生活時代に解されない温かみだと思つてゐる（以下省略）[121]」（原文は旧字体）として、ソ連人の人間的な側面を語った。むろん、「日本人住民への赤軍の新聞」と副題の付く『新生命』は、ソ連当局の指揮下に検閲・編集されプロパガンダ的性格を強く持っていた。だが、それでもなお日本人によるこのような表現には幾許かの真実も含まれていたのではなかろうか。

本章では、第二次世界大戦後にソ連軍統治下となった南樺太における日本人とソ連人の共同生活について、日本人の公式引揚が始まる一九四七年前後までを対象に、主に日本人抑留体験者の回想録および占領下で発行された新聞『新生命』の記事から整理した。進駐初期のソ連兵による暴行・掠奪といった被害体験から日本人家庭でのソ連人同居や協働を通じた相互理解に至るまで、日本人とソ連人の出会いには様々な局面があった。当然のことながら、樺太の日本人にとっては極限の体験であった戦争とその結果としてのソ連軍の進駐を、異国の人々との出会い、そして友愛の美談として締めくくることはできない。だが南樺太へ移住を決意せざるを得なかったウクライナ人をはじめとするソ連市民や軍人達もまた、スターリン体制下の弾圧と大祖国戦争の極限状態を生き抜いた人々であった。南樺太で出会った日本の人々とソ連の人々の間に、ある種の相互理解が生まれることがあったとするならば、それはとりもなおさず政治と人種の壁を乗り越え、互いの悲哀や喜びを分かちあうという、全く純粋に人間的な感情の支配する瞬間であったのではなかろうか。

(119)「住みよい南樺太——優秀工員代表座談會」『新生命』、一九四七年五月一日、二面。
(120)同前。
(121)同前。

第五章　グローバルサウスとの関係発展をめざす日本の現行戦略
——そのウクライナへの影響

ヴャチェスラフ・シュヴェド

はじめに

グローバルサウス諸国との関係が重要な要素になっている現在の日本の外交路線は、かつて安倍晋三の長期政権の下で、まとまったビジョンと構想として形成された。安倍政権は日本の外交政策と安全保障政策における質的な転換に特徴づけられる。それは日本が強国となり、疑う余地なくアジアにおける民主主義の砦となったことを反映した。インド太平洋構想（二〇一五年）やとりわけ「自由で開かれたインド太平洋」構想という極めて重要な安倍晋三のイニシアティブは、現在「グローバルサウス」[1]の概念に統合されている新興国・開発途上国との全面的な関係発展という日本外交政策の重要な土台となった。

（1）Suzuki H. Japan must take its Global South vision forward in 2024. Nikkei Asia. January 5, 2024. URL: https://asia.nikkei.com/Opinion/Japan-must-take-its-Global-South-vision-forward-in-2024

二〇二二年二月二四日以後、すなわちロシアのプーチン体制によるウクライナに対する全面的な侵略から始まる世界史的な変動は、グローバルな国際関係の全体系に新たな質的状況を出現させた。それは二つの和解しがたい陣営、法の支配を順守する国々の同盟と、対して、略奪的、拡張主義的政策の遂行をめざす独裁的、権威主義的体制のグループとの公然たる敵対構造で特徴づけられる。これらの条件の下で、国際政治におけるグローバルサウスの役割は著しく拡大した。法の支配の同盟と権威主義的グループはそれぞれ、いかにこれらグローバルサウス諸国に対する自らの影響力を行使しうるか、競合するようになっており、その意味で、グローバルサウス諸国は大国利害の一つの焦点となっている。新たに形成された情勢の下で、日本はグローバルサウス諸国との協力とその発展を、みずからの外交政策の極めて重要な方向性の一つとして示している。日本は権威主義的諸国の影響力を排除するように努め、同時に、グローバルサウス諸国を自らの陣営に引き寄せるよう牽引役を演じつつ、アジアにおける民主主義勢力と法の支配の前衛基地の役割を果たしている。著名な研究者でストックホルム南アジア・インド太平洋センター長のJ・パンダの指摘によると、日本がグローバルサウス諸国との協力の中で、「アジアの地で自国と西側との一体性を主張しようとする富裕な大国として」[2]登場することはとても重要であるとされる。二〇二二年から二〇二四年の間、日本の外交はグローバルサウス諸国との関係発展へのみずからのアプローチの手段を刷新・改良し、諸課題をこの方向で解決することで十分な根拠をもってアジアにおけるG7諸国の砦になった。

本章で論じられるテーマは二〇世紀末から二一世紀の日本をとりまく国際関係、とりわけ昨今グローバルサウスと呼ばれる諸国および開発途上国に対する日本の外交政策の領域についてである。この分野の先行研究としては、とりわけテンプル大学日本校の政治学教授J・ブラウンとアジア研究所長J・キングストンの『アジアにおける日本の国際関係』が挙げられる。そこでは日本の外交政策の合憲的基礎の変化、アジアにおける日米防衛協力の拡大と深化に関する諸問題と、また同様にアジアの主要な国々、インド、ミャンマー、インドネシア、ベトナム、フィリピン、タイと日本の関係も、新たな日本のイニシアティブの文脈で研究されている。[3]

また、シンガポールの国民大学東アジア研究所上級研究員L・ペン・エルとアデレード大学（オーストラリア）アジア学名誉教授P・ジェインのモノグラフ『二十一世紀の日本の外交政策――継続と変化』(4)では特にインド太平洋地域に力点を置いたアジア・アフリカにおける日本の外交に特別な注意が向けられている。

東京大学・立教大学名誉教授北岡伸一の学術論文「グローバルサウスと日本」では、グローバルサウスという用語とこれら諸国との相互関係において増大した日本の役割について、二〇二三年に生じた変化などを中心に分析している(5)。横浜国立大学の国際社会科学研究院教授志賀裕朗は、岸田文雄政権によるいわゆる「新時代」の外交方針に関する政府開発援助戦略の役割を検討している(6)。

本章のテーマに関しては、ウクライナの出版物も参照した。まず政治ニュースを論じる週刊誌『週の鏡』に掲載された、駐日ウクライナ特命全権大使コルスンスキーの記事である。そこで著者はグローバルな対立の激化と現在の挑戦に対する日本の政策という文脈において、グローバルサウスの役割の増大と、これらの諸国とG7グループとの全面的関係を調整するにあたっての日本の役割について分析している(7)。

（2）Panda J. The Global South Scaled in Japan's New Outreach. Stockholm Center for South Asian and Indo-Pacific Affairs (SCSA-IPA). July, 2023. URL: https://www.isdp.eu/publication/the-global-south-scaled-in-japans-new-outreach/

（3）Japan's Foreign Relations in Asia. Edited by James D. J. Brown and Jeff Kingston. Abingdon, UK and New York : Routledge, 2018.

（4）Japan's Foreign Policy in the Twenty-First Century: Continuity and Change. Edited. by Lam Peng Er and Purnendra Jain. Lanham; Boulder; New York; London: Lexington Books, 2020.

（5）Kitaoka Sh. The Global South and Japan. Asia-Pacific Review. 2023. Vol. 30, issue 3. P. 1–16.

（6）Shiga H. Kishida's Realism Diplomacy.: Japan's Official Development Assistance Strategy. Center for Strategic and International Studies (CSIS). June 8, 2023. URL: https://www.csis.org/analysis/kishidas-realism-diplomacy-japans-official-development-assistance-strategy

ウクライナ国立科学アカデミー世界史研究所から学術論集『現代世界における日本の役割』（ウクライナ語）が刊行され、中国研究者オレ・オリーニク（O. Oliinyk）と東アジア問題の専門家ナターリヤ・ブトィルスカヤ（N. Butyrska）の論文では開発途上国に対する安倍晋三の戦略策定の諸問題が検討された。[8] ウクライナの外交戦略研究機関のインターネット雑誌『ウクライナ・プリズム』は東アジア国際関係の専門家アナスタシヤ・ポリシチュク（A. Polishchuk）によって準備された論文「G7における日本のリーダーシップ――可能性、ジレンマ、挑戦」を発表した。[9] そこではグローバルサウス諸国との対話、そしてグローバルなレベルでの諸問題の解決へと引き入れるために期待される日本の役割について分析されている。

このように、グローバルサウスと関係する日本の戦略というテーマは、政治学や歴史学の枠組みで、すでにある程度論じられている。同時に、法の支配の立場にある諸国の同盟と、対して権威主義的グループとの対立構造の中で、日本とグローバルサウスとの関係が、政治力学的にどのような役割を演じているのかについては、さらに議論される必要がある。これらのことを踏まえつつ、本章では、安倍政権時代の日本の外交方針と現在の日本政府の路線との継承性を分析し、同時にロシアのウクライナ侵攻以後のグローバルサウスに関する日本の政策の新たな諸特徴を検討する。

近年普及するようになった「グローバルサウス」という表現は、特にアフリカ、アジア、ラテンアメリカとオセアニアにおける新興国・開発途上国を示すために使われる概念である。それは、「第三世界」という人類の四分の三を第一、第二世界に付け足すような、明らかに否定的で階層的な用語に対する有望な代替用語となった。概念としてのグローバルサウスは、こうした伝統的西欧的な観点から発生したネガティブなニュアンスを中和させるだけではなく、多様なアイデンティティーを統合する新たな可能性を持つように思われる。[10]

この比較的新しい概念が、グローバルサウスと呼ばれる諸国の世界政治・経済における役割の著しい増大を反映していることも指摘しておく必要がある。これらの国々は、インドネシアが七位、ブラジルが八位と、世界経済におけるそれらの比重が著しく増大したために、より影響力を持つようになった。その際、G7の比重は最近の五〇年で六五%から四四%へ減少した(11)。

同時にグローバルサウス諸国の世界経済における比重は著しく増大した。二〇〇〇年にそれらの比重が世界経済の五%だったとすると、二〇二〇年には二〇%になった。これらの国々は、増大する自国の国力と影響力を意識して、世界の舞台でより大きな役割を果たすことを望んでおり、西ヨーロッパ、あるいは「グローバルノース」の諸国がこのようなグローバルな国際政治上の変化を承認することを望んでいる。日本の外交政策は、グローバルサウス諸国との関係を強化しつつ、むろん複雑ではあるが、両者の間の望ましい平衡装置になりつつある。

---

(7) Корсунский С. Страна «стратегического мышления». Зеркало недели. 12 января, 2021. URL: https://zr.ua/international/strana-stratehicheskoho-myshlenija.html; «Глобальный Север» и «Глобальный Юг» – соперники или партнеры (на укр.) Зеркало недели (на укр.). 12 июня, 2023. URL: https://zn.ua/WORLD/hlobalnyj-sever-i-hlobalnyj-juh-soperniki-ili-partnery.html

(8) Роль Японии в современном мире. Сборник научных трудов. За общей ред. канд.ист.наук, доц. В.А. Шведа (на укр.). Государственное учреждение «Институт всеобщей истории НАН Украины». 2022. С. 87–97; С. 143–145.

(9) Полищук А. Лидерство Японии в G7: возможности, дилеммы, вызовы. (на укр. яз.). Украинская Призма (на укр. яз.). 19 сентября, 2023. URL: http://prismua.org/japan_in_g7/

(10) Panda J., 前掲。

(11) Stallings B. Save a seat for the Global South. Asia Times. January 22, 2024. URL: https://asiatimes.com/authcr/barbara-stallings/

一　安倍晋三の政策

グローバルサウスに対する日本の外交路線の基礎は、とりわけ安倍政権の下で築かれた。安倍の名は同時に国際政治の舞台における日本のプレゼンスを良かれ悪しかれ高めるものとなった[12]。最も戦略的に思考するリーダーの一人として、安倍は国の内政と外政に構造的な改変を行った。彼はアジアにおける勢力の地政学的、グローバル戦略的均衡を重視したが、同時に、中国の急速な経済的・軍事的台頭、外交政策の膨張主義的傾向といった増大する脅威と結び付いた質的な変化を、機敏に思慮深く把握した。この結果、安倍政権は国の制度的・法的システムに根本的な改変をもたらすこととなった。二〇一三年に国家安全保障会議を設置し、最初の国家安全保障戦略を採用するイニシアティブを取った。二〇一四年に彼は日本国憲法第九条を再解釈し、限定的な集団的自衛権を容認した。これは日米間で急速に進展する軍事・政治同盟にとって極めて大きな意味を持った[13]。

開発途上国に関する日本の政策の基礎形成に特別の意味を持ったのは、地政学と民主主義の価値を統合する方法として「自由で開かれたインド太平洋」構想とインド洋と太平洋における航海の自由を日本のリーダーが基礎づけたことである。その最初の輪郭は二〇一二年の安倍の英文論文「アジアの民主的な安全保障ダイヤモンド[14]」で描かれた。二〇一六年のケニアでの第六回アフリカ開発会議で、安倍首相は基調演説の最後に「自由で開かれたインド太平洋」構想を位置づけた。この会議に反映されたのは、アジア・太平洋地域における重大な勢力バランスの地政学的、グローバル戦略的諸変化であり、それを深く理解するばかりでなく、安全保障と外交政策の調整の領域で新たな国際的フォーマットを創り出すことが必要であった。法の支配の擁護、航海と交易の自由、地域での関係改善による経済的繁栄への意欲、世界スタンダードに従った良質のインフラの発展、平和と安定への志向といったことが、「自由で開かれたインド太平洋」実現の日本のビジョンの基本的な柱として掲げられた[15]。

日本の「自由で開かれたインド太平洋」構想が、大きな支持と承認を得て、世界に肯定的に受け入れられたことを指摘しておくことは重要である。二〇一七年にアメリカはこの概念をみずからの国家安全保障戦略に導入した。この構想はオーストラリアとインドにも受け入れられ、東南アジアやヨーロッパの国々にも歓迎され、国際社会に大きな影響を与えた。[16]「自由で開かれたインド太平洋」構想は安倍政権の外交戦略の重要な構成要素になった。この戦略の枠内で日本のリーダーは、「地球儀を俯瞰する外交」を通して日本と他の諸国との多面的な協力を推進した。二期目の在職期間八年足らずの間に、安倍は八〇以上の国々を訪問し、とりわけインド、オーストラリア、東南アジア諸国連合（ＡＳＥＡＮ）と東アフリカを含むインド太平洋地域の諸国を二〇回以上も訪問し、同時に、国連総会を含む様々な国際会議へ参加した。[17]

「自由で開かれたインド太平洋」の基本的な諸命題は、『外交青書二〇二〇』（外務省、令和二年版）で最も包括的に記述された。この文書では、インド太平洋地域が世界の今後にとって枢要であり、世界の全人口の半分以上がこの

（12）Sugimoto R. Looking back at Abe's foreign policy with Joseph Nye. Diamond Online. September 26, 2022. URL: https://diamond.jp/articles/-/310061

（13）Ward R. Abe Shinzo: the legacy of one of Japan's most consequential post-war prime-ministers. International Institute for Strategic Studies. IISS, July 8, 2022. URL: https://www.iiss.org/online-analysis/online-analysis/2022/07/abe-shinzo/

（14）Shinzo Abe. Asia's Democratic Security Diamond. Project Syndicate. December 27, 2012. URL: https://www.project-syndicate.org/magazine/a-strategic-alliance-for-japan-and-india-by-shinzo-abe

（15）Sasaki R. The Mixed Legacy of Abe Shinzo's 'Panoramic' Foreign Policy. The Diplomat. September 27, 2022. URL: https://thediplomat.com/2022/09/the-mixed-legacy-of-abe-shinzos-panoramic-foreign-policy/

（16）Kamiya M. Abe's Diplomatic Achievements and Tasks for Suga. The Japan Institute of International Affairs. December 16, 2020. URL: https://www.jiia.or.jp/en/ajiss_commentary/Abe-s-Diplomatic-Achievements-and-Tasks-for-Suga.html

（17）同前。

地域に居住していることが指摘されている。同時に、この地域は各国の勢力が複雑にせめぎ合っており、力関係の変化が激しいことや、海賊行為、テロ、大量破壊兵器の拡散、自然災害、違法操業といった様々な脅威にも直面していることが指摘されている。

「自由で開かれたインド太平洋」という考えの要諦は、ルールに基づく国際秩序を構築し、自由貿易、自由航海、法の支配といった地域の安定と繁栄を実現するために不可欠な諸原則を定着させることにある。「自由で開かれたインド太平洋」のこうしたビジョンを支持する国々とともに、日本はこの構想実現のためのリーダーシップを精力的に発揮した。

「自由で開かれたインド太平洋」構想の目標と課題を実現する日本の具体的取り組み例は次の通りである。

——海洋秩序に関する政策発信や海洋法の知見を国際社会と共有
——自由で公正な経済圏を広げるためのルール作り（TPP11協定、日EU・EPA、日米貿易協定、日米デジタル貿易協定など）
——インド洋と太平洋にまたがる連結性の実現（「質の高いインフラ投資に関するG20原則」、東南アジアの東西経済回廊や南部経済回廊の開発など）
——海洋安全保障及び海上安全の確保（東南アジア沿岸国への海上法執行にかかる機材供与、人材育成など）[18]。

最近まで日本外交の国益追求の重要な手段の一つは、政府開発援助（ODA）であった。その内容と方向性は、世界政治における自国の立場の変化に伴って変化した。一九九二年に決定された政府開発援助大綱は、援助を受ける国々における民主化と人権遵守の状況に「十分な注意」が払われ、同時にODAの非軍事的諸原則に焦点を合わせなければならないことを宣言した[19]。

安倍政権期に、ODAはますます国家安全保障のために活用する方向へと進められた。それはまず中国の台頭とその結果生ずる諸問題と関連していた。二〇一五年二月に従来の政府開発援助大綱から改定された開発協力大綱では、開発協力を通じて、日本の安全と平和の維持といった日本の国益の確保に貢献することが強調されている。[20]安倍によって提唱された「自由で開かれたインド太平洋」構想は、ロシアによるウクライナへの侵攻開始の時期に、グローバルサウスに対する日本の外交戦略の指針となった。

二　ロシアによるウクライナ侵攻後の世界における グローバルサウスの役割拡大という現象について

ウクライナへのロシアの前代未聞の公然とした軍事侵攻は、世界政治経済におけるグローバルな地殻変動の新たな始まりを意味していた。この侵略の結果生じたグローバルな安全保障システムへの新たな挑戦と脅威により、日

（18）Diplomatic Bluebook 2020. Ministry of Foreign Affairs of Japan. October 21, 2020. URL: https://www.mofa.go.jp/fp/pp/page22e_000932.html
（19）Shiga H., 前掲。
（20）Development Cooperation Charter. Ministry of Foreign Affairs of Japan. November 2, 2015. URL: https://www.mofa.go.jp/policy/oda/page_000138.html

本外交はそれらに応じた新たな国際状況の戦略的な意味付けと、国の外交戦略の練り直しを迫られた。二〇二二年六月、岸田首相はアジア安全保障会議（シャングリラ会合）で基調講演を行い、新たな歴史的条件の下での国の外交路線の基本的な諸課題を規定した。ウクライナに対するロシアの侵略は、岸田の言葉によると、「国際秩序の根幹を揺るがす」状況をもたらし、各国は今やこの侵略に対する自国の選択を迫られているとされた。日本の隣国である中国と北朝鮮のロシアに対する動きもインド太平洋地域の状況に極めてネガティブな形で影響することとなった。

このような状況の下、「平和のための岸田ビジョン」が提示された。ビジョンは、五つの柱からなり、その実現によって外交と安全保障の領域での日本の役割を強化する。すなわち、ルールに基づく自由で開かれた国際秩序の維持と強化、特に「自由で開かれたインド太平洋」の新たな展開、日本の防衛力の抜本的強化及び日米同盟と日本と志を同じくする国々との安全保障協力強化、核兵器のない世界への現実的取組の推進、国連安全保障理事会の改革を含む国連の機能強化、経済安全保障の領域での国際的な連携強化である。[21]

同時に岸田は、ＯＤＡを通じた国際協力を戦略的に活用し、ＯＤＡの拡充による外交的取組の強化にも言及した。彼は二〇二三年春に「平和のための『自由で開かれたインド太平洋』プラン」を公表すると表明した。[22]

ロシアによるウクライナ侵攻、台湾海峡をめぐる緊張、そして核・ミサイル開発を含む北朝鮮による挑発的行動などに直面して、日本の新たな外交戦略の策定において重要な役割を果たしたのが、二〇二二年一二月一六日に公表された「国家安全保障戦略」、「国家防衛戦略」、「防衛力整備計画」という重要な三文書の承認だった。[23]「国家安全保障戦略」はインド太平洋地域、特に東アジアの状況を分析し、世界の舞台における勢力バランスの歴史的な変化が当該地域にも影響を及ぼしたことに注意が向けられた。特別な懸念を惹き起こしたのは、「力による一方的な現状変更の試み」の増大する圧力である。まさにこのように文書では台湾についての中国の安全保障上の動向が特徴づけられた。[24]「国家安全保障戦略」では、「自由で開かれたインド太平洋」というビジョンの下で、日本が同盟国や同志国等と連携して、法の支配に基づきつつ地域の平和と安定を確保する自由で開かれた「国際秩序の強化に向けた取組を確固たる覚悟を持って主導していく」ことが強調された[25]。

日本の「国家安全保障戦略」は、グローバルサウスとの関係においても、現段階の日本の外交戦略の方向を示す、最も重要な政策文書の一つとなった。それは二〇二二年から二〇二三年にかけての日本外交が、民主主義、法の支配、人権尊重を重視する勢力の中心的な役割を担い、いわゆる独裁的、権威主義的体制を基盤とする諸国らに真っ向から対立することを強く印象付けるものである。この新たな現実の意味付けは、『外交青書二〇二三』（外務省、令和五年版）にも反映された。その第一章「国際情勢認識と日本外交の展望」では、世界政治におけるグローバルサウスの重要性の拡大について分析された。ここでは、ロシアによるウクライナ侵攻など、現在の国際社会が直面する課題への対応を通じて、グローバルサウス諸国の存在感が増したことが指摘された。

グローバルサウス諸国の地政学的立場、経済情勢、ロシアとの関係は、それぞれに極めて異なっており、例えば、インド、ブラジル、インドネシア、南アフリカ、トルコといった新興国がG20に属しているのに対し、他の国々は脆弱で、例えばアフリカや中東のように、貧困、地域紛争、テロ、自然災害など、様々な課題に苦しんでいる。とは

（21）The Five Pillars for Achieving PM Kishida's Realism Diplomacy for a New Era. The Government of Japan. September 16, 2022. URL: https://www.japan.go.jp/kizuna/2022/09/realism_diplomacy_for_a_new_era.html

（22）同前。

（23）Tokuchi H. Japan's New National Security Strategy and Contribution to a Networked Regional Security Architecture. Center for Strategic and International Studies (CSIS). June 23, 2023. URL: https://www.csis.org/analysis/japans-new-national-security-strategy-and-contribution-networked-regional-security

（24）National Security Strategy (NSS). December 16, 2022. URL: https://www.mofa.go.jp/fp/nsp/page1we_000081.html

（25）同前。

いえ、グローバルサウス諸国は、欧米とロシアとの間で中立的立場を採っているという共通性がある。それはとりわけ、国連総会の投票に、あるいはロシアに対する制裁に消極的な傾向を示すことに現われている。すなわちこれらの諸国は、先進諸国がヨーロッパの議題には熱心であるが、グローバルサウス諸国が直面する諸課題には十分な関心を向けておらず、普遍的価値の適用においてダブルスタンダードに陥っていることに疑念を表明している。『外交青書二〇二三』に従えば、こうした現状は、もはや国際社会を一つの価値観や主義の下に結束させることが困難な時代に入っていることを示しているとされる。[26]

他方で、国際社会が直面する主要な課題に対する解決策を探すためには、多国間主義の下、価値観や利害の相違を乗り越える包括的なアプローチで、可能な限り多くの新興国・開発途上国と連携することが極めて重要である。こうした観点から、先進国である日本は今後、これら諸国との関係構築と協力推進へ向けた外交努力をする必要がある。[27]『外交青書二〇二三』からは、日本の指導層が、途上国の多くが完全に民主主義国ではないにもかかわらず、自由主義陣営はそれらを拒絶してはいけないことを的確に認識していることが読み取れる。自由主義陣営は、特に現在の地政学的環境においては、グローバルサウスとの関係を構築し、中国に代わる現実的な選択肢を提示することが極めて重要であると言えよう。[28]

三　二〇二三年五月のG7サミットとグローバルサウスに関する日本の主導的立場の強化

新たな歴史的条件の下で意味付けられたグローバルサウスの役割拡大に直面し、二〇二三年、日本の指導層は、外交によってこれら諸国に対する日本の立場を一段と強化するために、G7議長国としての立場を大いに利用した。

この方向での活動を総括して、二〇二三年一〇月一七日、岸田はグローバルサウスとの関係発展に向けた首相官邸での最初の会合の際に、同年三月のインド訪問時には自由で開かれたインド太平洋のための新たなプランを発表し、また、五月のG7広島サミットにおいてはグローバルサウス諸国との関係強化を図ったと報告した[29]。

岸田はグローバルサウスとの関係深化において、グローバルサウス全体のリーダーを公言するインド首相ナレンドラ・モディに注目した。二〇二三年のインドの役割と重要性は、インドがG20の議長国だったこともあって増大した。二〇二二年一二月、モディは議長国就任に際して声明を発表し、G20パートナー諸国だけでなく、より広範なグローバルサウス諸国との協議と協力を通じて、世界の問題に対処することを約束した[30]。翌月には「グローバルサウスの声」と名付けられることになったオンライン国際会議を開催し、インドのニューデリーで開催されるG20サミットに先立ち、G20に含まれない一二四カ国を集めて意見交換を行った。その開会の辞で、モディは「われわれ、グローバルサウスは、将来に対する最大の利害関係を有している。世界人口の四分の三がグローバルサウス諸

---

(26) Diplomatic Bluebook 2023. Ministry of Foreign Affairs of Japan. September 29, 2023. URL: https://www.mofa.go.jp/policy/other/bluebook/2023/pdf/en_index.html

(27) 同前。

(28) Rozen J. Ahead of G7 Summit, Japan Reaches out to Global South. *The Diplomat.* May 10, 2023. URL: https://thediplomat.com/2023/05/ahead-of-g7-summit-japan-reaches-out-to-global-south/

(29) Meeting to Promote Cooperation with Global South Countries. Prime Minister's Office of Japan. October 17, 2023. URL: https://japan.kantei.go.jp/101_kishida/actions/202310/17globalsouth.html

(30) Tamari K. India's Global South Strategy and Japan's Response. Nippon. June 23, 2023. URL: https://www.nippon.com/en/in-depth/d00911/

国に暮らしている。われわれはしかるべき発言力も有するべきだ。したがって、八〇年間に及ぶグローバル・ガバナンスの古いモデルが緩やかに変化する今、われわれは新たな秩序を作り出す努力をしなければならない」と表明した。(31)

このようにモディは公然と疑う余地のないグローバルサウスのリーダーとして自らを位置づけ、二〇二三年を通して精力的にこの路線を実現した。日本は、モディの最も重要なイニシアティブをG7の議題に包含することで、インドのリーダーのこの活力を日本とグローバルサウス諸国との関係の深化と発展という自国の戦略に有機的に加えるよう配慮した。二〇二三年三月に、グローバルサウスのリーダーとしてのインドの重要性と役割を考慮に入れながら、岸田はインドを訪問し、地域の新興市場支援を含む「自由で開かれたインド太平洋」の新プランへの取組を表明した。また、モディを来賓としてG7サミットに招待した。(32)

同年五月上旬のアフリカ四カ国、すなわちエジプト、モザンビーク、ガーナ、ケニアへの岸田の一週間にわたる訪問は、日本のグローバルサウスに対する責任の意思表示と見なさなければならない。アフリカ訪問の課題は明らかに、来たるG7サミットがグローバルサウスのリーダーたちにとって重要かつ有益であると確信させることにあった。日本はアフリカ連合議長国コモロもサミットへ招待した。岸田はモザンビークで、G7は次のサミットでグローバルサウスとの関係構築に努めること、また日本は法の支配を重視し、G7とグローバルサウスの架け橋となることをめざすと表明した。(33)

五月一九日から二一日にかけて広島で開催されたG7サミットには、G7と招待国の首脳、国際機関の長、ウクライナ大統領ヴォロディミル・ゼレンスキーらの招待参加に加え、ブラジル、コモロ、キューバ、インド、インドネシア、ベトナムといったグローバルサウス諸国の代表らの参加が実現した。「G7広島首脳コミュニケ」と五つの重要な声明が採択された。岸田はサミットの成果としてG7以外の諸国との国際的パートナーシップと相互協力の強化を確認し、会合は歴史的重要性を持つ出来事になったと述べた。(34)

このサミットはG7とグローバルサウス諸国との協力の出発点になった。G7はロシアによるウクライナ侵攻を通じて発生した世界的な危機を乗り越えるために開発途上国への支援に合意した。また、コロナウイルスに対するワクチンの世界的な不足などに協力して対処すること、さらにグローバルサウス諸国が直面する諸問題の解決へ支援を強化するとした。[35] 日本がグローバルサウスに対するインフラ支援強化を決定したのは、これらの諸国が電池や太陽光パネルの主要原料や部品をロシアと中国に依存している状態にあり、これを改革させる必要があったからである。G7広島サミットの首脳らは、再生エネルギーをグローバルサウスに供給するために必要なサプライチェーン強化について合意した。日本はグローバルサウス諸国の製造拠点や交通網を含むインフラ整備や、水素とアンモニアの利用支援を推進することなどを約束した。[36] コルスンスキーは広島サミットを、G7の「発足以来四〇年の歴史の中で最も重大なものの一つ」と特徴づけた。彼の考えでは、アジアにおいてインド、インドネシア、ベトナム、韓国、オーストラリア、ブラジルの参加する主要国首脳会議の開催は、第一に中国とそのジュニアパートナーであ

(31) 同前。
(32) Rozen J., 前掲。
(33) 同前。
(34) Historical Significance of the G7 Hiroshima Summit. The Government of Japan. July 14, 2023. URL: https://www.japan.go.jp/kizuna/2023/07/historical_significance_of_g7.html
(35) G7 Hiroshima Leaders' Communiqué. The White House. May 20, 2023. URL: https://www.whitehouse.gov/briefing-room/statements-releases/2023/05/20/g7-hiroshima-leaders-communique
(36) Japan to expand support for "Global South" to tackle China, Russia. Kyodo News. June 1, 2023. URL: https://english.kyodonews.net/news/2023/06/0cda8697f9b8-japan-to-expand-support-for-global-south-to-tackle-china-russia.html

るロシアに対して、第二にアジア、アフリカ、ラテンアメリカの他の大国に対して、経済領域でも安全保障問題においても、グローバルノースは開発途上国と世界の諸問題を真剣に論議する意思があることを示すといった意味を持っていた。[37] G7で日本が議長国を務めたことは、集団的利益だけではなく国益にも焦点をあて、自国の外交力を示し、国際的イメージを高めるといった、又とない機会となった。

日本にとって、自身がG7議長国であった間に積極的にグローバルサウス諸国と対話の機会を作り、これら諸国をグローバルなレベルでの問題解決への場へと引き入れることに努めたことは、非常に重要である。他のG7のメンバーと異なり、日本はグローバルサウス諸国を植民地として支配した経験を持っておらず、このことは特別な意味を持つ。日本のアジア性、経済成長の経験、多くのグローバルサウス諸国、何よりも東南アジア諸国との友好的な関係は、信頼関係の強化を促進し、グローバルサウスとの政治的対話にとって良好な環境を創り出している。日本は先進諸国が経済的に発展途上の国々の要求に耳を傾ける用意があると意思表示できるユニークな可能性を持っており、またグローバルノースとグローバルサウスとの仲介者としての自国の役割を強化する可能性も持っている。[38]

広島G7サミットの歴史的意義として、岸田は以下の三点を挙げた。第一に、法の支配に基づく自由で開かれた国際秩序、国際社会の基礎にある普遍的な諸原則の重要性を再確認し、それをG7の意志として強く世界に発信した。第二に、G7はグローバルサウス諸国を含む国際的なパートナーとの関与を強化したことを示した。食料、エネルギー、気候変動といったグローバルな課題について、今回特別に招待されたグローバルサウスの諸国や各種国際機関の長とG7との間の連携や協力が強化された。第三に、広島という平和を象徴する場所で、核兵器による威嚇や核兵器の使用を認めないというメッセージを強く発信した。[39]

四　「自由で開かれたインド太平洋」構想の新たなプランの採択

日本の外交にとって次に重要な課題となったのは、日本政府による「自由で開かれたインド太平洋」のための新たなプランの採択とその実施の開始だった。このプランは、二〇二三年五月のG7サミット直前の三月二〇日にインドのニューデリーを訪問した際の政策スピーチで提示された。この中で岸田は、新たなプランは、二〇一六年に安倍元首相によって提唱されたビジョンよりも一層発展したものでなければならない、という明確な論拠を示した。この七年の間に世界の舞台では、グローバルなレベルでも地域的なレベルでも地政学的勢力バランスの地殻変動的な変化が生じた。それは何よりも新型コロナの流行とウクライナに対するロシアの侵略に起因する。国際社会は今やその発展の転換点にある。日本は前述のビジョンを発展させて協力を拡充することをめざすようになった。新しい諸条件のもとでは、平和の維持という根源的な課題、気候や環境、サイバー空間など地球規模の国際公共財に関わる諸課題、また自由貿易や航行の自由の促進といった課題が注目されている[40]。転換期の今におけるこれらの新たな挑戦的課題はすべて「自由で開かれたインド太平洋（ＦＯＩＰ）」構想の新たなプランに反映されなければならなかった。

（37）Корсунский С., 前掲。
（38）Полищук А., 前掲。
（39）Shaping Asia's Future Through Co-Creation. The Government of Japan. July 21, 2023. URL: https://www.japan.go.jp/kizuna/2023/07/shaping_asias_future.html
（40）New Plan for a "Free and Open Indo-Pacific": Policy Speech by PM Kishida. *The Government of Japan*. May 19, 2023. URL: https://www.japan.go.jp/kizuna/2023/05/new_plan_for_free_and_open_indo-pacific.html

ＦＯＩＰ新構想に顕著な特徴は、各国の歴史的発展、その発展のモデル、歴史的経験の多様性、経済発展に伴う世界の舞台での台頭を日本の指導層が深く理解したことを反映していた。したがって、新たなプランはその中で、各国の歴史的、文化的相違と各国間の平等なパートナーシップを尊重する「対話によるルール作り」を中核的要素とした。日本が各国と共にめざすべきとした新構想は、地政学的な競争に陥ることなく、法の支配の下で、多様な国家が共存共栄していくものである。[41] ここで述べられる法の支配は、ＦＯＩＰの重要な理念の「多様性」、「包摂性」、「開放性」の尊重と結びついている。陣営が形成されなければ、誰も排除されず、価値観の押し付けはない。[42]

新たなプランは、ＦＯＩＰ協力の「四つの柱」を打ち出している。それらは以下の通りである。

（一）ＦＯＩＰの屋台骨ともいえる「平和の原則と繁栄のルール」。国際社会が守るべき原則は、主権、領土の一体性の尊重、力による一方的な現状変更への反対を含んでいる。

（二）ＦＯＩＰ協力の新たな力点である「インド太平洋流の課題対処」。気候・環境、国際保健、サイバー空間を含めた「国際公共財」の重要性が増大、これらに関連する様々な課題にインド太平洋流の現実的かつ実践的な形で取組、ＦＯＩＰ協力を拡充する。

（三）ＦＯＩＰ協力の中核的要素というべき「多層的な連結性」。各国を連結することによって選択肢を増やし脆弱性を克服し経済成長を目指す。

（四）海から空へ拡がる安全保障の取組の強化。[43]

プランは最後に、ＦＯＩＰ協力を拡充する中で、様々な手法を最適に組み合わせて実施することの重要性を指摘している。その中で、ＯＤＡの戦略的活用の推進、様々な形でのＯＤＡの拡充などの外交的取組のさらなる強化といったように、ＯＤＡを日本の外交戦略の最も重要な要素として位置づけている。[44]

日本政府がＯＤＡに割り当てた最重要の役割に従って、二〇二二年九月、開発協力大綱の改定が発表された。(45) 二〇二三年六月に閣議決定された新大綱は、その内容と方向性において安倍の理念に基づき、日本の最大の国力の一つであるＯＤＡを地政学的な領域にまで拡大した。新大綱は、ロシアによるウクライナへの侵攻、中国の勢力拡大という条件下において、世界における善の力として、権威主義体制に対抗する重要なカウンターバランスとしての自信を深めている日本の姿を反映している。この路線は安倍の政治的遺産であり、「積極的平和外交」という当時としてはまだ新しかった理念を実行することである。(46) 二〇一五年の大綱に比べて新大綱は、最新の「国家安全保障戦略」からそのまま引用した文言を取り入れた。これは日本が安全保障問題に関して長い間自由に行動する能力を制約されてきたタブーが崩れつつあることと密接に関係している。日本が実際に積極的に平和に貢献すれば、日本の地政学的目標と開発援助目標との間に本来的な強さと相乗効果が発揮される。(47)

ＦＯＩＰ構想の新たな実行プランと改定された開発協力大綱からは、岸田政権が中国との関係でＯＤＡを戦略的

（41）同前。
（42）同前。
（43）同前。
（44）同前。
（45）Revision of Development Cooperation Charter. Ministry of Foreign Affairs of Japan. September 9, 2022. URL: https://www.mofa.go.jp/policy/oda/page24e_000410.html
（46）Kaizuka J. Japan's 2023 Development Cooperation Charter: The Aid-Security Nexus. The Diplomat. June 14, 2023. URL: https://thediplomat.com/2023/06/japans-2023-development-cooperation-charter-the-aid-security-nexus/
（47）同前。

に活用しようとしていることがわかる。第一に、中国の一方的な現状変更を懸念する諸国への日本の支援強化と日本の防衛力強化とを組み合わせることによって、インド太平洋地域の国々と中国との間の勢力バランスの不均衡を是正しようとしている。第二に、ODAの供与によって経済成長を通じたさらなる繁栄の実現という国益を確保し、長らく停滞している日本経済を活性化させ、中国との経済格差を縮めようとしている。第三に、グローバルサウス諸国支援をめぐる中国との競争で優位に立とうとしている。これらの目的の達成のために考案されたODA事業の代表例としてマタバリ市（バングラデシュ）の港湾建設計画が挙げられる。その実現はインドの北東国境沿いの地域を安定化させる効果を持つだろう。(48)

自国の政策の基本的な方向、グローバルサウスとの関係の深化、そして何よりもFOIPビジョンの新プランとODAのプログラムを実現しながら、日本は二〇二三年一〇月にグローバルサウス諸国の支援のための百三〇億ドルの五カ年投資計画を承認した。その資金は資源の豊かな国々との関係深化に向けられるだろう。経済産業大臣西村康稔はインタビューに答え、日本は今後も二酸化炭素排出削減やデジタル化といった経済発展を阻む社会的課題の解決へ向け、積極的に投資し、支援を強化すると述べている。(49) 二〇二〇年の日本のODAは、一六二億六千万ドルで、その六〇・四％がアジアに、一一・四％が中東と北アフリカに、七・九％がサハラ以南アフリカに、三・八％がラテンアメリカとカリブ海諸国に向けられた。経済協力開発機構によると、日本のODAはその規模においてアメリカ、ドイツ、イギリスに次いで第四位となっている。(50)

五　グローバルサウスとの関係深化における日本の政策の地域的方向性

『外交青書二〇二三』には、日本がそのＦＯＩＰプランを、ＡＳＥＡＮ、ヨーロッパ、オセアニア、ラテンアメリカ、カリブ諸国などのパートナーと共に推進すると指摘されている[51]。日本外交が特に重要視しているのは、ＡＳＥＡＮ加盟国との関係の全面的な展開である。ＡＳＥＡＮは日本のＦＯＩＰ構想を実現する鍵と見なされている[52]。日本とＡＳＥＡＮ加盟国との協力の全面的強化の過程での重要な一歩は、二〇二三年一二月一七日に開かれた日本ＡＳＥＡＮ友好協力五〇周年特別首脳会議である。一九七三年、日本は新たに結成されたＡＳＥＡＮとの対話を開始した最初の国となった。それ以来、日本とＡＳＥＡＮの関係は、一九七七年に福田赳夫首相によって築かれたパートナーシップの基盤を忠実に守りながら発展を続けた。いわゆる福田ドクトリンの三本柱は、日本は軍事大国にならない、ＡＳＥＡＮと「心と心の触れあう」関係を構築する、日本とＡＳＥＡＮは対等なパートナーである、と

（48）Shiga H., 前掲。
（49）Nishino A. Japan aims for $13bn in Global South investments: economic minister. Nikkei Asia. October 27, 2023. URL: https://asia.nikkei.com/Politics/International-relations/Japan-aims-for-13bn-in-Global-South-investments-economic-minister
（50）Vaughan M. A look at Japan's Foreign Policy and Relations with Major Powers. Australian Outlook. Australian Institute of International Affairs. March 14, 2024. URL: https://www.internationalaffairs.org.au/australianoutlook/a-look-at-japans-foreign-policy-and-relations-with-major-powers/
（51）Diplomatic Bluebook 2023, 前掲。
（52）Lee Ch., Analysts: Japan Strengthening ASEAN Security Ties to Contain China. VOA News. December 14, 2023. URL: https://www.voanews.com/a/analysts-japan-strengthening-asean-security-ties-to-contain-china-/7399066.html

いうことにあった。これらを守りつつ、日本はASEANにとって主要な貿易・投資相手であるだけなく、最も信頼できるパートナーへと成長した。

協力五〇周年祝賀行事で首脳らは、日本とASEAN関係の過去、現在、未来を振り返り、今後のロードマップとなる「日本ASEAN友好協力に関する共同ビジョン・ステートメント（以下、「ステートメント」）」と「実施計画」を採択した。[53] この重要な行事が、中国と北朝鮮の覇権主義的な動きの活発化によるインド太平洋地域での軍事・政治状況の著しい先鋭化という基本的特徴の下で行われたことを指摘しておかなければならない。岸田が首脳会議で、インド太平洋地域の課題として東シナ海と南シナ海における「力による一方的な現状変更の試み」と「北朝鮮の核ミサイル開発の活発化」[54] を含むことに注意を向けたのも偶然ではない。この場合、日本とASEAN加盟国との関係強化は、ASEANに対する中国の影響力の強化を許さないことをその課題にしていた。「ステートメント」で首脳らは「互恵的な」パートナーシップの強化とインド太平洋の平和と安定のために協力することを呼びかけた。彼らはまた、地域の更なる繁栄と若い世代間の交流の促進を呼びかけ、「主権及び領土一体性の尊重、相違や紛争の平和的手段による解決、並びに武力による威嚇や武力の行使の放棄」[55] の必要性に注意を向けた。

「ステートメント」には「相互の信頼に基づき、ASEAN及び日本は、以下の三つの柱の下、ASEANの一体性及び中心性を尊重し、有意義で実質的かつ互恵的な包括的戦略的パートナーシップを強化する」と述べられている。この三つの柱とは「世代を超えた心と心のパートナー」、「未来の経済・社会を共創するパートナー」、「平和と安定のためのパートナー」[56] である。

岸田首相は今後五〇年に向けて日本とASEANの関係を新たな高みへと導くため、三つの具体的なアクションを発表した。第一は「心と心の」関係を次世代に継承するためのアクションであり、「次世代共創パートナーシップ」という新たな計画が始動し、多くの交流プログラムなどが予定されている。未来の経済と社会の共創では、連結性の強化、気候変動対策、中小零細企業・スタートアップ支援等のための民間投資の後押しなどが、官民連携の新たな取組として実行される。また、ＡＳＥＡＮが世界有数の自動車生産・輸出拠点であり続けるための戦略を共同で策定・実施するための「日ＡＳＥＡＮ次世代自動車産業共創イニシアティブ」の立上げも発表された。平和と安定のためには、サイバーセキュリティ人材の育成支援などが発表された[57]。

ＡＳＥＡＮとの協力の関係でもその他の諸地域との関係でも、日本経済をグローバルサウス諸国の経済成長につなぐ課題の重要性が提起されている。日本は今後も、地域ごとの課題や特性等も考慮に入れながら、きめ細やかで戦略的な経済外交を推進するであろう[58]。

二〇一九年にＡＳＥＡＮと日本の貿易額は二二六〇億ドルに達し、日本はＡＳＥＡＮにとって第四位の貿易相手国となった。同年に日本はＡＳＥＡＮにとって第二位の対外直接投資元となった。その額は二〇四億ドルに上り、Ａ

---

(53) ASEAN-Japan: An Evolving Relationship. Reuters. January 16, 2024. URL: https://www.reuters.com/plus/asean-japan-an-evolving-relationship

(54) Lee Ch., 前掲。

(55) Japan, ASEAN Bolster Ties at Summit Focused on Security, Economy Amid China Tensions. VOA News. December 17, 2023. URL: https://www.voanews.com/a/japan-asean-bolster-ties-at-summit-focused-on-security-economy-amid-china-tensions-/7401435.html

(56) Joint Vision Statement on ASEAN-Japan Friendship and Cooperation Trusted Partners and its Implementation Plan. Association of Southeast Asian Nations. December 17, 2023. URL: https://asean.org/joint-vision-statement-on-asean-japan-friendship-and-cooperation-trusted-partners-and-its-implementation-plan/

(57) Trusted Partners: The Outcome of the Commemorative Summit for the 50th Year of ASEAN-Japan Friendship and Cooperation. The Government of Japan. February 2, 2024. URL: https://www.japan.go.jp/kizuna/2024/02/outcome_of_summit_for_asean_japan.html

(58) Foreign Policy Speech by Foreign Minister Kamikawa to the 213th Session of the Diet. Ministry of Foreign Affairs of Japan. January 30, 2024. URL: https://www.mofa.go.jp/fp/pp/pageite_000001_00141.html

SEANへの総直接投資額の一二・七%を占めた。[59]

インド太平洋地域、中東とアフリカ、ラテンアメリカ、オセアニアといったグローバルサウス諸国との協力を発展させながら、日本外交は、第一に、大量のプロパガンダによる陽動作戦によって国際社会を分裂させるロシア、中国、その他少数の国々の動きを考慮に入れていた。第二に、グローバルサウス諸国との関係を強化しながら、グローバルな課題の調整や解決の際に包括的なアプローチを活用し、これら諸国の声に注意深く耳を傾け、有効な支援をしようと努めている。このような一貫した路線によって、日本はこれら諸国において、法の支配に基づいた自由で開かれた国際秩序の強化を保障できるようにしている。

二〇二三年、日本政府は、安倍政権が敷いた路線を踏襲しつつ、グローバルな勢力バランスの著しい変化を考慮に入れたうえで、グローバルサウス諸国との関係深化を外交戦略の最重要課題の一つに据えるという道を歩み始めた。日本の識者たちが指摘しているように、日本はこの外交の方向性や取り組みを持続、改善するばかりでなく、今や、自国のグローバルサウスビジョンの策定に真剣に取り組まなければならない。同時にそれは、これまでの経験に裏付けられた、最も責任ある尊敬すべきグローバルなリーダーの一員としての日本の役割を全うすべきであるとの要請でもある。[60] そのような意味でのグローバルサウスビジョンは、日本の産業とビジネスが、その経験や蓄積といったメリットを効果的に活用しうる戦略的展望を抱きつつ、グローバルサウス諸国との関係発展の過程において、自らの成長を促すものでなければならない。

このように、二一世紀以降の日本とグローバルサウスとの関係発展は、国の外交戦略の優先的な方向の一つになっている。安倍晋三による「自由で開かれたインド太平洋」構想はその成立の最重要の要素となった。ロシアによるウクライナ侵攻、台湾海峡および南シナ海とその他の地域における中国の覇権主義的傾向の強まり、北朝鮮による核開発の野心の増大など、このような新たな歴史的条件の下で、グローバルサウスの世界政治・経済への影響は著しく高まった。この要素を考慮しつつ、岸田政権はこの方向に対して質的に新たな内容を加えた。日本は二〇二三年五月にG7議長国として、すなわちグローバルノースの代表として広島サミットを開催した。このことは、G7とグローバルサウスとの関係を新たなレベルに引き上げるという、「日出ずる国」日本の世界における役割を決定的なものとした。

おわりに――ウクライナへの影響

日本とグローバルサウスの相互関係の深化への試みは、最も重要な戦略的方向性の一つと見なされており、日本外交の極めて重要な基礎の一つを成す。それゆえいかなる内政の変化、とりわけ二〇二四年後半に実施される新首相の選出にもかかわらず、それは一層強化されるだろう。

多くの点で、日本のグローバルサウスに対する政策の推進は、ロシアと中国によるグローバルサウス諸国への接近に真向から対立するものであり、同時に民主主義と法の支配を尊重する国際社会とグローバルサウスの関係強化を推進させることを課題としている。

このような流れのなかで、日本は、とりわけウクライナにとって、ロシアによる侵略との闘いにおいて望ましい同盟者の役割を担っている。なぜならば、日本のグローバルサウス地域での活発で効果的な政策は、ロシアや中国

（59）Vaughan M., 前掲。
（60）Suzuki H., 前掲。

が同地域を自分たちの独占的な地帯へと変更することを許さないからである。まさにこれを通じ、日本は侵略者ロシア、また同じくそれに率いられた同盟者たちの潜在的可能性を弱め、同様にグローバルサウス諸国の中でウクライナの立場を強化することへ導くであろう。二〇二三年三月二一日の岸田首相のウクライナ訪問は、ウクライナと日本の相互関係の強化のみならず、さらにグローバルサウス地域に対して推進される多国間の様々なプロジェクトへ関与する道が開かれたことを示した。[61] ゼレンスキー大統領の広島G7サミットへの参加は、G7諸国だけでなく、サミットに代表を送ったグローバルサウス諸国においてもウクライナの権威を高めることに貢献した。フランス大統領エマニュエル・マクロンはウクライナ大統領のG7サミット参加を、ウクライナのリーダーが、ウクライナ支持のより広範な国際的同盟を創り出すために代表としてサミットに参加したグローバルサウスの多くの国々の首脳たちと直接交流する「ユニークな機会」[62]と特徴づけた。岸田首相は、「今日のウクライナは明日の東アジアかもしれない」[63]と語り、グローバルサウス諸国の関心を、侵略者ロシアに勝利した後のウクライナの復興と更なる発展に積極的に参加するよう惹きつけることに成功した。

二〇二四年二月一九日、日本において日・ウクライナ経済復興推進会議が開催され、岸田首相とデニス・シュミハリ首相が参加した。[64] ここで岸田は、最先端テクノロジーと経験に基づいたウクライナの復興への「日本ならではの貢献」を訴えた。またウクライナ側は、グローバルサウス諸国におけるビジネスや企業活動に際し、日本との協力を通じてそれへ関与してゆく方向性を見出した。これが実現すれば、グローバルサウス諸国でのウクライナの経済的立場はより強化されるであろう。

二〇二三年三月から二〇二四年四月までの時期に、ドミトロ・クレーバ外相は日本の外相と三度の会見を行ったが、その最後となった上川陽子外相との会見は二〇二四年四月一八日に行われた。[65] 議論では、グローバルサウスをめぐる問題も取り上げられ、ウクライナと日本の両国間の調整が図られた。このように日本とグローバルサウス諸国との効果的かつ多面的な協力体制は、日本との関係を通じて、さらにウクライナがアジア、アフリカ、ラテンアメリカ諸国において自らの影響を強化するための広範な可能性を開くものとなっている。

［坂本 博 訳］

(61) 外務省「日本とウクライナとの間の特別なグローバル・パートナーシップに関する共同声明」、二〇二三年三月二一日、https://www.mofa.go.jp/mofaj/files/100478708.pdf; Совместное заявление об особенном партнерстве между Украиной и Японией. Президент Украины. Официальное интернет-представительство. 21 марта 2023. (на укр. яз.). URL: https://www.president.gov.ua/ru/news/spilna-zayava-pro-osoblive-globalne-partnerstvo-mizh-ukrayin-81717

(62) Nakano Y. Japan's Leadership Role on Ukraine. Center for Strategic and International Studies. CSIS. February 22, 2024. URL: https://www.csis.org/analysis/japans-leadership-role-ukraine

(63) 同前。

(64) Leaders' Session of the Japan-Ukraine Conference for Promotion of Economic Growth and Reconstruction (Overview). Ministry of Foreign Affairs of Japan. February 19, 2024. URL: https://www.mofa.go.jp/erp/c_see/ua/pageite_000001_00176 html

(65) Japan-Ukraine Foreign Ministers' Meeting. Ministry of Foreign Affairs of Japan. April 18, 2024. URL: https://www.mofa.go.jp/erp/c_see/ua/pageite_000001_00285.html

第六章　日本におけるウクライナ避難民に対する支援をめぐる現状

恵羅さとみ

はじめに

本章では、二〇二二年以降の日本におけるウクライナ避難民の受入れをめぐる支援の現状について概観する。国連難民高等弁務官事務所（UNHCR）の年間統計によれば、二〇二三年末時点で、紛争や迫害により故郷を追われた人の数は一億一七三〇万人おり、そのうち約六〇〇万人はウクライナ出身者である。二二年のロシアによる軍事侵攻開始時に、ウクライナと国境を接する隣国へ数百万人の避難民の流入が見込まれ、その対応に迫られたEUは「欧州共通庇護制度」としての「一時的保護」指令[1]を発動している。EUの対応を始めとして、ウクライナからの避

（1）この指令は、「短期間に大量の避難民（原文ではdisplaced persons）がEU圏内に庇護を求める事態において、期間限定的な庇護（最長三年間）を与える場合の最低基準を定めたもの」である。簡素化された手続きで、各国間でレベルは異なるものの、一般的に言えば、「就労、住居、社会保障、医療、就学の面で、最低でも庇護申請者と同等あるいはより優遇された権利や支援」が集団的に保障される（橋本直子『なぜ難民を受け入れるのか――人道と国益の交差点』岩波書店、二〇二四年、五九頁）。

難民に対しては、これまでの難民[2]の受入れと比べても迅速で寛容な対応がなされてきた。日本もその例外ではなく、受入れの規模は少ないものの、これまでの日本の難民受入れスキームからすると異例の手厚い支援体制がとられている。

本章では、このようなウクライナ避難民への対応をめぐる、日本政府およびそれと連携する地方自治体や民間団体を含む支援内容について、報道・公表されている資料等からその特徴を整理することを目指す。その上で、難民・庇護申請者の受入れをめぐる今日の状況についても言及したい。

一　ウクライナ避難民をめぐる日本政府の対応[3]

二〇二二年二月二四日、ロシアによるウクライナに対する攻撃が開始され、三月二日に国連総会でロシア非難決議が採択された同日、岸田総理はウクライナ避難民の受入れを表明した。同年三月一六日、「ウクライナ避難民対策連絡調整会議」が設置され、避難民に対する支援についての政府の方針が確認され、その方針に沿って会議の下に設置された「ウクライナ避難民の対応に関するタスクフォース」が具体的な支援の方策を調整することとされた。二〇二四年一二月現在までに、同会議は二回、同タスクフォースは六回開催されている。具体的な施策はそれを所管する省庁において実施されており、法務省には「ウクライナ避難民受入れ支援対策本部」が、入管庁には「ウクライナ避難民受入れ支援対策プロジェクトチーム」が、地方入管には「ウクライナ避難民受入れ支援担当」が計六六ヵ所に配置され、全自治体向けの説明会や個別相談が実施された。これらはすべてウクライナ避難民限定で立ち上げられたものであり、従来の日本の難民受け入れの文脈では例外的となる極めて迅速な対応であった。

ウクライナ避難民の受入れをめぐり、まず特徴的な点は来日要件の緩和であり、身元保証人なしでの受入れを可能とする施策がとられた。通常、ウクライナ人が来日する際には、どのような滞在資格であれ日本での身元保証人（通常は日本にいる知人や親族）[4]が必要となるが、その要件が免除され、パスポートや代替の身分証明書のみでウクライナ近隣諸国の日本の在外公館によって短期滞在査証が発行された。入国後は「特定活動」（一年間、更新可）の在留資格に変更され、住民登録がなされると共に、原則として就労も可能である。身元保証人がない場合は、一時滞在先を含め通常は身元保証人による支援が求められる様々な支援について、日本政府が直接支援に当たりながら、地方自治体や民間団体などと連携を行っている（図表1参照）。なお、二〇二三年六月の「出入国管理及び難民認定法」改正によって創設された「補完的保護対象者認定制度」（同年一二月開始）により、ウクライナ避難民がこれに申請して認定を受ければ「特定活動」から「定住者（五年）」への在留資格の変更が可能となった。

出入国在留管理庁の公表する数値（「ウクライナ避難民に関する情報」二〇二四年一一月末現在速報値）では、受入れの開始から累計で二七三一人のウクライナ避難民が来日し、そのうち「既に出国済みの者等を除いた在留者数」は一九

（2）難民条約における難民の定義は、「人種、宗教、国籍もしくは特定の社会的集団の構成員であることまたは政治的意見を理由に迫害を受けるおそれがあるという十分に理由のある恐怖を有するために、国籍国の外にいる者であって、その国籍国の保護を受けることができない者またはそのような恐怖を有するためにその国籍国の保護を受けることを望まない者」である（難民条約一条A項（2））。細部については、UNHCRの「難民認定基準ハンドブック・ガイドライン」で指針が示されている。

（3）本節で概観したウクライナ避難民をめぐる受入れ政策の特徴については、主に遠藤理恵「日本におけるウクライナ避難民の受入れ・支援をめぐる現状と課題」（『移民政策研究』一五、二〇二三年、二一九～二二八頁）、および橋本前掲書の第四章を参照するとともに、現状について関連機関のウェブサイトや公表資料等を通じて資料収集を行った。

（4）二〇二一年六月末時点での在日ウクライナ人は一八六〇人であった（法務省「在留外国人統計」参照）。

図表1　受入れの流れ

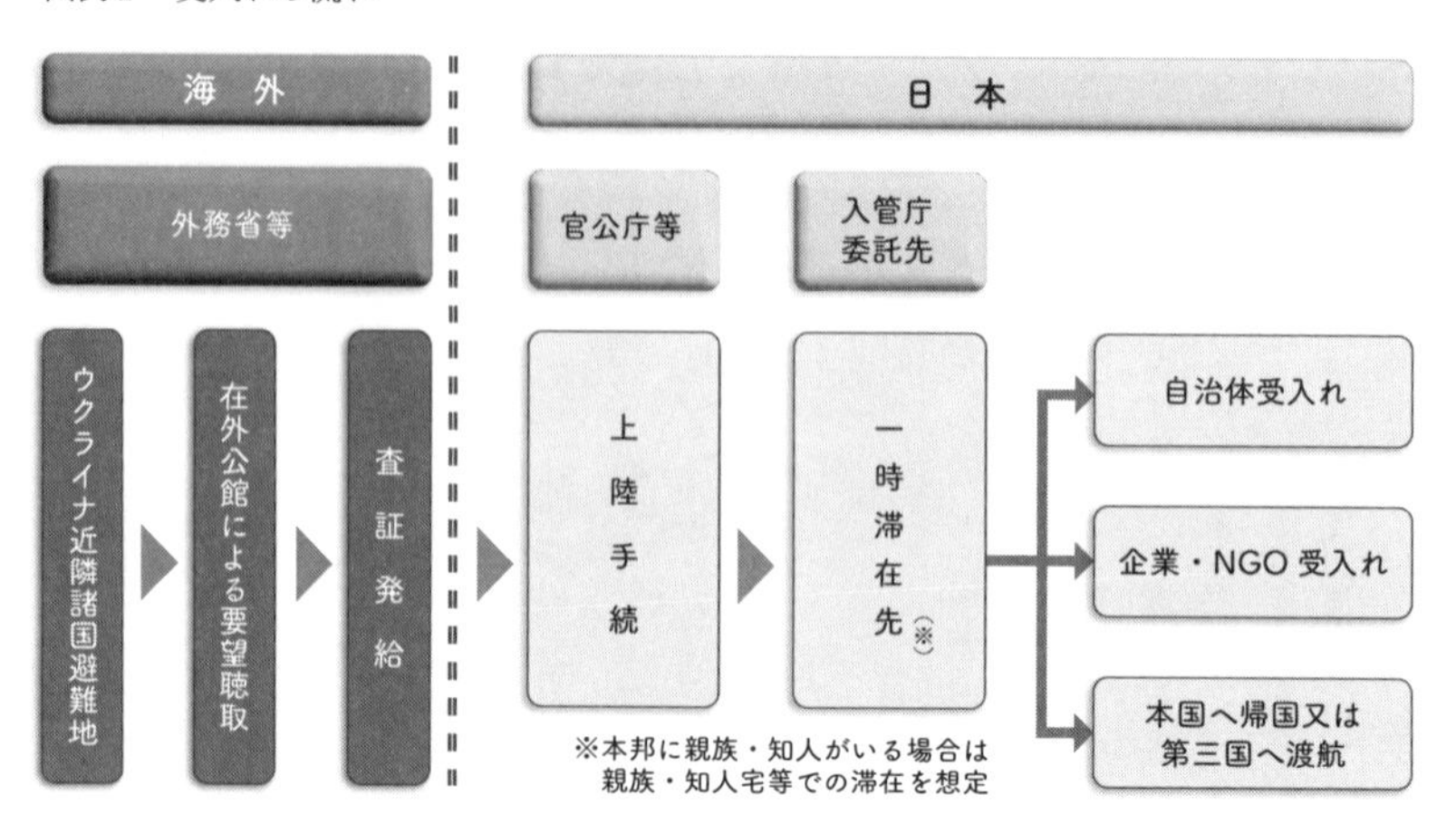

出所：内閣官房ウェブサイト、ウクライナ避難民対策連絡調整会議、参考「ウクライナ避難民の受入れについて」を参照して作成。

八〇人である。入国者の内訳は、男女別では「男性」七九七人（二九・二％）、「女性」一九三四人（七〇・八％）、年齢別では「一八歳未満」四一八人（一五・三％）、「一八歳以上六一歳未満」一九四二人（七一・一％）、「六一歳以上」三七一人（一三・六％）、また「入国時に身元保証人のいないウクライナ避難民」は三九一人（一四・三％）である。受入れ事業に関わる費用については、二〇二二年三月二五日に約五・二億円、同年六月二八日に約一九億円の予備費の使用が閣議決定されており、政府は公益財団法人アジア福祉教育財団[5]と委託契約して予算を執行している。

具体的な施策としては、日本政府はウクライナ避難民を対象として、ヘルプデスク[6]、情報提供ウェブサイト[7]を設置し、また地方入管にも支援の申し出を受け付ける窓口を設置した[8]。ウクライナ避難民に対して行われる支援は多岐に渡り、渡航費用についての渡航支援、日本語教室での日本語教育、ハローワークでの職業相談、各種物資およびサービス提供などの支援に関するマッチングサービス、ヘルプデスクやメールでの相談対応、ウクライナ語やロシア語によるメンタルヘルス対応、また医療、保育、学校教育などが含まれている。加えて、身元保証人がいない場合は、渡航費用を確保できない場合の渡航支援、入国直後からの通訳や一時滞在先への移動手段、宿泊施設が提供され[9]、一時滞在施設では、食事、生活費、医療・看護、日本語教育、就労に関する講習会等、通訳・翻訳機、支援先への移動手段、カウンセリングや行政手続き等の援助などが公費で提供され、受入れ自治体や企業が決まった後は、これらの支援は子育て・教育支援含め受入れ先が引き継ぐことになっている（図表2参照）。このうち生活費については、当初、一時滞在施設滞在中は一二歳以上日額一〇〇〇円、退所後は一二歳以上日額二四〇〇円とされ、支給期間については一八〇日程度であったが、二〇二二年九月には更に一八〇日の支給継続が決定している。

ウクライナ避難民の支援に特徴的な点は、個別のニーズに基づくマッチングという点である。例えば既存の第三国定住事業では複数世帯が同じ地方自治体に定住するという方法が採られているのに対し、ウクライナ避難民に対しては個別対応が原則となっている。身元保証人のいないウクライナ避難民を含め、以下で見るように国だけでな

（5）アジア福祉教育財団は一九六九年一二月に設立された公益法人で、設立当初からベトナム戦争の孤児救済やインドシナ難民の日本定住支援を行った経緯を持ち、現在では、難民コミュニティ等への資金援助、条約難民や第三国定住難民への支援、アジア諸国からの福祉関係者の訪日招聘などの活動に幅を広げている。ウクライナ避難民に関する政府の委託は難民事業本部が受け、難民の自立定住支援や難民認定申請者の援助などの事業を実施している（アジア福祉教育財団ウェブサイト参照）。

（6）この「ウクライナ避難民ヘルプデスク（電話・メールでの相談）」は二〇二四年三月三一日に終了しており、現在の窓口は、在留資格に関する相談は地方入管、補完的保護対象者等による相談はアジア福祉教育財団難民事業本部（RHQ）に設定されている。

（7）出入国在留管理庁ウェブサイト「日本に在留しているウクライナのみなさんへ」参照。

（8）出入国在留管理庁ウェブサイト「ウクライナ避難民受入支援担当（住んでいるところの近くの入管での相談）」参照。

（9）ホテルなどの一時滞在施設や家具付き集合住宅。

図表2　身元保証人がいない場合の支援内容

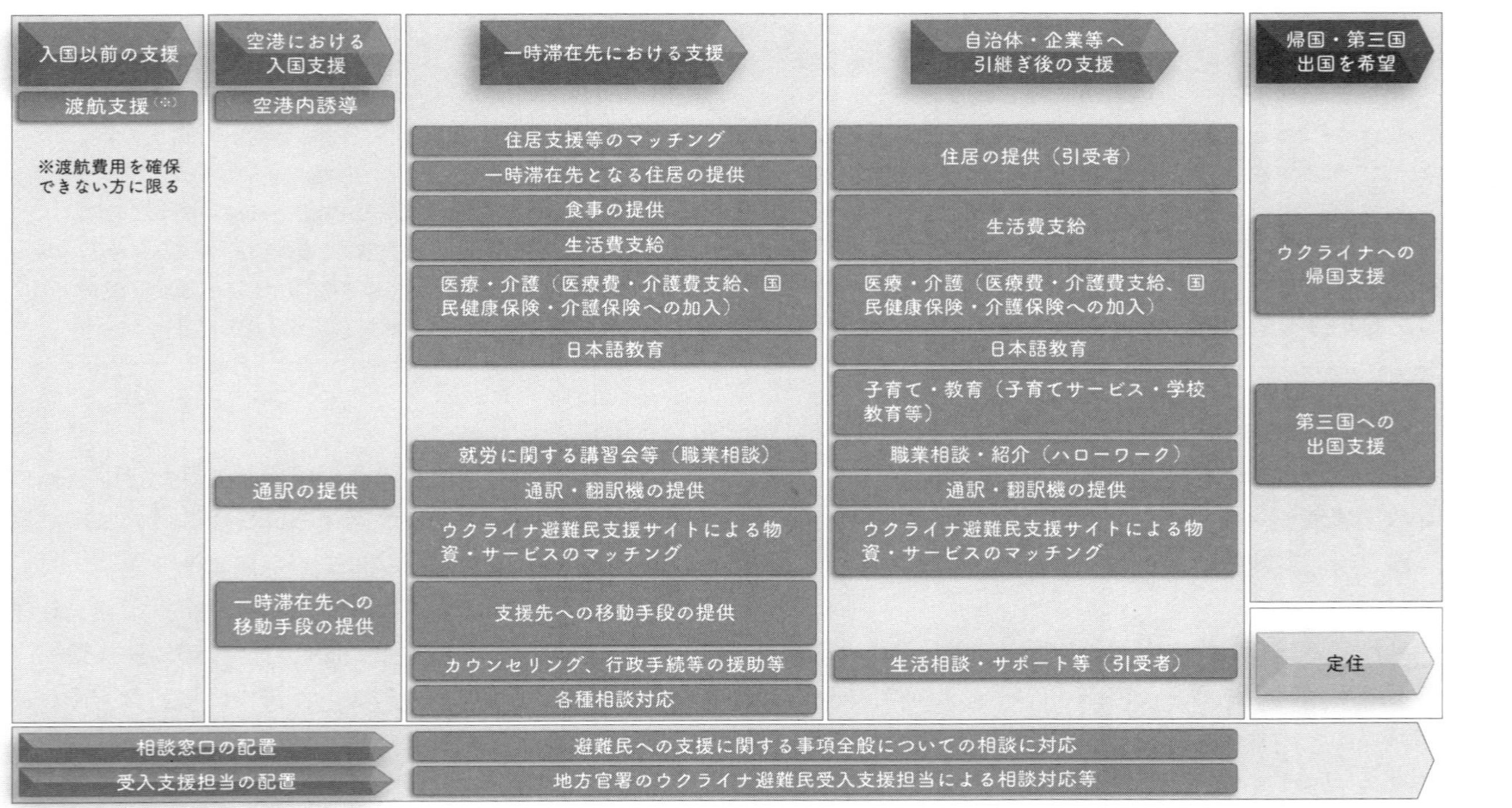

出所：内閣官房ウェブサイト、ウクライナ避難民対策連絡調整会議、参考「ウクライナ避難民に対する支援内容について（令和4年10月）」を参照して作成。

く地方自治体や民間団体による多様な連携がなされている。

二　地方自治体および民間団体の対応――受入れ支援から定住・就労支援へ

当初から受入れに当たっては、多くの都道府県や市区町村が前向きな姿勢を示した。[10] 二〇二二年三月から避難民の入国が開始され、各地での受入れ状況を受けて四月五日には全国知事会が「ウクライナ避難民受入に関する連絡調整本部」を設置し、各都道府県における受入れの情報の共有と国との調整を行う体制が整えられている。また就労支援に関しては、早い段階から都道府県レベルで企業向け説明会が開催され、[11] 個別企業による支援の表明も相次

(10) 市町村レベルでは、かつてインドシナ難民受入れの「姫路定住促進センター」があった姫路市がいち早く「全面協力」を表明し市営住宅の提供や学校の協力を取り付けた例、ウクライナ人が代表を務めるNPO法人がある長崎県の壱岐市が市営住宅の提供を決めた例がある。県レベルでは熊本県が二〇二二年三月下旬に庁内横断のプロジェクトチームを設置し、公営住宅を確保し外国人サポートセンターで電話相談を受け付けた他、佐賀県、山口県、福島県、沖縄県などでも受入れが表明され、県営・公営住宅の提供が決められている（『朝日新聞』二〇二二年四月六日付記事「避難　生活支えたい　就労先・住居提供　六七九の申し出」参照）。

(11) 例えば福井県では、二〇二二年四月に、県商工会議所連合会が会員企業の主要約一三〇〇社に対してウクライナ避難民の就労機会の提供が可能かに関する調査票調査を実施している（『朝日新聞』二〇二二年四月二一日付記事「避難民に就労支援へ」参照）。また岡山県では、二〇二二年五月末にウクライナ避難民だけでなく技能を有する外国人材の雇用を考えている企業や市町村担当

図表３　地域別ウクライナ避難民在留者数（2024年11月30日現在）

	人　数	%
北海道	22	1.1
東北地方	43	2.2
関東地方	1046	52.8
中部地方	215	10.9
近畿地方	344	17.4
中国地方	45	2.3
四国地方	8	0.4
九州地方	189	9.5
その他	68	3.4
計	1980	100.0

上位10都道府県	人　数
東京都	623
神奈川県	162
大阪府	140
愛知県	117
千葉県	111
兵庫県	102
埼玉県	74
福岡県	70
その他	68
京都府	62

注：「その他」は住居地未届出の者や「短期滞在」の者など。
出所：出入国在留管理庁「都道府県別ウクライナ避難民在留者数（11月30日現在（速報値））」の数値を基に作成。

いだ[12]。また厚生労働省は、五月中旬に東京と大阪の労働局の公共職業安定所（ハローワーク）の外国人雇用サービスに「ウクライナ避難民就労支援窓口」を開設している。このような全国的な受入れ支援の動きもあり、月ごとの入国者数は二〇二二年四月の四七一人をピークに減少してはいるものの、一年後の二三年三月時点で六一人、二四年一一月時点でも一三人と継続している。地域的に見ると、この間、比較的首都圏や大都市部への集中が見られ、二〇二四年一一月末現在におけるウクライナ避難民の在留者数は、都道府県では東京都六二三人、神奈川県一六二人、大阪府一四〇人、愛知県一一七人などが多く、地方区分では、関東地方の一都六県で全体の五割以上（五二・八％）を占めている（図表３参照）。

民間団体や地方自治体による支援の内容の例として、以下では、公益財団法人日本財団と神奈川県横浜市を取り上げる。

１　日本財団の例

公益財団法人日本財団[13]は、二〇二二年三月に「日本財団ウクライナ避難民支援室」を設置し、同年四月から、身元保証人がいるウクライナ避難民に対する経済的な支援として、計七〇・五億円の予算で「渡航費」「生活費」「住環境整備費」の支援を開始している。二〇二四年一二月一七日現在までの支援実績は、「渡航費」が一八〇七人、「生活費」が一九七四人、「住環境整備費」が一〇五二戸である。[14] 支援内容は、「渡航費」が一人につき上限三〇万円、「生活費」が一人につき年間一〇〇万円（四回分割払い、一家族当たり上限年間三〇〇万円、毎年申請で最長三年）、「住環境整備費」が新たにアパートや公営住宅等に入居する場合一戸につき一律五〇万円である。その他、事業への助成として、「NPO等への支援」（間接支援、原則一事業上限三〇〇万円）に三年間で一五・三億円の予算、「日本語学校奨学金」（直接支援、一人につき年間学費上限一〇〇万円、最長二年）に一億五〇〇〇万円の予算を計上している。以上の支援活動全体の予算の合計は、八六・八億円となる。

者などに呼びかけ、企業向け説明会を開催している（『朝日新聞』二〇二二年四月五日付記事「ウクライナ避難民就労向け企業調査」参照）。

（12）例えば、ドン・キホーテなどのディスカウントストア事業を展開する株式会社パン・パシフィック・インターナショナルホールディングス（PPIH）は、二〇二二年三月二日に「ウクライナ避難民一〇〇世帯の受け入れ」を表明している（PPIHウェブサイト参照、二〇二四年一二月二三日閲覧）。また、二〇一二年から技能実習生などの外国人労働者に入国手続きや生活の支援を提供してきた人材派遣大手の株式会社アウトソーシングは、二〇二二年三月一一日に「ウクライナ避難民の国内受入支援に関するお知らせ」を表明し、一〇〇世帯の受入れに向けて住宅提供や生活支援などの協力をする方針を決めている（株式会社アウトソーシングウェブサイト参照、二〇二四年一二月二三日閲覧）。

（13）公益財団法人日本財団（会長笹川陽平）は、「地方自治体が主催するボートレースの売上金をもとに、国内外の社会課題解決に取り組むNPOの事業への資金助成をする民間の団体」である。一九六二年に交付金取扱団体として前身である日本船舶振興会が設立され、二〇一一年四月一日に公益財団法人に移行している。二〇二四年三月三一日現在の職員数は二〇九人（うち正職員一三七人）、取り組み分野は六分野、二〇二三年度資金助成したプロジェクト数は一二六三件、助成金額五八一億三七七五万円である。（日本財団ウェブサイト参照、二〇二四年一二月二三日閲覧）。

（14）渡航費と生活費については既に支援数の上限に達したため申請受付を終了している。

また、調査研究等の領域では、「ウクライナ避難民へのアンケート調査」を計七回実施、日本人を対象とした「ウクライナ避難民に関する意識調査」（二〇二四年三月二八日発表）を一回実施した。そのほか、支援制度の提案に向け、有識者会議を計三回開催し、二〇二三年九月一九日にはウクライナ避難民支援シンポジウムを開催するとともに、「日本財団ウクライナ避難民支援の現状報告及び避難民等の共生・活躍のための支援制度に関する提案書」を発表している。

滞在が継続する中で、支援内容も多面化しており、日本財団「ウクライナ避難民支援の概要図」[15]によれば、二〇二二年度の「地域の受入れ」を支援するための経済的な支援や事業への助成に加え、二〇二三年度、二〇二四年度には「活躍・自立に向けたアクション」のための就労支援や帰国支援が加わっている。上述の「ウクライナ避難民へのアンケート調査」（一八歳以上対象）の結果を参照すると、第二回アンケート（二〇二二年一二月一五日発表、回答数七五〇人）の時点で、二四・七％が「できるだけ長く日本に滞在したい」と定住の意向を持っており、「ウクライナの状況が落ち着くまでは、しばらく日本に滞在したい」と合せると六五・五％であった。[16]

実際、滞在の長期化の中で、就職をめぐる支援が一層の課題となっている。日本財団も二〇二三年一〇月七日には東京都内で避難民の就職を考える交流イベントを開催し、全国から約八〇人の日本語学校に通うウクライナ人が参加した。その背景には、日本語習得の問題や来日前の経歴や本人の希望とのマッチングの問題がある。避難民のウクライナでの最終学歴は、「大学院以上」（二六・六％）および「大学卒」（三〇・五％）が半数以上を占める。[17] 一方、第四回アンケート（二〇二三年一〇月三一日発表、回答数一〇四六人）の時点では、日本語が話せるかどうかについては、「ほとんど話ができず、日本語が聞き取れない」が三七・五％、「少し話ができ、簡単な日本語のみ聞き取れる」が四〇・四％であった。このような日本語の壁もあり、同アンケートにおける就職の有無については、「働いている」が四四・一％、「働いていない」が五五・九％となっており、また働いていない場合でも五八・四％が「仕事をさがしている」状況にあり、働いている場合は七七・二％が「パートタイム」という実態があった。[18] また、海外の仕事をテレワークで行っているケースもあり、当初、多くの日本企業が雇用の申し出を行ったものの、「多くのウクライナ避難民が望む、個々の能力・経験を生かした職種でない場合が多く、結果としてマッチングが十分に機能していない」状況があった。[19] 企業とのマッチング促進に関しては、難民申請者の人材紹介を手がけるNPO法人WELgee（ウェルジー）が日本財団から請け負い、難民・難民認定申請者を企業と繋ぐ「JobCopass」プログラムを通じて、ウクライナ避難民の就職支援を実施している。[20] 当プログラムには、二〇二二年一二月時点で四〇ヵ国、三二一人が登録しており（そのうち、ウクライナは三九人）、就労を通じて在留資格の安定をめざすもので、在留資格「特定活動」の段階で就労に繋げ、主には「技術・人文・国際業務」資格への切り替えを想定している。[21]

（15）日本財団ウェブサイト参照（二〇二四年一二月二三日閲覧）。
（16）同様の質問項目を含む一年後の第五回アンケート（二〇二四年二月一九日発表、回答者数一〇二二人）では、三九・〇％が「できるだけ長く日本に滞在したい」と回答し、「ウクライナの状況が落ち着くまでは、しばらく日本に滞在したい」と合せると七二・九％であった。時間が経つにつれて定住志向が増加していることが分かる。
（17）日本財団「日本財団ウクライナ避難民支援の現状報告及び避難民等の共生・活躍のための支援制度に関する提案書」二〇二三年、一二頁図表6（二〇二三年三月調査数値）参照。
（18）一年後の第七回アンケート（二〇二四年一〇月二四日発表、回答者数九五八人）では、「働いている」が五〇・二％、その場合の「パートタイム」が七三・四％である。
（19）日本財団前掲、四三頁より引用。
（20）『朝日新聞』二〇二三年五月一三日付記事「ウクライナ避難民と日本企業の架け橋に」、および渡部カンコロンゴ清花「報告　難民認定の代替案——日本において、難民の自立・活躍を「就労」によって生み出すことの意義と課題」（『移民政策研究』一五、二〇二三年、二二九〜二四三頁）参照。
（21）渡部カンコロンゴ、前掲、二三六頁参照。

2 神奈川県横浜市の例

神奈川県横浜市は、いち早く独自の支援体制を構築した自治体である。二〇二二年三月には「避難民支援相談窓口」を市内一二ヵ所に開設すると共に、国際戦略推進本部の中に「横浜市ウクライナ避難民等支援対策チーム」を立ち上げ、四月一四日には横浜市独自の公民連携による支援メニュー「オール横浜支援パッケージ」が開始された。その一環として、公営財団法人横浜市国際交流協会（YOKE）との連携により、同年四月末に横浜国際協力センター内にウクライナ交流カフェ「ドゥルーズィ（ウクライナ語で「友達」の意味）」がオープンし、日本語教室や就労支援セミナー、ウクライナ避難民同士の交流、日本人との多文化共生イベントなどの開催場所となっている。[22]また、同年八月三日には「横浜市ウクライナ避難民支援ウェブサイト」が開設され、日本語とウクライナ語での様々な情報発信がなされている。[23]

横浜市は二〇二三年六月時点でのべ一三〇人のウクライナ避難民を受け入れているが、このような独自の支援体制の下、当初から、受入れ前のウクライナ避難民の情報収集から生活支援、そして避難生活が長期化した場合まで視野に入れた内容であった。このような背景には、一つは、もともと横浜市は他の市町村と比較してウクライナ人が多く居住していたことが挙げられる。二〇二二年三月以前のウクライナ人人口は一二三人で、その後、主に家族や親族を頼って避難してくる人を受入れ、ほぼ倍増した。もう一つには、ウクライナのオデーサ市と姉妹都市関係にあり、スポーツを通じた交流を行っていたことも挙げられる。加えて、自治体における多文化共生施策の観点では、横浜市は日本の政令市の中でいち早く「国際局」を創設した市であり、支援の本部としての役割を担う部署が既にあったこと、国際都市や平和都市としての意識が市民の側に根付いていた点も指摘されている。[24]

三　難民受入れ政策とウクライナ避難民をめぐって

以上のようなウクライナ避難民に対する迅速な受入れと支援体制の構築は、しばしば「難民鎖国」とも非難される日本の難民受入れ政策からすると極めて異例なものである。戦後の受入れ政策を見ると、日本が難民条約に加入したのは一九八一年だが、それ以前に発生したインドシナ難民の受入れをその契機としている。一九七五年南北ベトナム統一の際、新しい政治体制の下で約三〇〇万人の人びとが国外脱出し、日本にも漁船などの小型船に乗った人びとが到着した。当初、これらのボート・ピープルに対して一時的な滞在のみが認められたが、一九七八年には閣議了解によって定住を認める方針が決定された。定住への政策転換はアメリカ政府などからの強い要請による外圧や一九七九年の東京サミットなど国際会議を迎えることへの対外的配慮の結果であったとされる[25]。またラオスとカンボジアの政変によっても多くの流出があり、定住の対象が拡大された。上記三ヵ国出身の難民は「インドシナ難民」と称され、受入れが終了した二〇〇五年末までに一万一三一九人が定住を許可されている。インドシナ難民の定住支援はアジア福祉教育財団に業務委託され、同財団の難民事業本部の下に、姫路定住促進センター（兵庫県姫

(22) 日本財団前掲、四八頁参照。
(23) 日本財団前掲、三四頁および、日本財団ジャーナル、二〇二二年一一月二八日オンライン記事「『避難民と多文化共生の壁』関心を持つことが共生の第一歩。横浜市が取り組む公民連携によるウクライナ避難民支援」参照。
(24) 例えば、横浜市庁舎および一八区の全区役所に設置されたウクライナ避難民の支援ための募金箱には、二〇二二年四月一二日から六月一〇日までの約二ヵ月間に寄附金が計一四八六万八九一二円が集まり、「オール横浜支援パッケージ」で連携する公益財団法人横浜YMCAを通じて、避難民への一時金・生活費として活用されている。
(25) 本間浩『難民問題とは何か』岩波書店、一九九〇年、一五三頁参照。

路市）、大和定住促進センター（神奈川県大和市）、国際救援センター（東京都品川区）が設置され[26]、日本語教育、職業紹介、職業訓練などの定住促進業務が実施された。インドシナ難民が来日した当初、日本は難民条約の締約国ではなく、個別審査は行われていなかった。その後、日本が世界で八五番目の難民条約締約国となったことから、国内法「出入国管理及び難民認定法」（入管法）が制定されたことで、日本では法務大臣（実際は法務省の現在の出入国在留管理庁）が日本国内で庇護申請する人の難民認定作業が行う体制が整えられてきた。その審査基準は極めて厳しいものとなっている。

日本が難民条約に加入した一九八一年以降から二〇二三年までの日本における難民申請者数と認定数は、合計で申請者数が一〇万五四八七人、そのうち条約難民上の認定数が一四二〇人である[27]。これに加えて二〇一〇年以降、「第三国定住」の枠で、計二七六人が「定住者」在留資格で滞在しており、また難民認定には至らないが何らかの人道的配慮を要するという理由で計六〇五四人に特別に「特定活動」などの在留許可が与えられている[28]。日本の難民認定率は諸外国と比べて著しく低く、二〇二三年の認定率の各国比較では、米国が五八・五％（難民認定数六万四〇六八人）、英国が六一・五％（同六万三二八人）、ドイツが二〇・〇％（同四万六二八二人）、フランスが二四・〇％（同四万三一九五人）、カナダが六八・四％（同三万九七三五人）、イタリアが一〇・四％（同四九〇五人）に対して、日本は三・八％（三〇三人）であった（一方で同年七六二七人が不認定とされている[29]）。

日本の入管法では難民の定義を定めておらず、難民条約の適応を受ける難民としているが、国際基準との間には大きなずれが生じている。例えば、日本では、迫害を命と身体の自由に限定する傾向が強く、さらには身体の自由を奪われている例であっても迫害として認めないことがあるのに対し、他国では迫害を生命と身体の自由に限らず、重大な人権侵害を含むものとして捉えている[30]。また日本では難民であることを客観的証拠に基づいて証明することが厳しく求められ、審査期間は、平均約三年（一次審査と審査請求の合計）と長期傾向が続いている[31]。加えて、「補完的保護対象者認定制度」を創設した二〇二三年六月九日成立の改正入管法では、同時に、難民認定申請三回目以降の申請者（申請に際し、難民等と認定すべき「相当の理由がある資料」を提出した者を除く）を送還停止効の例外とすることが、ノン・ルフールマン原則[32]に反すると度重なる批判を受けながらも盛り込まれた。

一般的に日本における難民申請者は、来日方法は自力でビザ取得は困難であり、正規滞在であれば「特定活動」在留資格であるが非正規滞在であれば収容・仮放免の対象であり、家族呼び寄せや出入国は出来ず、就労、公営住宅への入居、生活費の補助、公的定住支援といったサービスについても、正規滞在であれば法律上可能であっても実際には受けることが厳しく、非正規滞在であれば認められていないなど、生活を継続する上で非常に厳しい状況に置かれている。

戦禍を逃れるというケースでは、二〇二一年八月のアフガニスタン全土を武装勢力タリバンが制圧した際、在カブール大使館とJICA現地職員や家族、JICA研修プログラムで日本の大学に留学予定であった者など約五〇〇

(26) 姫路定住促進センターは一九九六年に閉所、大和定住促進センターは一九九八年に閉所、国際救援センターは二〇〇三年度から、従来のインドシナ難民のほか条約難民向けの定住促進業務を実施していたが、二〇〇六年三月末に閉所している。同年五月に都内にRHQ支援センターが開所し、条約難民及びその家族を対象とした定住促進業務を継続している。
(27) 出入国在留管理庁、報道発表資料参照。
(28) 橋本前掲、一二一頁、表4―1数値参照。
(29) NPO法人難民支援協会ウェブサイト、二〇二四年三月三一日更新記事「日本の難民認定はなぜ少ないか？――制度面の課題から」参照。
(30) 同上。
(31) 出入国在留管理庁、二〇二四年三月二六日報道発表資料「令和五年における難民認定者数等について」参照。
(32) ノン・ルフールマン原則とは、難民条約において迫害を受ける恐れのある国に送還することを禁ずる原則。

人が日本政府により退避対象者となっている。しかし雇用契約が既に切れていたものは排除されており、NGO職員は本人のみで家族が排除されるなど、その範囲は狭く設定されている。結局、日本政府が国費で留学させた元学生たちやその家族は民間招聘者として民間の支援で来日することになったが、身元保証人や生活費の支払能力、迫害状況の説明など様々な要求がなされ、八ヵ月経過後もビザの発給を待つ人びとがいる。アフガニスタン人に対しては来日後の難民認定申請の阻止や帰国の強要まで行われていたとも指摘されており、これはウクライナ避難民の置かれる手厚い支援の状況とは極めて対照的である。今回のウクライナ避難民政策における問題点の一つに、このような「待遇の歴然とした格差」があることは否定できない[33]。

おわりに

ウクライナ避難民の受入れは、日本においても年間千人規模での柔軟で迅速な受入れが政府と民間の幅広い連携の下で実行可能であることを国内外に示したものであった。避難の長期化を受けて支援をめぐる課題は多元化しているが、民間組織や企業等による就労支援を含む個別のマッチングなど、今後の難民政策の質的・量的拡大に向けて一つの基準を示すものでもあり、また様々な示唆を含んだものでもある。

国際的な動向を見ても、世界的な人道危機の拡大の下で既存の難民保護スキームの限界が問われる中で、二〇一六年には国連加盟国による「難民と移民に関するニューヨーク宣言」、二〇一八年の国連総会では「難民に関するグローバル・コンパクト」が採択されている。そこでは、四つのポイント——①難民受入れ国の負担軽減、②難民の自立促進、③第三国定住の拡大など、④安全かつ尊厳ある帰還に向けた環境整備——が掲げられている。既に日本でも年間六〇人規模ではあるが第三国定住経由の受入れが行われるようになっており、また、従来の「難民としての」の認定だけにとどまらない、「補完的受入れ」（Complementary Pathways）の方法としての高度人材や留学生としての受入れや「第四の恒久的解決」としての労働移住への関心が見られるようになっている。[34]ウクライナ避難民についても、例えばEUでは一時的保護スキームの下での労働市場統合の試みとして、二〇二二年九月からEU Talent Pool Pilotという求職・求人のオンラインマッチングツールが開始され、医師免許等などの職業資格の相互認証が検討されている。また民間企業の取り組みとして、二〇二二年四月にドイツのソフトウエア大手のSAPがウクライナ避難民に特化したオンライン採用サイトを立ち上げたことや、米国のボストン・コンサルティング・グループも同様の避難民向けの専用求人サイトを設けたことが日本でも報道されている。[35]脆弱な難民をどう受け入れるかという本来の議論も進められなくてはいけない一方、労働移民政策を通じても実践的な受入れが取り組まれていく機会は広がりつつある。

国際移動をより広くとらえると、日本は戦後の出入国管理政策の流れの中で製造業や農業などの特定分野における人手不足への対応として、「研修」「技能実習」「定住者」「留学」など様々な在留資格において、国外からの実質的な労働力の受入れを拡大してきた。近年では二〇一八年改正入管法で「特定技能」在留資格が創設され、ようやく正面からの労働者の受入れに舵を切ったとされており、既に技能実習制度の廃止と二〇二七年以降の新たな育成

（33）『朝日新聞』二〇二二年四月二七日付記事「オピニオン&フォーラム　ウクライナから「避難民」　アフガン退避との差　なぜ」および、橋本前掲、一四九～一五七頁、一六〇～一六四頁参照。

（34）小池克憲「難民問題関係としての労働について」（『難民研究ジャーナル』七、二〇一七年、三四～五一頁）、および、渡部カンコロンゴ前掲参照。

（35）『日本経済新聞』二〇二二年四月一七日付記事「ウクライナ避難民、企業も支援、高度人材獲得に期待も」参照。

就労制度の開始が決まっている。同時に、段階的な在留資格の変更を前提とした滞在の中長期化も想定されている。政府としての社会統合施策は取り組みが始まったばかりである。二〇一八年一二月に決定され、毎年改訂が重ねられている「外国人材の受入れ・共生のための総合的対応策」では、「政府としては、条約難民や第三国定住難民を含め、在留資格を有する全ての外国人を孤立させることなく、社会を構成する一員として受け入れていく」とその理念が示されている。子どもを含む複数の世代、そして多様なバックグラウンドを持つ人びととの共生への取り組みの中で、日本の難民・庇護政策の改善に向けた社会の認識と議論が深まらなくてはならない。

第七章　占領地におけるウクライナの子どもたち――ロシアによる侵略と差別の実態

ヴラディスラフ・ハヴリロフ

はじめに

ウクライナに対する全面的な戦争が始まって以来、クレムリンは絶えまなく戦争犯罪を行っている。そのひとつにウクライナ人の強制連行がある。このような行為、特にウクライナ人の子どもの強制連行は、ジェノサイドの明らかな兆候が見出せるケースの一つであり、人道に対する罪として認定されるべきである[1]。本章では、ロシアによるウクライナへの侵攻に際し、ロシア軍によって組織的に強制連行されたウクライナ人の子どもたちの問題について考察する。

（1）V・ハヴリロフ「ロシアによるウクライナの子どもたちの集団拉致は、ジェノサイドの疑い（Havrylov V., Russia's mass abduction of Ukrainian children may qualify as genocide）」URL: https://www.atlanticcouncil.org/blogs/ukrainealert/russias-mass-abduction-of-ukrainian-children-may-qualify-as-genocide/

一 歴史的背景——ソ連における強制連行

二〇二二年二月の全面侵攻勃発後に起こったウクライナの子どもたちの集団的強制連行とそのロシア化を十分に理解するためには、ロシアの犯罪の根底にある歴史的背景を確認し、人為的な政策としての強制連行に注目する必要がある。まず、集団的強制連行という行為は新しいものではなく、ソ連時代にそのルーツがある。[2]ソ連占領下の全期間を通じて、モスクワ政府はウクライナから一五〇万人以上を強制移住させた。[3]だがソ連はこの人道に対する罪で処罰を受けていない。さらに、ロシアはソ連の「後継者」として国連安全保障理事会理事国であり続けている。一九三〇年から一九三一年の間だけでも、ソ連政権は、一九三〇年二月から五月にかけて約一〇万人、一九三一年六月から七月にかけてさらに一二～一三万人をウクライナから強制的に追放した。[4]ソ連の集団化に対する農民の抵抗過程について研究するヴァレリー・ヴァシーリエフとリン・ヴィオラは、二回の集権的な強制移住を通じて、約二二～二三万人がウクライナからロシアへ連れて行かれたと指摘している。[5]一九三一年六月一日から七月九日までの強制移住の対象は、ソ連政府が当初計画していた三万家族を上回るものであった。そこでは、三万一六五五家族、計一三万一四〇九人が、ウラル山脈に追放された。歴史家のナタリヤ・ロマネツィによれば、クラーク（自営農）の大部分、五万八二七九人が左岸ウクライナから追放された。[6]シベリアのイルクーツクとトムスクの両都市には、脱クラーク化の対象とされた人びとが移送された。一九二八年生まれのヴィラ・バランは、この時期に起こった家族の強制移住を回想して以下のように述べている。

一九三三年、父は極東へ、祖母と叔母の家族はウラルへと追放されました。彼らは家を追い出され、他の二家族（母と二人の娘、祖母とその妹）と一緒に、ウラルの農場にある誰かの家に身を寄せなければなりませんでした。その家族の父親もクラークの烙印を押されて連れて行かれ、家族は自分たちの家に残るために、父親と縁を切

1930年から1931年の間に強制移送されたクラークの件数

	地　域（州）	1930年		1931年		合　計	
		世帯数	人　数	世帯数	人　数	世帯数	人　数
1	ウクライナ・ソヴィエト社会主義共和国	31,593	146,229	32,127	131,236	63,720	277,465
2	北カフカス地方	10,595	51,577	27,809	120,356	38,404	171,933
3	下ヴォルガ地方	7,931	40,001	23,002	112,098	30,933	152,099
4	中央ヴォルガ地方	5,873	31,037	17,133	88,876	23,006	119,913
5	中央黒土州	8,237	42,837	17,769	87,656	26,006	130,493
6	白ロシア・ソヴィエト社会主義共和国	11,079	52,914	4,645	20,501	15,724	73,415
7	クリミア	3,179	14,029	1,146	5,171	4,325	19,200
8	タタールスタン	1,614	7,956	7,810	42,453	9,424	50,409
9	中央アジア	159	197	6,785	33,081	6,944	33,278
10	ニジェゴロド地方	512	2,451	8,657	40,314	9,169	42,765
11	西部州	—	—	7,308	36,654	7,308	36,654
12	イヴァノヴォ産業州	—	—	3,655	18,020	3,655	18,020
13	バシキール	—	—	12,820	66,477	12,820	66,477
14	モスクワ州	—	—	10,813	52,868	10,813	52,868
15	北部地方	61	305	3,000	15,000	3,061	15,305
16	レニングラード軍管区	600	2,555	8,004	34,731	8,604	37,286
17	ウラル州	16,394	76,602	12,000	60,000	28,394	136,602
18	西シベリア地方	9,034	52,145	43,057	185,584	52,091	237,729
19	東シベリア地方	6,991	30,777	9,077	46,287	16,068	77,064
20	極東地方	114	527	2,808	14,040	2,922	14,567
21	カザフスタン	1,265	7,393	5,500	27,500	6,765	34,893
22	南カフカス	—	—	870	4,957	870	4,957
合計		115,231	559,532	265,795	1,243,860	381,026	1,803,392

ソ連国家政治保安部特別局の資料より（1931年9月付）(7)

ることになってしまったのです。[8]

さらに、歴史家のユリイ・ソロカによれば、一九三九年から一九四一年にかけて、ウクライナ西部からの集団的強制移住は主に四段階に分けられるという。第一段階の強制連行は一九四〇年二月一〇日から一三日間にわたって行われた。そこでは、「征服者」（旧ポーランド軍兵士、ポーランド民族、および裕福な農民を含むその他の住民ら）が移送の対象となり、一九四〇年二月一三日までに、一万七〇二六世帯、八万九〇六二人がウクライナ西部地域から立ち退きを余儀なくされた。[9] ポーランド人女性のマリヤ・タルナフスカは、ウクライナ西部からの強制連行を回想して、以下のように述べている。

一九四〇年二月一〇日でした。その日、母はパンを焼いていました。夜明け頃、運転手付きの二組のソリがやってきました。それは二人のウクライナ人と二人のソ連内務人民委員部（ＮＫＶＤ）の将校たちでした。彼らはまず、私たちがある種の敵であるという（ウクライナ語に翻訳された）判決文を読みました。私たちは連行されることとなり、二時間以内に出発の準備をせよとのことでした。冬にもかかわらず、私たちは着るものをほとんど持っておらず、弟や妹たちは靴すら履いていませんでした。私たちはわずかな所持品を綿入れや枕に隠し入れて持ってゆくことにしました。（中略）私たちはテレボーウリャ（現ウクライナ・テルノーピリ州）に連れて行かれ、寝台付きの貨車に積み込まれました。床にはトイレ用の穴が開いていました。鋳鉄製のストーブが二台あり、停車場では石炭や薪、水や食料、パンが与えられました。[10]

第二段階の強制連行は、一九四〇年四月から五月にかけて行われた。ソ連では国境地帯における住民の土地所有に厳しい制限が課された。一九四〇年三月二四日のウクライナ・ソヴィエト共産党中央委員会の決議によって設定

された基準を超える土地区画を所有していた者からその所有地が没収された。一九三九年の独ソ不可侵条約に基づ

（2）V・ハヴリロフ「強制送還の一〇〇年。ロシアはいかに国家を破壊してきたか（Havrylov V., A century of deportations. How Russia has been destroying nations）」URL: https://www.ukrainer.net/en-mass-deportations-by-russia/

（3）V・ハヴリロフ「ウクライナ人の大量強制連行——ソ連の「民族統一のための戦い」から現在のロシアの戦争犯罪まで（Havrylov V., Mass deportation of Ukrainians: from the USSR "Forge of National Unity" to current Russian war crimes）」URL: https://war.ukraine.ua/articles/history-of-mass-deportation-of-ukrainians/

（4）Гаврилов В. Масові депортації українців: від радянського «зміцнення національної єдності» до сучасних воєнних злочинів Росії. URL: https://www.pravda.com.ua/columns/2023/06/15/7406695/

（5）Васильєв В., Віола Л. Колективізація і селянський опір на Україні (листопад 1929-березень 1930 р.р.). Вінниця: Логос, 1997. С. 64.

（6）Романець Н. Депортація куркулів 1931 р.: Особливості проведення, наслідки. Питання аграрної історії України та Росії. Матеріали десятих наукових читань, присвячених пам'яті Д.П. Пойди. Дніпропетровськ, 2014. С. 125.

（7）Справка № 1 Особого отдела ОГПУ о количестве выселенного кулачества в 1930 и 1931 гг. Не позднее 30 сентября 1931 г. ЦА ФСБ РФ. Ф. 2. Оп. 9. Д. 79. Л. 2. Копия. Советская деревня глазами ВЧК–ОГПУ–НКВД. 1918–1939. Документы и материалы. В 4-х т. Т. 3. 1930–1934 гг. Кн. 1. 1930–1931 гг. М.: РОССПЭН, 2003. С. 771.

（8）Щур М. Розкуркулення на Поліссі – «землю забрали по самі двері хати». Дві історії з півночі та з півдня України. URL: https://www.radiosvoboda.org/a/rozkurkulennia-svidchennia/30959015.html

（9）80 років тому радянські окупанти депортували мешканців Західної України до Сибіру. Агенція інформації та аналітики «Гал-інфо». URL: https://galinfo.com.ua/news/80_rokiv_tomu_radyanski_okupanty_deportuvaly_meshkantsiv_zahidnoi_ukrainy_do_sybiru_342050.html

（10）Luty 1940. Deportacja Polaków na Sybir – relacje ofiar. URL: https://dzieje.pl/artykulyhistoryczne/luty-1940-deportacja-polakow-na-sybir-relacje-ofiar. Dzieje.pl. Portal historyczny.

いて第二次世界大戦勃発後にソ連軍に占領されたソ連邦ウクライナへ編入されたポーランド東部に関するソ連占領当局の決定によると、ヴォルィーニ、ドロホブィチ、リヴィウ、リウネ、テルノーピリ地方では、土地所有の条件は、郊外では五ヘクタール、村落では七ヘクタール、山岳地帯や湿地帯では一〇から一五ヘクタールと定められていた。この「規模」によって、この地域の人口のほぼ三割が脱クラーク化の対象となった。その結果、一九四〇年四月から五月にかけて、三万人以上がカザフスタンに強制移送された[11]。

第三段階の強制連行は一九四〇年の夏に始まり、以前の強制移住の対象者（ウクライナ人）の親族が対象となった。強制的な移送は一九四〇年六月二九日に始まった。一九四〇年七月二日付のウクライナ・ソヴィエト社会主義共和国内務人民委員部の要約データによれば、三万七五三二家族、八万三二〇七人がウクライナ西部の六つの地域から移送された[12]。

第四段階の強制連行は、一九四一年五月の独ソ戦前夜に始まった。同年五月一六日、ソ連共産党中央委員会とソ連人民委員会評議会は「バルト諸共和国、西ウクライナ、西ベラルーシ、モルドバからの敵対分子の追放に関する決議」を採択した[13]。同年六月二二日までに、内務人民委員部はウクライナ西部地域からの一万二三七一人を含む八万五七一六人を国外追放した[14]。一九三九年九月から一九四一年六月にかけて、ソ連当局はウクライナの西部地域で約一一七万三〇〇〇人を他地域へ強制的に移住させた[15]。弾圧はウクライナ全土で続き、これはドイツ民族[16][17]、クリミア・タタール人[18]、ギリシア人[19]など他の国籍の人びとにも影響を及ぼした。第二次世界大戦終結後、一九四五年には樺太（サハリン）などで、日本の民間人がソ連の弾圧を受けた。一九四六年一月、在日米占領軍総司令官ダグラス・マッカーサー元帥は二つの指令を出した。一つ目は、南樺太と千島列島から日本人を送還するよう指示するもので、二つ目は、南千島を日本の管轄から除外することを明記した法律の制定であった。この法律は、南樺太と千島列島から日本人を部分的に強制移送し、後にソ連当局がこれらの領土を占領する根拠となった。

ソ連内務人民委員部とソ連国家保安委員会によると、一九四六年一月二六日、敵対行為の勃発前には三十九万千人が南樺太に住んでいたとされ、これは注目に値する。他の情報源、たとえばソ連内務省の情報（一九四六年一〇月二二日）によれば、[20]南サハリンには三二万九九八六人が登録されており、その内訳はロシア人が六万五四〇〇人、日本人、

（11）«За виконання угоди з Німеччиною». Як СРСР «зачищав» Західну Україну. URL: https://www.5.ua/amp/regiony/na-vykonannia-uhody-z-nimechchynoiu-iak-srsr-zachyshchav-zakhidnu-ukrainu-241810.html. 歴史家ユリイ・ソロカの資料による。

（12）Україна-Польща:важкі питання.т.10.Матеріали XI Міжнародного семінару істориків «Українсько-польські відносини під час Другої світової війни». Варшава, 26–28 квітня 2005 року. Варшава, 2006. С. 252.

（13）Директива о выселении социально чуждого элемента из республик Прибалтики, Западной Украины и Западной Белоруссии и Молдавии. ГАРФ, ф. Р-9479, оп. 1, д. 478, л. 210, 211.

（14）V・ハヴリロフ「一九三九年から一九四〇年にかけてのウクライナ西部からの集団強制連行」（Havrylov V., Mass deportations from the West of Ukraine in 1939–1940）」URL: https://deportation.org.ua/mass-deportations-from-the-west-of-ukraine-in-1939-1940/

（15）Сорока Ю. Населення Західної України у 1939–1941 рр.: депортації, заслання, вислання. Етнічна історія народів Європи. Вип.12. Київський національний університет імені Тараса Шевченка, 2001. URL: http://ethnic.history.univ.kiev.ua/data/2001/12/articles/3.pdf

（16）Депортація німців України 1941–1946 рр. Збірник документів / Упорядники А. Айсфельд, О. Айсфельд; Передмова А.Кудряченка; Вступ А. Кудряченка і А. Айсфельда. ДУ «Інститут всесвітньої історії НАН України». Київ: Фенікс, 2021.

（17）Депортація етнічних німців України у віддалені райони Радянського Союзу: до 80-річчя трагедії. Збірник наукових праць / за заг. ред. член-кор. НАН України, д.і.н., проф., Кудряченка А.І., наукова редакція Солошенко В.В.; Київ: ДУ «Інститут всесвітньої історії НАН України», 2021.

（18）Пагіря О. Згадати все. Депортація кримських татар у травні 1944 року. URL: https://artefact.org.ua/history/zgadaty-vse-deportatsiya-krymskyh-tatar-u-travni-1944-roku.html

（19）Бажан О. Депортації народів Криму в роки Другої світової війни через призму документів радянських спецслужб. Історія України: маловідомі імена, події, факти. (Збірник статей). 2004. Вип. 26. С. 155–167.

朝鮮人、中国人、アイヌ民族が二七万四五八六人であった。[21] 一九四六年一二月、ソ連はアメリカとの間で、島の人びとの送還について合意に達した。その後、一九四六年一〇月に始まったソ連からの日本人の強制移送はサハリンにも拡大した。[22] 一九四七年八月一日までに、一二万四三〇八人が日本国の内陸部に強制的に移送された。[23] 数百の村々は戦闘を通じ荒れ果て、約七万人の難民が島の南の都市に集まった。[24] かつて南樺太に在住した現在八〇歳になる日本人男性、降旗秀勝氏はソ連軍の樺太への上陸を記憶している。降旗によれば、ソ連がこの領土を占領する以前は、樺太の日本人はかなり裕福に暮らしていたという。しかし占領後、彼らはロシア語を話せなかったため、みな仕事を失った。[25] 第二次大戦の終わりから数十年が経過した二〇二二年、降旗はかつてのソ連の侵略者の子孫から再び苦しめられることとなった。ロシアのウクライナ侵攻の結果、降旗が戦後移り住んでいたウクライナの都市ジトーミルはロシアのミサイル攻撃にさらされた。このため降旗は、高齢にもかかわらず家族を国外に移住させることを決心した。二〇二二年三月一八日、降旗秀勝、孫娘のヴラダ、曾孫娘のソフィア、母親のインナは日本へ出国した。[26] 降旗氏の孫デニス（亡き息子ヴィクトルの息子）は、ロシアによる侵攻の開始後、ウクライナ軍に入隊した。

左から 2022年3月10日、ワルシャワの在ポーランド日本大使館に到着した降旗秀勝、孫の妻インナ、曾孫のソフィヤ、息子の娘ウラディスラワ（写真出典：Zaborona.com [27]）

　国外追放者の証言は、[28] 国外追放のプロセス、追放先までのルート、生活状況、弾圧に関する情報、統制メカニズム、ソ連時代の国家機関の行動など、[29] 重要な情報を含んでいる。特に、ステファニヤ・エフスタヒイヴナ・テレンは、自宅からの強制連行について語っている。[30]

私は一二歳になったばかりでした。その恐ろしい日、一九四四年一二月二二日、父、母、姉妹はソリに乗せられ、ジュラウノ村（リヴィウ地方）に送られました。馬、荷車、牛、子牛、鋤、犂、自家製の粉砕機も取り上げられました。家の中には、むき出しの壁だけが残りました。ジュラウノでは、私たちは冷たい独房に二日間入れられ、その後ホドリフに送られ、そこで半裸で裸足のまま貨車に乗せられました。その汽車でモスクワに向

（20）Государственный архив Российской Федерации（ГАРФ）. Ф. 9401. Оп. 2. д. 139. л.245.

（21）Ким И. Репатриация японцев с Южного Сахалина в послевоенные годы. URL: https://web.archive.org/web/20160126013109/http://journals.kantiana.ru/upload/iblock/4b4/bfgynt_26-30.pdf.

（22）Бок 3. Сахалинские корейцы: проблемы и перспективы. Южно-Сахалинск, 1989. С.22.

（23）Сахалинский центр документации новейшей истории. Ф. П-4. Оп. 1. д. 364. арк. 68.

（24）Сахалинский центр документации.（注21参照）

（25）Отрищенко А. «Коли напали на Японію, мені було лише 2 роки». Історія японця, який двічі втратив дім через Росію. URL: https://zaborona.com/istoriya-yaponczya-yakyj-dvichi-vtratyv-dim-cherez-rosiyu/

（26）Отрищенко А. «Коли напали на Японію»（注25参照）

（27）Оліярник М. Через дві війни. Сердечна історія 78-річного японця, який любить Україну більше 50 років. URL: https://zaborona.com/cherez-dvi-vijny-serdechna-istoriya-78-richnogo-yaponczya-yakyj-lyubyt-ukrayinu-bilshe-50-rokiv/

（28）V・ハヴリロフ「ソ連強制連行犠牲者の証言（Havrylov V., Victims' Testimonies of the Soviet Forced Deportations）」URL: https://deportation.org.ua/victims-testimonies-of-the-soviet-forcible-deportations/

（29）Saienko A. Unveiling the Ethnocide of Ukrainians: Documents from Soviet Special Setlements（1930–1950）. URL: https://deportation.org.ua/documents-of-deportees-in-soviet-special-setlements-as-a-source-for-studying-the-ethnocide-of-ukrainians-1930-1950/.

（30）Лист Терень Стефанії до організації "Меморіал" Електронний архів українського визвольного руху. URL: https://avr.org.ua

かう途中、パンのかけらさえ与えられませんでした。私たちは一月二一日までこうしてアルハンゲリスク地方の終着駅サラトフまで輸送されました。サラトフ駅では、忌々しい処刑人たちが、全員のために木製のそりをつけたキャタピラ付きトラクターを用意しました。ソリの上に座る者もいれば、雪の中をとぼとぼ歩き、飢えと寒さで倒れる者もいました。私たちは二つのストーブのあるバラック小屋に入れられました。人びとはそこに三年間留め置きされました。この過酷な労働の三年目に父が亡くなり、私は妹たちとともに孤児院に送られました。上の姉はこの苦しみに耐えられず、重労働と飢えで亡くなりました。

ソヴィエト時代のウクライナ人の強制連行では、何十万人もの人々の命が奪われ、家族が引き裂かれ、恵まれない子どもたちが異国の地で暮らすことになった。ソ連当局は、国外追放者の強制的なソヴィエト化・ロシア化、ならびにイデオロギー的な教化を実施し、ソ連全体主義体制の中で子どもたちを教育した。ウクライナ人の子どもたちのなかには、ウクライナ人としてのアイデンティティを失い、亡命先で成長することを余儀なくされた者もいた。

二　ロシアによる全面侵攻後のウクライナ人大量強制連行

国連によると、二〇二二年二月二四日の全面的侵攻開始以来、ロシア連邦はウクライナの暫定的な占領地域から二八〇万人以上のウクライナ人を国外追放したとされる[31]。この数字には、これらの占領地域からロシア連邦とベラルーシ共和国に不法に連れ去られた数十万人の子どもたちも含まれている。

二〇二二年三月二六日、イリナ・ヴェレシュチュク副首相兼ウクライナ暫定占領地域社会復帰担当大臣は、ロシアによって強制連行されたウクライナ人の数は四万人と推定されると発表した。[32] しかし、ロシアのメディアは、ウクライナ人の強制連行を「避難[33]（evacuation）」と呼び、強制連行された者を「難民／避難民[34]（refugees）」と呼んでいる。概念のすり替えという常套手段を使って、偽情報を盛んに流布しているのである。残念なことに、強制連行されたウクライナ人の子どもたちの居場所はいまだに不明である。ロシア当局によってウクライナの子どもたちは名前を変えられ、不法な養子縁組をされ、軍事化されている。また偽装犯罪を行っている。Children of War のウェブサイトによると、[35] 一万九五四六人の子どもたちがロシアに強制連行されたことが確認されている。未成年のウクライナ人で帰還できたのは三八七人に過ぎない。ウクライナに対する全面的な侵攻が続く現在でも、ロシア当局とその協力者は、この人道に対する犯罪に加担し続けている。彼らは集団的強制移住を組織的に行なっており、ウクライナ人をロシア連邦とベラルーシ共和国の領土の奥深くに強制的に連行しているのである。[36]

（31）ＵＮＨＣＲデータポータル「ウクライナにおける難民の状況（Ukraine refugee situation）」URL: https://data.unhcr.org/en/situations/ukraine

（32）Верещук І.: кількість насильно вивезених українців зараз може становити 40 тисяч – боремося за їх повернення. URL: https://minre.gov.ua/2022/03/26/iryna-vereshhuk-kilkist-nasylno-vyvezenyh-ukrayincziv-zaraz-mozhe-stanovyty-40-tysyach-boremosya-za-yih-povernennya/

（33）Эвакуация из ЛНР и ДНР в Россию. Главное. URL: https://www.rbc.ru/politics/20/02/2022/620fd6d99a7947a9ec85178c

（34）Число ПВР для беженцев в России достигло 807. URL: https://ria.ru/20221024/bezhentsy-1826256366.html

（35）Children of War. URL: https://childrenofwar.gov.ua/en/

（36）Куренкова О. Білорусь допомагає РФ депортувати українських дітей – Латушко. URL: https://suspilne.media/535727-bilorus-dopomagae-rf-deportuvati-ukrainskih-ditej-latusko/

三　二〇二二年のロシアによる全面的侵攻後に起こった強制連行の目撃証言

市民団体や人権団体は、約二年間、ロシアに占領された地域から孤児や親の監護を奪われた人々が強制連行された数々の事例を記録してきた。特に、ウクライナ人の強制連行の現状を調査するプロジェクト「*Where Are Our People*」[37]では、目撃証言を集めている。その中には、ヘルソンにある子どもの社会的・心理的リハビリテーション・センターの所長だったヴォロディミル氏[38]や、ヘルソン地方出身の高齢女性オレナ[39]の話が含まれている。彼らは、ロシア占領軍によって六三人の孤児が拉致されるのを目撃した。ウクライナのルハーンシク州ルビージュネ市出身で、四人の子どもの母親であるユリヤ[40]の話も印象的だ。

ロシアがウクライナに全面的に侵攻する前、彼女はイヴァン（五歳）とマトヴィ（一一歳）という二人の幼い息子たちと暮らしていた。二〇一四年にロシア軍に占領された領土と二〇二二年に占領された領土の最前線にあったルビージネ市は、絶え間ない壊滅的攻撃にさらされていた。ユリヤはセールスウーマンとして働き、上の娘たちはすでに独立して暮らし始めていたため、下の二人の子どもたちの面倒を見ていた。四月六日、街がロシア軍に占領された後、ユリヤとその家族はカディロフの武装勢力に拘束された。わずか五分の間に持ち物をまとめるように命じられ、ウクライナとロシアの国境の主要検問所であるルハーンシク州ミローヴェに向かうバスに乗るよう強要された。バスは実際には国境まで向かわなかったので、一家はロシアの検問所までの七キロの道を歩かなければならなかった。ロシアに着くと、一家は別のバスに乗せられ、ロストフ地方の「創造の家」へと向かわされた。そこで、ユリヤの夫は一五時間から二〇時間ほど尋問された。夫の身を案じ、ロシアに留まることを拒んだユリヤは亡命を決意し、エストニアとの国境へ向かった。一家はサンクトペテルブルクまで三六時間の苦難の列車の旅をした。到着後、一家は駅で再び尋問を受けたが、ユリヤは、サンクトペテルブルクに居る家族が迎えに来てくれると偽った。ユリヤには幸いにもエストニアの国境まで行くのを手伝ってくれる知り合いがいた。二度の尋問の末、一家はようやくロシアを離れることを許された。選別収容所での苦難、数々の尋問、何千キロもの移動にもかかわらず、ユリヤは強制連行された国から逃れることができたのだった。

占領下のマリウポリに住む別の家族の話は、さらに印象的だ。*Where Are Our People* のプロジェクトチームは、ふたりの兄弟、一九歳のイリヤと一〇歳の弟、そして彼らの母親の証言を記録した。[41] ロシアの全面的な侵攻が始まる前、一家は街の左岸に住んでいた。二〇二二年三月、彼ら全員が占領軍によってロシア連邦に強制的に移送された。ロシア軍はマリウポリを包囲した後、ウクライナ支配地域への渡航を禁止した。街は閉鎖され、何人かが逃げようとした緑の回廊でさえ、ロシアの占領軍によって絶えず砲撃された。このような状況は、移動する権利と選択を人びとから奪うものであった。

イリヤの家族は車を持っていたが、ウクライナが支配する右岸に移動することはできなかった。道路はアゾフスタール工場をまたいでおり、そこでは非常に長い期間にわたり激しい戦闘が続いていたからだ。三月のある日、ロシア軍はマリウポリの住民を「選別」のために集めた。イリヤと母親、そして弟はアパートから引きずり出され、市内のどこかにある収容所に連れて行かれた。イリヤは言う、「悪夢だった。ロシア軍は人をあざけり、怒鳴りつけ、脅した。ロシア軍は、自分たちが何千人もの命を奪い、あらゆるものを破壊したことなど気にも留めていなかった。私はそこでとても強いストレスにさらされた。銃撃の中を走らなければならなかったときよりも、それはひどいも

(37) Where are our people? URL: https://deportation.org.ua/people/
(38) 同前、Interview. Story 4: Volodymyr. URL: https://deportation.org.ua/story-4-volodymyr/
(39) 同前、Interview. Story 5: Lena. URL: https://deportation.org.ua/story-5-lena/
(40) 同前、Interview. Story 16: Yulia. URL: https://deportation.org.ua/yulia/
(41) 同前、Interview. Story 1: Ilia. URL: https://deportation.org.ua/story-1-ilia/

のだった」。一家は選別収容所で尋問を受け、その後、バスでロシアのロストフ地方へと連行された。占領者たちは、もっと良い場所へ移送すると言っていたが、一家は強制的にその街から連行されたのだった。一家は、ロシアで新たに強制連行されたウクライナ人のために特別に準備された一時宿泊センターに五日間留置された。その後、なんとかヨーロッパ連合との国境にたどり着き、ロシアから脱出した（多くの人を危険にさらす可能性があるため、家族はこの経緯を明かしていない）。この戦争は、一〇歳の弟イリヤに最も大きなダメージを与え、彼は現在治療を受けている。

四　ウクライナの子どもたちのロシア化と軍国主義化

ウクライナの子どもたちの大量国外強制連行、それに続く強制的なロシア化[42]と軍国主義化は、ロシアのウクライナ侵略戦争における偶然の出来事ではなく、テロ国家の政策の一環としてあらかじめ計画されたものであった。この犯罪（欧州評議会議員会議ＰＡＣＥによってジェノサイドと認定された）[43]を犯すにあたってロシア占領軍が追求した主な狙いは以下の通りである。[44]

——ウクライナ人児童の拉致とウクライナ人としてのアイデンティティ剝奪のための「再教育」。

——ロシア連邦の人口減少への対応として、ウクライナ人児童の違法な養子縁組とロシア国籍の付与。

——ウクライナに対する新たな武力侵略を可能とする次世代を育成するために、「青年軍」のような準軍事組織に子どもたちを参加させる、といった強制的軍国主義化。

ロシア人は、強制連行されたウクライナ人児童らを利用し、イデオロギー的教化やプロパガンダ活動を積極的に行っている。特別なキャンプを作り、表向きは、子供たちを「適応させ、心的外傷後ストレス障害の克服へ支援する」とうたいつつ、様々な措置を施している。ウクライナの子どもたちは、祖国の領土を爆撃しているロシア軍に手紙を書いたり、絵葉書を描いたりして、軍国主義化させられている。また、ウクライナの子どもたちがロシアの子どもたちの準軍事組織に意図的に関与させられているという事実もある。それは、「青年軍」、「ワグネリアノク」、「ヴィンペル」、「ロシアの鷹」などである。

「ユナルミヤ（ジュニア・アーミー）」は、児童と青少年のための全ロシア的な軍事・愛国運動であり、ネオ・ピオニール運動である。ロシアの国防大臣セルゲイ・ショイグのイニシアティブにより二〇一六年に創設された。同組織の公式サイトには、発足以来、八歳から一八歳までのロシアの青少年たち一三〇万人以上がこの運動に参加していると記載されている。[45]

同様に、青年軍の「地域」センターはロシア連邦だけでなく、ウクライナのドネツィク、ザポリージャ、ヘルソ

(42) A・サイエンコ、V・ハヴリロフ「サンタクロースは来なかった——強制送還されたウクライナの子どもたちがロシアでどのように再教育されているのか（Saienko A./ Havrylov V., St. Nicholas did not come. How Ukrainian deported children are re-educated in Russia)」URL: https://www.pravda.com.ua/columns/2023/12/23/7434260/

(43) ПАРЄ визнала геноцидом депортацію українських дітей до росії. URL: https://minre.gov.ua/2023/04/28/parye-vyznala-genoczydom-deportacziyu-ukrayinskyh-ditej-do-rosiyi/

(44) V・ハヴリロフ「国外追放の一世紀——ロシアはいかにして人民を滅ぼし、滅ぼし続けているのか（Havrylov V., A Century of Deportations. How Russia destroyed and is destroying peoples)」URL: https://ukrainer.net/deportatsii-iz-boku-rosii/

(45) Unarmy. URL: https://yunarmy.ru.

ン地方の占領地にもあり、ロシア占領軍は青少年に対する宣伝活動に従事している。その証拠に、占領下のウクライナ都市ヘニチェスクとスカドフスクで、ロシア人占領軍が、青年軍に勧誘されたウクライナ人の子どもたちを動員しつつ、イベントを開催した事が記録されている。同時に、占領当局は、ロシアのウクライナ侵攻の参加者に協力するよう、組織のメンバーを積極的に巻き込もうとしている。

占領地でロシア軍人が全ロシア愛国運動「ユナルミヤ」メンバーのいわゆる「訓練」に関与しているという事実もある。ヘルソン占領行政当局の公式チャンネルは七月一七日、マルゲロフ大隊の兵士がヘルソン地方でのメンバーの訓練を開始したと伝えた。[47]また、ユナルミヤの第三三分遣隊の教官が子どもたちに様々な種類の武器や射撃戦術を教えていると報じている。例えば、青年軍本部第一副部長であるヴァレリー・カウロフは、「特別作戦」参加者とのミーティングを組織したとされる。[48]ロシアのロストフ地方には、ドネツィク地方から「青年軍の一員として」移送されたウクライナの少年少女たちの写真もある。二〇二二年三月末、「青年軍」の成人メンバーたちは、いわゆる「特別作戦」の一環として将来ウクライナで戦うことを想定して動員準備を始めたとされる。[49]

「青年軍」の一員としてのドネツィク州占領地域の小学生たち。ロシア、ロストフ地方（写真出典：「ユナルミヤ」公式ウェブサイト[46]）

二〇二三年初頭、ティーンエイジ・クラブ「リーダー」（旧「ワグネリアノク」）が、ワグネル・グループにならって活動を開始した。[50]組織のイベントには主に年長の子どもや若者（平均年齢は一六～二五歳）が参加した。ここではロシア軍の無人機製造が若者に対して積極的に奨励されている。

ロシア軍の元特殊部隊によって創設されたロシア軍愛国センター「ヴィンペル」を拠点とする「子どもキャンプ」

がある。このセンターの公式資料によると、ロシア連邦の五〇の地域に、このような「キャンプ」が一〇〇以上存在するとされる。ここでは、ロシアに強制連行されたウクライナの子どもたちが、攻撃的なロシアのプロパガンダ精神に基づいて「教育」されるため「軍国主義化」される恐れがある。(51)

「ロシアの鷹」は、ロシア国民愛国教育を目指し創設されたプログラムであり、ロシア連邦の国家的教育プロジェクトの一環を成している。この組織の公式の活動目的は、家族、祖国、知識、自然、健康といった価値観を子どもたちに教えることである。(52)その公式ウェブサイトによると、参加者数は三〇七万八九九一人で、この数字には児童、教師、親なども含まれる。このうち、五万七〇〇〇人の少年少女たちが、ロシア軍によって占領されたウクライナ

---

(46) Школьники из ДНР вступили в ряды «ЮНАРМИИ». URL: https://yunarmy.ru/press-center/news/shkolniki-iz-dnr-vstupili-v-ryady-yunarmii/

(47) Херсонський канал окупаційної адміністрації. URL: https://t.me/VGA_Kherson/11128

(48) «ЮНАРМИЯ» укрепляет партнёрство с участниками специальной военной операции. URL: https://yunarmy.ru/press-center/news/yunarmiya-ukreplyaet-partnyerstvo-s-uchastnikami-spetsialnoy-voennoy-operatsii/

(49) Лепеха Я. У Росії планують залучити у війні проти України неповнолітніх з "Юнармії" – ГУР. URL: https://suspilne.media/219595-u-rosii-planuut-zaluciti-u-vijni-proti-ukraini-nepovnolitnih-z-unarmii-gur/

(50) В Петербурге открылся молодежный клуб «Вагнеренок», где подросткам «прививают любовь к Отчизне» На одной из встреч выступил спецназовец, который «излучает дельта-волны». URL: https://meduza.io/feature/2023/03/03/v-peterburge-otkrylsya-molodezhnyy-klub-vagnerenok-gde-podrostkam-privivayut-lyubov-k-otchizne

(51) Хмаринка History. Злочини кремля. Примусова русифікація українських дітей. URL: https://www.youtube.com/watch?v=xlQtN7gTfgU

(52) Орлята России. URL: https://orlyatarussia.ru/.

のヘルソン地域の出身である。[53] このプログラムへの参加は義務であり、この訓練の一環として、小中学生の子どもたちは幼い頃からイデオロギー教育を目的としたプロパガンダ行事に参加させられている。占領地のヘニチェスク市を含むヘルソン地方の学校では、このプロジェクトに二八四クラス、五七二二人の小学生が参加させられている。彼らは教師とともに、七つの分野で「鷹」の称号を得るために様々な活動に取り組む。その分野とは、「リーダー」、「歴史的記憶の守護者」、「マスター」、「スクラブル」、「アスリート」、「ボランティア」、「環境保護主義者」である。[54]

ウクライナの暫定占領地では、ロシア側に接収された学校でウクライナ人の児童らがロシア軍の兵士のためのお守りを作ることを強制されており、完成したお守りは占領軍に渡される。[55] これらの授業は、労働の授業中に教師の監督の下で行われており、子どもたちは拒否することができないにもかかわらず、児童らの自発的な活動として紹介されている。ロシア当局はまた、ウクライナ人の子どもたちに、ロシア語教師の口述筆記のもと、敵のロシア兵に手紙を書くよう強制している。

ロシア当局は、ウクライナの子どもの大量強制連行のために組織的な準備を行い、ロシア連邦の領土に収容・拘留するシステムを構築している。さらに、上述のように、強制的なロシア化と軍国主義化を通じて、ウクライナ人のアイデンティティを根絶するプロセスを進めている。ロシア連邦の上級公務員もこの犯罪行為に関与しており、[56] ロシア連邦大統領直属の子どもの権利担当委員であるマリヤ・リヴォヴァ゠ベロワは、二〇二四年のロシア国家予算から当該政策の遂行へ四二万ユーロを割り当てられた。[57] また同様にして、地方の州知事もこの問題に関与していることが判明している（例えば、占領下のドネツィク地方からモスクワ地方に強制連行された家族に関するモスクワ州知事アンドレイ・ヴォロビョフのメッセージなどから明らかである）。[58]

ロシア当局者が占領地を「庇護」しているという具体的な事実もある。特に、ロシア連邦ムルマンスク州知事のアンドレイ・チビスは、ウクライナ・ザポリージャ州の占領地プリモルスキー地区をその監督対象としてみなしていた。このロシア政府高官は、占領されたザポリージャ州を繰り返し訪問し、とりわけ学校などの教育機関を視察し[59]、同地方の一部がロシア連邦に統合されたことを祝福し、子どもたちにお祝いとしてムルマンスク地方を訪問するよう招待した[60]。ムルマンスク州知事は占領地からロシア連邦へのウクライナの子どもたちの不法な強制連行に直接関与しており、この犯罪行為により、チビスには国際的な制裁が課せられている。すでに二〇二二年九月、チビスはムルマンスク空港でウクライナから強制連行された一一人の子どもたちと面会しており[61]、また二〇二三年夏に

（53）Более 5, 7 тыс. детей в Херсонской области присоединились к «Орлятам России». URL: https://tass.ru/obschestvo/19906271

（54）ヘルソン地域には五万七〇〇〇人の子どもがいるとされる（脚注五三を参照）。

（55）Росіяни примушують українських дітей робити обереги для окупантів. URL: https://sprotyv.mod.gov.ua/rosiyany-prymushuyut-ukrayinskyh-ditej-robyty-oberegy-dlya-okupantiv/

（56）V・ハヴリロフ「ウクライナの子どもたちの不法な国外連行は、ロシア当局が組織し資金を供与している犯罪行為である（Havrylov V., The illegal deportation of Ukrainian children is a crime organized and financed by Russian officials）」URL: https://war.ukraine.ua/articles/the-illegal-deportation-of-ukrainian-children-is-a-crime-organized-and-financed-by-russian-officials/

（57）クレムリンの機密ファイルリークを通じプーチンがいかにして再選を画策したかが明らかになった。URL: https://vsquare.org/kremlin-leaks-putin-elections-russia-propaganda-ukraine/

（58）Телеграм-канал губернатора Московской области Андрея Воробьева. URL: https://t.me/vorobiev_live/3652.

（59）Мурманская область начала оказывать помощь подшефному Приморскому району Запорожья – губернатор Чибис. URL: https://www.interfax-russia.ru/northwest/main/murmanskaya-oblast-nachala-okazyvat-pomoshch-podshefnomu-primorskomu-rayonu-zaporozhya-gubernator-chibis

（60）Мурманская область укрепляет связи с оккупированными украинскими территориями. URL: https://thebarentsobserver.com/ru/obshchestvennost/2023/06/murmanskaya-oblast-ukreplyaet-svyazi-s-okkupirovannymi-ukrainskimi

（61）Депортированные украинские дети прибыли в Мурманск. URL: https://thebarentsobserver.com/ru/obshchestvennost/2022/09/

は、チビスはムルマンスク州の予算から、占領下のザポリージャ州からクラスノダール地方のサマーキャンプにウクライナの子どもたちを強制連行するための資金を調達したことが明らかとなっている。[62]

また、ロシア連邦ムルマンスク州の教育「大臣」であるディアナ・クズネツォワは、ロシアでのサマーキャンプに送る子どもたちを集めるために、マリウポリ、ザポリージャ州プリモルスク、ベルジャーンシク、および周辺の村落の幼稚園、学校および大学などを訪問した。[63]

ウクライナの未成年者の強制連行先となっているロシアの遠隔地は、ムルマンスク地方だけではない。プーチン政権は二〇一四年以来、極東地域、特にロシア連邦沿海州への強制連行を実施してきた。二〇一四年秋、あるロシアの情報筋によれば、この地域で約五三の「一時収容センター」が運営され、子どもを含む一五〇〇人のウクライナ人が収容されているという。[64] そのような「センター」での生活はどのような状況にあるのだろうか。オクティアブルスキー地区リポフツィーにあるセンターに関して、アクセス可能なデータに基づいて調査すると、そこでは厳寒の中、適切な食料も暖房も与えられずにウクライナ人が収容されている事実が明らかになった。

こうしたロシアによって意図的に行われているウクライナ人の強制連行は、ロシア連邦の辺境地域における壊滅的な人口減少と密接に関連している。ロシア科学アカデミー（RAS）太平洋地理研究所の主任研究者で、経済学博士でもあるアジア太平洋移住プロセス研究所所長ユーリイ・アヴデーエフは、ロシアはこれらの地域にウクライナ人を再定住させることで、この地域の深刻な人口危機を「解決」できると述べている。[65]

また、ロシアがヘルソン地方の占領地に設置した「労働・社会保護省」（これはロシア政府に従属する協力者擬似国家機関と言える）の代表者は、ロシアの沿海州で開催される子ども向けサマーキャンプの責任者と会談し、ウクライナの子どもたちの「リハビリ」とされるこのキャンプに、職業管理局の予算を充てることについて話し合った。ヘルソン地方はロシア西部の国境に近いにもかかわらず、そのサマーキャンプはウクライナから数千キロも離れているロシアの東端、ウラジオストク近郊の日本海沿岸で行われる。

この距離は、強制連行された子どもたちを祖国に帰還させようとする際、難題を突きつける。二〇二二年四月、ロシアのある情報筋は沿海地方を、ロシア極東におけるウクライナから強制連行された子どもたちの「受け入れ」と「社会復帰」の「拠点」のひとつと呼んだ。実際に、同州の指導者は、ドネツィク州とルハーンシク州のロシア占領地域からの子どもたちの移送を積極的に「奨励」している。(66)

ロシアによるウクライナ侵攻を積極的に支援している沿海地方知事オレグ・コジェミャコは、侵攻参加者のための社会プログラムに資金を提供している。(67) つまり、元孤児で成人後にウクライナ侵攻に参加したロシア人や、ウクライナ侵攻軍の一員としてウクライナとの戦争で両親を失った子どもたちに住居を提供するために、特別な資金の割り当てが実施されている。あるロシアのメディアによれば、彼は、孤児としてウクライナに対する攻撃に参加している「武力紛争の参加者」に対して住宅購入のための資金提供を示唆する法律草案に言及している。(68) 公開されて

---

deportirovannye-ukrainskie-deti-pribyli-v-murmansk

(62) Мурманская область привезет в Россию 230 детей с «подшефной» украинской территории. URL: https://thebarentsobserver.com/ru/obshchestvennost/2023/06/murmanskaya-oblast-privezet-v-rossiyu-230-detey-s-podshefnoy-ukrainskoy

(63) Мурманская область взяла шефство над Приморским районом Запорожской области. URL: https://vk.com/minobr51?w=wall-140122464_14819

(64) Украинские переселенцы просятся из Приморья домой. URL: https://www1.kasparov.ru/material.php?id=54326372A4976

(65) Катастрофический отток населения с Дальнего Востока надеются перекрыть украинцами. URL: https://www1.kasparov.ru/material.php?id=543E48D17FF19

(66) Детей Донбасса пригласили на каникулы в Приморье. URL: https://deita.ru/article/514054

(67) Губернатор Приморья Олег Кожемяко выказывает невероятную поддержку спецоперации. Что заставляет его раз за разом ехать «на передок» через всю страну. URL: https://novayagazeta.ru/articles/2023/02/03/gubermen-media

いる情報では、ロシア沿海地方のヤコヴレフカ村とミハイロフカ町の不動産開発業者からの住宅購入が示唆されている。

五　強制連行された人々の帰還へ向けた現在進行中の取り組み

ロシアによるウクライナへの全面的侵攻の開始以後、ウクライナ政府、法執行機関、学術界、市民社会は、国外パートナーとの緊密な協力のもと、ロシア連邦に強制連行されたウクライナの子どもたちの所在を突き止め、特定するための一貫した取り組みを行ってきた。例えば、被害者となった未成年者を一刻も早く祖国に返すための解決策を提示し、彼らのさらなる社会復帰とウクライナ社会への再統合を成功させるための包括的なアプローチを開発することを目的としている。以下に、この具体例をいくつか挙げたい。

1　強制連行された子どもたちの帰還のための包括的なアプローチの策定

ウクライナの国家と市民社会は、強制連行された同胞を帰還させるという重要かつ困難な課題に直面しており、これにはウクライナ国内での取り組みの強化と、欧米をはじめとするパートナー諸国による国際的な支援を必要としている。ウクライナ軍への財政的な支援をはじめ、そもそもこの戦争に勝利することが、ロシア側へ強制連行された成人や未成年者を祖国に帰還させることに直結していることを認識する必要がある。

ウクライナの子どもたちの帰還のために欧米主要国の参加を軸に、二〇二四年二月に国際的な連合が結成された。

この活動における包括的なアプローチの策定と支援体制の国際的な広がりは極めて重要である。[69] そのためには、この分野での支援に合意している国際社会、すなわち米国、カナダ、フランス、エストニア、ドイツ、およびその他の欧州諸国、合計三七カ国の世界各国の揺るぎない支援が必要である。この国際的な連合には二〇二四年四月に日本も参加を表明し、G7の主要先進国七か国の全てがこれに参加することとなった[70]。強制連行されたすべてのウクライナの子どもたちを帰国させることは、ヴォロディミル・ゼレンスキー大統領が主導した「子どもたちを連れ戻すウクライナ行動計画」の根幹を成している。また、ウクライナ大統領府長官が提唱する「捕虜と強制連行犠牲者の解放」は、「ウクライナの平和解決哲学（Ukraine's Peace Formula Philosophy）」の重要な根幹を成している[71]。ウクライナの子どもの権利担当大統領委員であるダリヤ・ヘラシムチュクは、以下のように述べている。

> 私たちは、国際社会と人権団体の参加を得て、国外に連行された子どもたちをウクライナ領土に帰還させるためのアプローチを必要としています。それと同時に、既存のアプローチや世界的な子どもの保護制度を更新する必要もあります。ロシア人に拉致されたウクライナの子どもたちだけでなく、世界中のすべての子どもたちのために、世界が提供しなければならないのは、子どもたちの安全の保証です。今日、それはウクライナの子どもに起こっていることではありますが、明日は世界中のどの国のどの子どもにも起こりうることなのです[72]。

（68）Ролик А. | Сенатор от Приморья. Телеграм-канал. URL: https://t.me/rolikofficial/1541

（69）Японія долучилася до коаліції за повернення українських дітей. URL: https://www.pravda.com.ua/news/2024/04/27/7453281/

（70）同前。

（71）Ukraine's Peace Formula Philosophy. URL: https://www.president.gov.ua/storage/j-files-storage/01/19/53/32af8d644e6cae4179154 8fc82ae2d8e_1691483767.pdf

2　送還されたウクライナの子どもたちの身元確認

子どもたちの帰還事業で最も重要なことは、子どもたち収容されている場所を突き止め、また子どもたちの身元を特定することである。国際法に反して、ロシアはウクライナへの情報提供を拒否し、こうした収容所の所在地や、プーチン独裁政権の人質となったウクライナの子どもたちの拉致リストを隠匿することで、帰還事業を妨害している。ロシア当局は強制連行を周到に準備しており、住民を連行する方法を様々に考案し、一時宿泊施設を建設し、その維持のための資金を集めている[73]。ロシアの主な戦略的目標のひとつには、ウクライナ民族の壊滅がある。ロシアのさまざまな地域に強制連行されたウクライナの子どもたちは、帰国できる可能性は事実上非常に少なく、敵国で生き延びるためにロシア国籍を取らざるを得ない状況に追い詰められている。

3　加害者の詳細なリスト作成

ウクライナの子どもたちの国外追放、軍国主義化、ロシアへの強制連行、ロシア化といった犯罪に関与したロシアの公務員や軍人に国際制裁を科すため、加害者に関する詳細なリストを作成することが必要である。

おわりに

以上をまとめると、ロシアはヨーロッパのど真ん中で戦争犯罪を続けているという、まったく驚くべき事実が明瞭となる。このような犯罪を断固として終わらせる、という世界各国とウクライナの総意こそが、国際社会の安全に重要なことは言うまでもない。国際法を違反した者の放置は加害行為を悪化させ、さらに誘発させる。ロシア政府による犯罪は、法に基づく世界秩序に対する根本的な脅威である。世界の平和維持と繁栄には、国際社会の協調を強化することが重要であり、それには欧米のみならず、アジア諸国の積極的な関与も不可欠である。

ロシアによるウクライナに対する侵略とそれに伴う戦争犯罪を食い止めるためには、グローバル・パートナーの協力と、ロシア政府に対抗するためのバランスの取れた国際的協調に基づく外交的圧力の行使が欠かせない。その意味からも、ウクライナと世界が一丸となって、ロシアによるウクライナの子どもたちの強制連行という忌々しい戦争犯罪に立ち向かう必要がある。

［根岸海馬 訳／進藤理香子 監修］

---

(72) Дар'я Герасимчук зустрілася з експертами механізму з людського виміру ОБСЄ, який буде зосереджений на питанні депортації українських дітей до РФ. URL: https://www.president.gov.ua/news/darya-gerasimchuk-z.strilasya-z-ekspertami-mehanizmu-z-lyuds-82349

(73) Михайлов Д. Росія готувалася до депортації українців з окупованих територій ще до початку війни — правозахисниця. URL: https://suspilne.media/480013-rosia-gotuvalasa-do-deportacii-ukrainciv-z-okupovanih-teritorij-se-do-pocatku-vijni-pravozahisnica/

第八章　農民革命の表象　ウクライナ
——一九二〇～三〇年代日本におけるアナーキストのウクライナ認識

伊東林蔵

はじめに

二〇二二年二月のロシアによるウクライナへの全面的侵攻の開始以後、日本ではウクライナの国家体制、文化、歴史に対する関心が未曾有の高まりを見せた。ウクライナの徹底抗戦が連日メディアで報道される中で、ロシアの侵攻・支配に対するウクライナの自治独立の抗戦が、帝政ロシア時代まで遡るものと捉えられた。青空の下の麦畑をモチーフとした国旗が、ウクライナへの連帯を示すため官公庁・民間を問わず日本中で掲げられ、国歌「ウクライナは滅びず（Ще не вмерла Україна）」が反戦集会で歌われることで、一般的に知られることになった。このような現象は、豊かな自然の中で自治独立のためにロシアによる支配と戦ってきた国家・地域というウクライナ・イメージを日本でも定着させたといえる。

では、そのようなウクライナ・イメージは、いつ日本で形成されたのであろうか。二〇二二年以前から、オレンジ革命、ユーロ・マイダン、クリミア危機に際し、自治独立のためにロシアの支配と戦ってきた国というイメージは度々メディアで取り上げられてきた。ウクライナ史研究も、そのような視点を中軸に進められてきたといえる。[1]日本におけるウクライナ史研究を牽引してきた中井和夫は、ロシア革命期のウクライナ独立運動からソ連支配下の対ウクライナ共和国民族政策をはじめ、その中でのウクライナ・アイデンティティの形成を研究対象としてきた。[2]

一方でユーロ・マイダン後、日本においても一般的にウクライナへの関心が徐々に高まる中で、岡部芳彦のように、ロシア・ソ連による支配に対する抵抗者という文脈だけではなく、独自の文化を持ち発信する主体としてウクライナを捉え、ウクライナと日本（以下、ウ日と表記）の関係を扱った研究が現れた。[3] 岡部は、一九一五年十二月に松井須磨子と島村抱月を擁する芸術座がウクライナ人の劇団と共演し、一九一六年に来日巡業を実現させたことを最初のウ日交流としている。他にも、満州国におけるウクライナ民族運動家への日本の軍部・外交関係者による支援という直接的な人的交流があったことを明らかにしている。

このように戦前から直接的な人的関係がウ日間に形成されていたことが明らかとなった意義は大きい。しかし、直接的な交流を伴わなくとも、輸入文献を通じた思想・運動の伝播も関係史としては重要であろう。[4] 本章では、ロシア革命期におけるウクライナの農民運動や一九世紀帝政ロシアにおけるウクライナ人の革命運動が、一九二〇年代初期に文献の翻訳・翻案を通じて日本に紹介された事実に注目する。それを担った大杉栄、石川三四郎、農民青年社の運動家をはじめとする日本のアナーキストとその影響を受けた人々の言説に注目し、豊かな自然を背景に自治独立のためにロシアの支配と戦ってきた国・地域というウクライナ・イメージが、日本で形成された過程を明らかにしようと試みる。

本章では、ロシア革命期にウクライナで農民主体の革命運動を組織したネストル・マフノ（Нестор Іванович Махно）と、彼の名を冠したマフノ運動（マフノフシチナ Махновщина）を中心に据える。マフノは、日本のアナーキストから強烈な信奉を得たが、その所以を知るために、以下にマフノの経歴と運動を概観しておきたい。

ネストル・マフノは、一八八九年にロシア帝国エカテリノスラフ県（現在のウクライナ共和国ドニプロペトロウシク州他二州を包摂した行政区）の村落フリャイポレに貧農の子として生まれた。初等教育を受けたのみで、牛や羊の世話をし、ドイツ人地主の下で奉公人として働いた。一九〇六年以降は革命運動に従事し、逮捕・釈放を繰り返す中で、アナーキズムに傾倒していった。一九一七年に二月革命が起きると、故郷を拠点に農民と労働者の自治組合を設立し、地主・富農の土地・財産を農民に分割する革命運動を行った。一九一八年二月、ドイツ・オーストリア軍がウクライナを占領すると、マフノは、農民を主体とするウクライナ革命叛乱軍を組織し、ウクライナ南部一帯に農民中心の自治共同体（自由コミューン）を形成した。しかし、赤軍と共同で白軍を撃退した後、中央集権化を目指すボリシェヴィキから反革命的勢力と見なされ、赤軍との戦闘の末、一九二一年に自由コミューンは壊滅させられた。マフノはパリに亡命し、そこで一九三四年に没することとなった[5]。

日本においてマフノ運動の研究は少ない。ロシア革命は都市労働者の革命であったが、当時ロシアにおいて圧倒的人口を占めていた農民による革命というもう一つの選択肢があり、それがマフノ運動であったという和田春樹の研究[6]が知られる。マフノ運動の参謀役としてマフノを支えた運動の当事者であるP・アルシーノフ（Пётр Андреевич

（1）ロシアによるウクライナへの全面的侵攻の開始以後、ウクライナ史研究は盛んになっている。代表的なものとしては、歴史学研究会編『ロシア・ウクライナ戦争と歴史学』大月書店、二〇二四年。

（2）特に中井和夫『ソヴェト民族政策史――ウクライナ1917〜1945』御茶の水書房、一九八八年。他に中井和夫『ウクライナ・ナショナリズム――独立のディレンマ』東京大学出版会、一九九八年。

（3）岡部芳彦『日本・ウクライナ交流史　1915―1937年』神戸学院大学出版会、二〇二一年、一一頁以降。

（4）岡部もこの意義を否定しているわけではなく、大杉栄による日本へのマフノ紹介と、嘉治隆一『近代ロシア社会史研究』同人社、一九二五年におけるマフノ運動への言及を挙げている。岡部前掲書、五頁。

（5）アルシーノフ著、奥野路介訳『マフノ叛乱軍史――ロシア革命と農民戦争』鹿砦社、一九七三年（風塵社、二〇一七年）。中井和夫「解説　マフノフシナ――内戦期ウクライナにおける農民運動」アルシーノフ（奥野）前掲書、二七八〜二九九頁。

Аршинов）による限定的ながら客観性を志向した詳細なルポルタージュの邦訳と、中井和夫によるその解説[7]がマフノ運動の詳細を知る上では欠かせない。他にもマフノ運動におけるドイツ系移民の境遇を扱った鈴木健夫の研究[8]や森元斎の一般向けの紹介[9]がある。マフノ研究の最先端は山本健三の研究[10]であり、海外におけるマフノ研究史から、戦前期日本におけるアナーキストによるマフノ運動の受容についてまでを簡潔にまとめている。山本はその中で、大杉栄、石川三四郎、八木秋子らアナーキストを日本への代表的な紹介者として挙げている[11]。山本は、マフノ運動はアナーキズム的な理想を掲げたものの、本質的にはウクライナ農民運動であったとしている[12]。山本の関心は、マフノ運動の国際的な拡散についてであり、シベリア等で行われたマフノ運動の継承努力とともに、一九三〇年代に八木らによる農村青年社運動への継承を明らかにしている。本章は、マフノ運動それ自体を研究の対象とするのではなく、日本において、マフノ運動がいかにウクライナの運動として捉えられていたかに注目する。そのため、近年、ロシアで編纂されたマフノ運動の資料集等[13]によって明らかとなった運動の細部や新説には基本的に言及しない[14]。

本章は、日本のアナーキストやその影響を受けた人々が共感を寄せたウクライナ地域の農民運動・独立運動が、マフノ運動だけではなかったことを示す点で、これまでのマフノ研究とは異なる。ウクライナ地域における農民運動・独立運動は、本章で挙げるヤコブ・ステファノヴィッチやタラス・シェフチェンコに見られる通り一九世紀から発生していた。これらの運動は、マフノ運動との組織的連続性はない。しかし、日本への受容は、主に一九二〇年代初めにアナーキストを含め、社会主義者[15]を通じてなされている。以下の各節で、大杉や石川、農村青年社によるマフノ運動の紹介、同時期における一九世紀のウクライナ人革命家・独立運動家の紹介過程を考察する。

（6）和田春樹『農民革命の世界――エセーニンとマフノ』東京大学出版会、一九七八年。
（7）アルシーノフの著書は、二度邦訳されており、奥野路介訳は再版されている。ピョートル・アルシノフ著（郡山堂前訳）『マフノ運動史1918―1921――ウクライナの反乱・革命の死と希望』社会評論社、二〇〇三年。アルシーノフ（奥野）前掲書。中井前掲「解説」アルシーノフ（奥野）前掲書、二七八～二九九頁。
（8）鈴木健夫「マフノ運動・赤軍に立ち向かうドイツ人移民――「ハルビン難民」の10年前」ハルビン・ウラジオストクを語る会編『Север』三四号、二〇一八年三月、三四～五五頁。
（9）森元斎『アナキズム入門』筑摩書房、二〇一七年、二一七～二五一頁。
（10）山本健三「第二章 「マフノ後のマフノ運動」の拡散過程におけるアナーキストの役割」田中ひかる編著『社会運動のグローバルな拡散――創造・実践される思想と運動』論創社、二〇二三年、七一～一〇八頁。
（11）同論文、七二頁。
（12）同論文、九九頁。
（13）ロシアでは二〇〇六年に、従来の未公開資料を含めたマフノ運動の資料集 Виктор Петрович Данилов（редакционная коллегия）, Нестор Махно. Крестьянское движение на Украине 1918–1921 : документы и материалы, Москва, 2006 が刊行されたことにより、マフノ研究が著しく進展し、参加自由の分散型組織と考えられてきたマフノ運動における規律や罰則という国家的性格が明らかになってきたとされる。山本前掲論文、七六頁。
（14）本章は、日本語の同時代文献を扱い、日本のアナーキストと通信・交流した外国の運動家の書簡その他の文書・文献等は参照していないため、試論の域に留まることを予め断っておきたい。
（15）世紀転換期日本においては、アナーキズムと社会主義は未分離の状態であった。大沢正道『アナキズム思想史』（増補改訂版）現代思潮社、一九六六年、二〇三頁。日本における社会主義運動は、一九〇三年十月に平民社に集った幸徳秋水、堺利彦、荒畑寒村、石川三四郎ら（後に山川均も参加）によって展開されていく社会改革運動を指す。ロシア十月革命以後、堺、荒畑、山川ら（第一次）日本共産党、後に労農派に結集していくマルクス主義と、大杉や石川らのアナルコ・サンディカリズムとに分かれ激しく対立していく。これらの諸潮流はさらに離合集散するが、源流・総称として敢えて「社会主義」の用語を用いることとする。

一　ウクライナ民衆の革命——大杉栄とマフノ運動

1　日本の社会主義者にとってのウクライナ

一九二〇年代に日本の社会主義運動は、ロシア十月革命の成功とソヴィエト連邦の成立により、ボリシェヴィズム（ボル派）、もしくはそこから離反した労農派も含めマルクス主義が主流となり、アナーキズムはアナルコ・サンディカリズムと純正アナーキズムに分派し相対的に影響力を減じていった。ここでは、一九二〇年代にソ連型共産主義が日本の社会主義運動に影響を及ぼす中で、ウクライナがどのように捉えられていたかを確認しておきたい。

結論を述べれば、一九二〇〜三〇年代、日本のマルクス主義者が、ウクライナの地域性や文化に言及することは極めて少なかった。[16]ロシアにおけるボリシェヴィキ独裁政権の確立・中央集権化は、日本の社会主義運動内にも、ソ連型共産主義が正統かそれとも日本独自の共産主義を追求すべきか、という論争を生み出した。そこでは、ウクライナの農民運動や独立運動は、地域性を看過され、富農に加勢する貧農の反革命運動と捉えられ、階級闘争におけるボリシェヴィズムの反対派であるという解釈に集約されていった。

一九二〇年代初期、日本のマルクス主義者は、ボリシェヴィキとの直接的な交流が限られる中で、僅かな情報を頼りに、現在進行形で形成されていくソ連型社会主義の思想・制度をマルクス主義の普遍的・正統的発展と見なすべきか、それともロシア固有の発展と見なすべきか、すなわち日本の社会主義運動にも援用可能か、判断しなくてはならないという困難の中にあった。その際、情報収集の形態は外国語文献の訳出が主であった。折しも第一次世界大戦後、賠償金支払いのため外国為替獲得に注力したヴァイマール共和国が、インフレの進行とともに書籍輸出をも加速させ、日本を含めた海外に大量の共産主義文献をもたらすこととなった。また、片山潜を中心とする在米社会主義者を通じて、山川均に共産主義文献がもたらされた。このように海外の社会主義理論書を翻訳し紹介するという日本の社会主義運動の形態は、運動・理論自体ではなく、それを訳出した人物がその運動・理論を代表する存在として強く意識される「社会主義伝道行商」という明治期以来の慣習を継承していた。(17) そのため、ウクライナについて言及した日本のアナーキストやマルクス主義者の言説の多くは、外国語文献の翻案やそれを基にした論考に限られた。それはマフノ運動についても例外ではない。しかし、その翻訳・翻案が普及することでマフノ運動のみならずウクライナに対する認識が醸成されていくこととなった。

2　大杉栄によるマフノ運動の認識と拡散

日本においてネストル・マフノの名を広めた最も著名な人物は大杉栄であろう。彼が社会主義雑誌『改造』に寄稿

日本のアナーキスト運動への在米社会主義者グループと山川派の影響については、大原社会問題研究所の同僚である立本紘之氏より、多くの示唆をいただいた。

(16) 後に挙げる山川を別として、堺、荒畑、福本和夫、徳田球一などマルクス主義の代表的運動家には、社会主義理論やソ連型共産主義の思想・制度に関する論考は多くあるが、ウクライナなど地域的運動についての言及は見当たらない。

(17) 立本紘之『転形期芸術運動の道標――戦後日本共産党の源流としての戦前期プロレタリア文化運動』晃洋書房、二〇二〇年、三九～四六、五二頁。一九世紀末以来、日本のアナーキズムは「西欧の輸入思想」で「直訳」されたものとしてその性格は否定的に捉えられ、日本社会に自発的に発生した「土着の社会主義」こそ必要なのであり、それが勝利すれば、レーニン主義や毛沢東主義のような日本独自の社会主義が誕生していたとする大澤正道の主張が強かった。田中ひかる「はじめに　国境を越えた視点から見たアナーキズム史」田中ひかる編『国境を越える日本アナーキズム――19世紀末から20世紀半ばまで』水声社、二〇二四年、一五頁。

した「無政府主義将軍　ネストル・マフノ」[18]は、マフノ運動に関する大杉の認識を知る最も有用な資料である。大杉が長男にネストルと命名したことはよく知られたエピソードであり、大杉はマフノ運動参加者に直接会おうとするほど傾倒していた。

後者の件について詳しく述べると、大杉は、一九二三年一月末から二月にかけてフランスで開催される国際アナーキスト大会への招待を受けた。大杉は、「マフノと一緒に仕事をしたヴォーリンなどという猛者」[19]と会い、話を聞くために彼が亡命しているベルリンに渡ろうとしていた。さらにフランスでは、マフノ運動に関する資料を蒐集することに専念したとされる。[20]同年五月、大杉は、パリで行われたメーデーの集会で演説を終えたところで警察に逮捕され、フランスから追放、日本へ帰国することとなった。[21]

大杉のマフノへの心酔ぶりが伝わるエピソードであるが、大杉はいかにマフノ運動を知ったのだろうか。大杉は、アメリカのアナーキストであるアレクサンダー・バークマン（ベルクマン Alexander Berkman）による『ロシアの無政府主義者に就いてのボルシエヰキの嘘』を紹介した「ロシアの無政府主義運動」を書いている。[22]それによると、大杉は山川均から、ロバート・マイナー（Robert Minor）というアメリカのアナーキストが、マフノを「無政府主義運動が露国に生んだ最も有力な軍事的指導者」と評していると聞いたとされる。[23]このマフノへの評価は、一九二一年五月に雑誌『社会主義』に掲載された山川による「労農ロ国無政府主義の人々」に挙げられているマイナーのマフノへの評価と同じものである。そこでは、マフノがウクライナ農民から揺るぎない支持を集めていたことが語られている。この山川の論考は、エマ・ゴールドマン（Emma Goldman）らアナーキストとレーニンらボリシェヴィキとの対立関係を論じたマイナーの諸説を紹介しており、ウクライナのアナーキストとしてマフノとヴォーリン（本文では、ウォリン）（Волін. 本名は、ウセヴォロド・エイヘンバウム Всеволод Михайлович）が挙げられている。マイナーによれば、ヴォーリンは「ロシアで逢った最も頭脳の明晰な、そして最も大胆な思想家であ」った。ヴォーリンは、マフノの無政府主義軍に身を投じ、彼の政治顧問となり、マフノ運動の機関紙『ナバト』紙の主筆を兼ねた。[24]

ロバート・マイナーは、アメリカの風刺画家（Cartoonist）で、ゴールドマンやバークマンと並び著名なアナーキストとされ、彼らと同様にソヴィエト・ロシアに渡り、レーニンと対談した。訪ソ後にゴールドマンらがソヴィエト・ロシアに失望したのに対し、マイナーは共産主義者としての信念を確固とした。[25]彼は雑誌『前衛』に「自由か規律か？」という論考を載せており、マフノについて、地方自治ソヴィエト主義を奉じて、ボリシェヴィキ中央集権国家への援助を拒否したことを挙げ、赤軍がポーランド戦線に敗れたのは、マフノが南ロシアで「惰けて」おり、「実在しないものに忠実につくした」からであると批判した。[26]

（18）大杉栄「無政府主義将軍　ネストル・マフノ」『改造』九月号、一九二三年九月。
（19）『大杉栄書簡集』（『大杉栄・伊藤野枝選集　第一四巻』）黒色戦線社、一九八九年、二六三頁。
（20）大杉栄「無政府主義将軍　ネストル・マフノ」『大杉栄全集』第七巻、ぱる出版、二一五〜二一六頁。近藤憲二によると、大杉はフランス滞在中には主にマフノ運動に関する資料を集めていたと話し、「マフノの右腕」ヴォーリンに会えなかったことをひどく残念がっていたという。近藤憲二「大杉君と野枝さん」『労働運動　大杉栄・伊藤野枝・追悼号』第四巻第二号、労働運動社、一九二四年二月、五五頁。
（21）大杉豊編著『日録・大杉栄伝』社会評論社、二〇〇九年、四四九〜四五九頁。
（22）大杉栄「ロシアの無政府主義運動」『表現』一九二二年七月（『大杉栄全集』第七巻、ぱる出版、二〇一五年に所収）。
（23）同論文、八〜九頁。
（24）山川均「労農ロ国無政府主義の人々」『山川均全集』第三巻、一九六七年、二六七〜二七二頁（『社会主義』五月号、一九二一年五月）。ヴォーリンが主筆を務めた機関紙『ナバト』については、マフノ運動と軌を一にするものではなく、マフノ運動はアナーキストの中では例外的であったという指摘が嘉治によってなされている。嘉治前掲書、二六四頁。
（25）Paul Buhle, "Minor, Robert", in : Mari Jo Buhle, Paul Buhle, and Dan Georgakas (ed.), *Encyclopedia of the American Left*, Second edition, Oxford University Press, New York 1998, p. 501.

山川がマイナーの著書を、大杉がバークマンの著書を入手した経路は、先に挙げた在米社会主義者グループである可能性が高い。すなわち、日本へのネストル・マフノ及びマフノ運動の紹介は、在米社会主義者を通じて山川によってもたらされたと考えられる。それに基づいて大杉は、一九二二年七月に「ロシアの無政府主義運動」、一九二三年九月に「無政府主義将軍　ネストル・マフノ」を書いたのである。[27]

以上が日本へマフノ運動が受容・紹介されていった過程である。それでは大杉には、ウクライナという地域に関心はなかったのであろうか。「無政府主義将軍　ネストル・マフノ」における以下の記述には、ウクライナの地域的イメージが見出せる。

ロシアの中心でも一番自由を愛すると云はれてゐたウクライナ民衆は、一たん彼等が破り棄てた鎖を再び又彼等にゆはいつけようとするところの、有らゆる国家主義的権威に反逆して立つた。そして自己保存の本能と、革命の一切の獲得物を維持して行きたい熱望と、どんな権威にも対する憎しみと蔑みとが、彼等を駆つてこの反権威的闘争に、無政府主義的闘争に走らしめたのだ。

しかもウクライナの民衆の此の革命運動は、後に無政府主義者ネストル・マフノの名を其の頭にかぶらせてはゐるが、実際は此のマフノ自身が数名の同志と共に始めてドイツやオオストリイの侵略軍を襲ふた以前に、既にあちこちで、スコロパドスキイやペトリユウナの反革命軍に対する武力的抵抗を試みてゐたのだ。そして此の運動は又、ウクライナの各地で、相期せずして殆んど同時に勃発したのだ。

無政府主義者のマフノがこのマフノウィチナを創めたのではなく、ウクライナ民衆の本能的自衛に基づく革命的一揆運動がマフノを駆り出したに過ぎない。[28]

大杉は、アナーキズム思想やアナーキストのマフノが、ウクライナ民衆の革命運動を扇動したのではなく、ウクライナ民衆が自律的に、まさに下から革命運動を起こしたと述べている。しかし大杉は、「ウクライナ」という地域性より「民衆」という階級性に力点を置いている。

マルクシズムは民衆が自分で自分の運命を創つて行く事を決して許すものではない。(29)

マフノ運動は、ウクライナ独立を目指す革命ではなく、民衆による自治を求める下からの革命であると認識されたからこそ、大杉は心酔するに至ったのである。それは、日本の社会主義運動においても、ボリシェヴィズム(マルクス=レーニン主義)が主導権を握り、大杉の属するアナルコ・サンディカリズムが影響力を減じていくという状況の中で、ボリシェヴィズムの中央集権化に決死の抵抗をするウクライナの民衆運動に、マイノリティの抵抗者たる自身を重ね合わせたのであろう。

大杉が長男にネストルと命名した理由も、「ロシア革命を僕らの云ふ本当の意味の社会革命に導こうとした」マフ

(26) ロバート・マイナー「自由か規律か?」『前衛』第三巻第二号、一九二三年二月、四一四~四二三頁。この評論には、矢津九郎(市川正一)の序言が加えられている。
(27) 一九二一年一二月に発表された「ソヴィエト政府と無政府主義者」『大杉栄全集』第七巻、ぱる出版、二〇一五年、八頁(『労働運動』第三次第一号、一九二一年一二月)でイギリスの社会主義機関紙『フリードム』を引用し、「マフノやウクライナ『自由戦士』等は、ボルシエヰキ共の中央集権的傾向に反対した為めに、彼等がデニキンや其の白衛軍と闘つた事実のなるのにも拘はらず、やはり反革命運動者と呼ばれた」と記しており、これが大杉の刊行物におけるマフノへの初の言及と見られる。
(28) 大杉前掲「無政府主義将軍」、二一九~二二〇頁。
(29) 同書、二二四頁。

ノに因んでつけ、「あくまでも民衆自身の創造的活動でなければならない社会革命」への希望を託したからであった。[30]大杉がマフノに思いを寄せたのは、民衆運動による下からの運動であったからである。

しかし、大杉は、民衆運動を一枚岩と捉えていたわけではない。延島英一によれば、大杉はフランスからの帰国後、その革命を擁護し達成するには、自由ソヴィエトに基礎を置く発意的なパルチザンをもってしなければならぬこと、「ロシア革命の失敗した重大な原因は、ロシアのほとんどすべてのアナアキストやアナルコ・サンチカリストが、ボルシェヴィキに眩惑されて、マフノ運動を援助しなかった為だ」と力説していたと伝えている。[31]そうであるならば、大杉はマフノ運動を、ロシアのアナーキストの協力を得られないウクライナ地域に限定されたローカルな運動であったと捉えていたともいえる。

さらに、大杉やその同志がマフノについてアナーキストの革命家としてのイメージしか持っていなかったかといえばそうではない。一九二三年にパリから戻った大杉がマフノ運動について話をした際、これを聞いた安谷寛一が、マフノを「ウクライナの国定忠治」となぞらえ、大杉も「本当に国定忠治やるか、オイ」大いに笑ったとされる。[32]他にも、大阪のギロチン社事件で中浜鐵とともに検挙される上野克己によると、後年、中浜は獄中で、マフノ運動を「十三人にて起てしと聞く外国の革命」と悲壮に唄っていたという。[33]もっとも大杉によると、マフノは六人の同志と闘争を開始したと書いているため、[34]中浜の挙げたマフノの同志十二人とは、明らかにイエス・キリストと十二使徒に見立てたものである。

大杉を通じて、日本のアナーキストには、単に民衆革命を代表するアナーキストとしてではなく、国定忠治のような侠客やキリストの再臨という当時の日本の社会運動家[35]にも受容しやすいイメージを付与されることで、マフノの信奉者は増えていったと考えられる。マフノ運動は、在米社会主義グループから山川を通じてバークマンの著書が輸入されたことで、大杉に知られることになるが、国内の社会主義者に広く知られるに至ったのは、やはり大杉の功績であったといえる。

大杉のマフノ運動の認識は、後に続く石川三四郎や農民青年社と異なる点がある。それは大杉が、マフノ運動を基本的にウクライナ農民の運動としながらも、「民衆」という農民と労働者の共同によって成り立つ革命運動として捉えていた点である。

無政府主義者は、いつでもそして又どこでも、此の権力によつて欺瞞され圧迫されてゐる民衆の味方だつたのだ。彼等は労働者と一緒に、労働者自ら生産を管理する権利を叫んだ。農民と一緒に、自治の権利と、都会の労働者との自由な直接の交渉を結ぶ権利とを主張した。そして、これらの労働者や農民と一緒に無産階級が革

---

(30) 大杉前掲『日録』、四六九頁。李氏朝鮮出身で日本でも農村青年社に関与したアナーキストに、李允熙（イ・ユンヒ）がいるが、李ネストルという筆名で雑誌『黒色戦線』に寄稿していた。日本のみならず東アジア一帯でのマフノ運動の影響については、本章では扱えないが、興味深いテーマである。堀内稔「李允熙」『日本アナキズム運動人名辞典』（増補改訂版）、二〇一九年、一〇三七頁。

(31) 延島英一「大杉君の非軍備主義論」前掲『労働運動』、一八頁。

(32) 田中前掲「はじめに」、一七頁。原典は、大杉前掲『日録』、四五九頁。近年においても、森は、マフノを元締めがいない「必殺仕事人」と捉え、「ヨーロッパの穀倉」たるウクライナだからこそ生まれた運動だとしている。森前掲『アナキズム入門』、二一八～二二五頁。

(33) 大杉前掲『日録』、四六一頁。

(34) 大杉前掲「無政府主義将軍」、二二一頁。

(35) 日本の初期社会主義者はキリスト教徒でもあった。木下尚江は小説「火の柱」において、社会主義運動に殉じた者を十字架にかかるイエスになぞらえた。尹一「明治30年代に見られるイエス像　木下尚江と幸徳秋水の場合」『Comparatio』4、二〇〇〇年三月、一二一～二九頁。

命によつて得た、そして共産政府の権利がそれを詐偽しとつた一切のものを無産階級に返す事を要求した。[36]

上記の抜粋から、労働者と農民という無産階級、すなわち「民衆」が、共産政府（ボリシェヴィキ）という権力者に対して革命を起こすものであり、アナーキストの役目はそれを助けるにすぎないとするのが、大杉のマフノ運動から導き出した革命のあるべき姿であった。後に石川らが農村主体の革命運動への志向を強める中で、マフノ運動とウクライナへの認識も変化していく。

二　農民革命の地としてのウクライナ認識——石川三四郎の影響

1　石川三四郎の思想とマフノ運動

大杉の死後、他のアナーキストはマフノ運動をどのように認識し、日本に広めようとしたのか。大杉に続いて著名なマフノ運動の論考を書いたのが石川三四郎である。石川は一九二八年に『マフノの農民運動』[37]という小論を出版しているが、この著書は、アルシーノフの著書（フランス語）の主要部分を抄録しているに過ぎないと断りがある。[38]すなわち「社会主義伝道行商」形態であったことは、大杉時代からの例に漏れない。しかし、アルシーノフの著書は、すでに述べたように、マフノ運動当事者による著書であり、第二次大戦後に二度にわたる翻訳及び再版がなされるほど、マフノ運動研究に不可欠な里程標となっており、これによってマフノによる革命運動の詳細な時系列的な展開が知られるようになった。一九二〇年代に日本のアナーキストが入手し、翻訳出来た意義は大きい[39]。石川のマフノ運動観を知る上で、以下の文章を引用したい。

土民一揆の人々はボルシエヰキとの戦ひは唯だ思想上の事としたいと考えて居た。そして其点に関しては、彼等の地方は絶対的に安心して可いのであつた。何となれば、土民等の無政府的な確乎たる思想と、革命的常識と、彼等の自由運動に縁のない諸要素に対する不信任とは、同地方の自由の最も良き保証であり防護であつたからである[40]。

大杉と石川の違いは、大杉はマフノ運動を「民衆」の、石川は「農民」の革命運動と捉えたことである。また、石川はウクライナ農民の蜂起を「土民一揆」と表現している。「土民」という用語は、石川がマフノ運動に傾注した理由と認識を知る手がかりである。

石川は、平民社に集った社会主義者のひとりであり、大逆事件後は「冬の時代」をしのぐため、ヨーロッパに渡り、そこで近代文明への批判を強めていくこととなった[41]。石川に影響を与えたのは、E・カーペンター(Edward Carpenter)

(36) 大杉前掲「無政府主義将軍」、二三〇~二三一頁。
(37) 石川三四郎『マフノの農民運動』地底社、一九二八年(復刻版、黒戦社、一九七〇年)。
(38) 同書、一頁。
(39)『マフノの農民運動』が「目下品切」との報が『黒旗』の編集雑記にあり、相応に読まれたことがうかがえる。「編集雑記」『黒旗』第三巻第二号、一九三一年、六一頁。
(40) 石川前掲書、二三頁。

の著書であり、自然と個人の乖離を近代文明の病理として批判し、自然と一体化した農作業の生活を送ることで人間は自由を謳歌できるとする彼の思想と実践であった。石川は、イギリスに渡りカーペンターを訪ねた。石川は、身の丈に合った農地を自ら耕作し身の丈に合っただけの労働をするカーペンターから、デモクラシー（democracy）という語は本来、「土地につける民衆」という意味であると聞かされた。石川は、カーペンターの生き方に体現されたデモクラシーを「土民生活」と翻訳し、帰国後に自らも実践し、広く提唱していく。[42] また、石川は幸徳秋水から、普遍的理念のために自己犠牲をも厭わない志士仁人論を引き継いでいる。[43] 石川は、『マフノの農民運動』の最後に、自らの言葉で、マフノ運動を「ウクライナ地方の自由と平和を希ふた」と表現している。[44] 石川にとって、農村を拠点に日々の農業生活とパルチザンを両立したマフノ運動は「土民一揆」と表現するにふさわしかったであろう。石川のようにマフノ運動を「土地につける民衆」による革命と捉える視点は、一九二〇年代末からアナーキストに普及し、その「土地」であるウクライナへの認識を形成することとなる。

2　ウクライナの農民運動を歌った詩　自然と一体化したウクライナ農民観の形成

石川が農業生活こそ人のあるべき姿と考え、マフノ運動を農民の革命として理想化したように、一九二〇年代末の日本のアナーキストは、ウクライナに農民革命の地としてのイメージを描いていく。それは、詩の世界において見られた。

『マフノの農民運動』の最後には、アナーキスト詩人の岡本潤の詩「マフノとその一党」が載せられている。

俺達は七人　俺達は少数団　俺達はウクライナの土百姓だ

〔省略〕

吹きさらす寒風　重く垂れた鉛色の天空　果てしもなく凍りついた曠野　雪に包まれた原始の森林　俺達は潜行し　俺達は闊歩する

〔省略〕

今こそ俺達の鋤鍬は俺達の武器となつた　俺達の仕事は俺達の手で　俺達の闘ひは俺達の肉弾で　土民の血に染められた黒旗をかざして　マフノとその一党は決然と起つた。

〔省略〕

たとへ、俺達の武器は盡き　たとへ、俺達の義挙は破るゝとも　黒い大地は土壌は永遠に俺達の母胎だ

俺達は生き　俺達は闘ふ　マフノとその一党は世界に生きてゐる！

黒い土から産れたその肉と血で　世界にひらめく自由の黒旗は染められよう[45]！

この詩には、ウクライナの自然と一体化して戦うマフノ軍農民の団結と滾る闘志が歌われている。「土民」という言葉は、石川に肖ったものである。

同時期、農民自治運動の雑誌『農民』には、宮崎秀による「ウクライナの曠野[46]」という詩が収められている。宮

---

(41) 後藤彰信『石川三四郎と日本アナーキズム』同成社、二〇一六年、一三〜三八頁。
(42) 森元斎「第六章　石川三四郎における地球の思考――ヨーロッパ滞在から土民生活へ」田中前掲『国境を越える日本アナーキズム』、一九五〜二一一頁。石川三四郎『石川三四郎著作集』第二巻、青土社、一九七七年、三一〇〜三一八頁。
(43) 後藤前掲書、二二〜二三頁。
(44) 石川前掲『マフノの農民運動』、四七頁。
(45) 岡本潤「マフノとその一党」石川前掲書、四八〜四九頁。

崎は、一九二九年十月に延島英一が創刊し編集者となった『解放戦線』に集ったひとりである。[47]
以下は詩の抜粋である。

おゝ、ウクライナの曠野よ！

血と破壊された肉片の中に、飢餓と苦悩の中に、人類の偉大な仕事を一つ一つ築き上げた農民達が殺された。

ウクライナを守るため、輝かしいロシアの黎明を戦ひとるため、生命を賭して革命の前線に戦つた農民達が殺された。

おゝ、ロシヤ革命の最後の日に――


ロシアの黎明を奪つた奴は誰奴だ？

敵、ボルセヴイキ共だ！　敵、レーニンとその一派だ！

ウクライナの兄弟達を殺した奴は誰奴だ？

敵、强権主義者どもだ！


ウクライナ農民の貧困と飢餓に対する痛ましいまでの共感と、彼らこそが革命の担い手であるとの強い確信が歌われている。「ウクライナを守るため」という表現からウクライナの自治への熱望と、「ウクライナの兄弟達」という表現から、宮崎による同地域への連帯感が読み取れる。ウクライナは、農民革命の地であり、飢餓に苦しむ地であるというイメージをもたらし、敗れた革命であったがゆえに無謬性を付与されているともいえる。

雑誌『農民』にはウクライナに関する詩がもう一つ掲載されている。延原大川「マフノ一揆」[48]である。延原大川は、『農民』の他、いくつかの文芸誌に短歌やエッセイを旺盛に投稿する重農主義的アナーキストとして石川三四郎とも交流した。一九三〇年代には、重農主義を体現すべく土地を借りて農業を営みつつ、失業対策のために村役場に陳情し逮捕されるなど実践的理論家であった。(49)

自治の使徒等が血は燃えた!
手に持つ武器は弱くとも巨象の如き自治の威力は全ウクライナの自由を死守し幾度ボルとデニキンを放逐したか!

延原の詩においては、ボリシェヴィキとデニーキン率いる白軍に対し立ち上がったマフノへの共感が歌われているが、以下の抜粋に見られるように、主題はウクライナの自治である。

陰惨なウクライナの秋雨の夜自由と自治の炬火は消えた
おゝ呪ふべき虐殺者! 自治と自由の敵は何者?
ボルセイキ! ボルセイキ! ××の、最後の敵はボルセイキ!

(46) 宮崎秀「俺たちの詩——ウクライナの曠野」『農民』七月号(第二巻第七号)、全国農民芸術連盟、一九三〇年、二六~二七頁(犬田卯ほか編『農民』第四巻、復刻版、不二出版、一九九〇年、三一四~三一五頁)。
(47) 黒川洋「木下勇」前掲『日本アナキズム運動人名辞典』、三〇九頁。
(48) 延原大川「マフノ一揆」『農民』一二月号、一九三〇年、全国農民芸術連盟、一〇頁(犬田前掲『農民』、五一六頁)。
(49) 小林千枝子「延原大川」前掲『日本アナキズム運動人名辞典』、七三六頁。

知れ！　全世界の農民、労働者――
自由の血滴りしウクライナの大地は叫ぶ。　ボルセイキを八つ裂きにしろ！

延原の詩中には「自治」という言葉が六度、「自由」という言葉が四度使われている。これらの三詩において、ウクライナはボリシェヴィキの専制に対する貧困に喘ぐ農民の抵抗の表象であったといえる。一九二〇年代末になり、マフノ運動の「農民」運動としての性格、ウクライナが、雄大かつ過酷な自然と一体化して生きる農民の国であるという認識が、日本のアナーキストの一部に共有されていたといえるが、それには石川による農民を革命の主体と捉えるアナーキズムの影響があった。

一九二五年男子普通選挙制度の確立はアナーキズム運動にも変化をもたらし、「農民自治」思想を生み出すことになった。この提唱者である下中弥三郎は、普通選挙法により確立された議会制民主主義を、民衆を掌握する支配階級の手段だと捉えた。すなわち、貧しく無教育な農民は「議会に出ても役にたゝぬ」から、都市の教育を受けた者が議員に選ばれるが、富裕層でなくては教育を受けられないため、有産階級の支配システムになるというのである。雑誌『農民』はこの「農村自治」運動から産まれた[50]。下中は運動遂行のため、一九二五年に石川と農民自治会を結成している[51]。下中の「農民自治」の思想は、有産階級に限らず、労働者を含めた都市への批判へと進化していくが、これは延島英一ら一九二〇年代後半のアナーキストに見られる傾向であった。

延島は一九三〇年一〇月の『解放戦線』創刊号に載せた「労働運動に対する警告」において、資本主義国の労働者も、自らの階級的利害に固執して農民を抑圧する支配階級の一員になっていると批判しており、労働運動が社会主義の実現には至らないことを指摘している[52]。都市の労働運動ではなく、土地に根差した農民による運動こそが真の社会革命に至るとする思想は、一九三〇年代に農村青年社運動としてピークに達する。石川の『マフノの農民運動』や『農民』におけるマフノ運動の詩は、この潮流に位置づけられるものである。この点は、中央集権的なボリシェヴィキと戦うウクライナの農民と労働者による協同的革命運動という大杉のマフノ運動観とは異なっている。

三　農村青年社におけるマフノ運動の理想化――ウクライナの「民族性」という敗因

石川の「土民生活」思想は、農村における土地に根差した生活を「真実の生活態度」とするものであったが、都市労働者を排除するものではなく、労働者と農民を共同すべき変革主体と捉えていた。[53] しかし、石川が関わった農民自治運動にも見られる通り、一九二〇年代後半から、都市労働者を支配階級の一部と見なし、都市労働者を変革主体とするマルクス主義と労働組合に依って立つサンディカリズムを否定し、人口の大半を占める農民こそが社会革命の主体であるとする潮流が現れた。昭和恐慌における農村の窮乏の中で、その潮流は農村青年社運動を生み出

---

(50) 蔭木達也「「農民自治」思想の構想と展開――昭和初期の雑誌『農民自治』『農民』を中心に」『村落社会研究』第二六巻、第二号、二〇二〇年、一四頁。
(51) 石川に関しては、都市労働者を農民の階級敵として捉えてはおらず、協同すべき相手と捉えていたことは後に述べる。
(52) 後藤彰信「日本アナーキズムにおけるインターナショナリズムと延島英一」田中前掲『国境を越える日本アナーキズム』、一〇四頁。
(53) 石川は、「土民生活」の提唱後、農民だけでなく、「労働者が、自分達の工作に努力しつつ組合生活を発展させていくことは、同じく土民生活であるべきだ」として、「農民の生活活動と、工場における労働者の努力とは互いに相助け、相補って共同の利益を増進する」と述べた。後藤前掲『石川三四郎と日本アナーキズム』、一九〇～一九一、二〇一～二〇二頁。

すこととなった。

農村青年社は、農村において自給自足、相互扶助、共産からなる自由コミューン（自由コンミュン）実現を目指して、一九三一年二月に宮崎晃、鈴木靖之、八木秋子、星野準二によって結成された。農村青年社の思想・運動の特徴はその組織論に顕著に表れているので、以下の鈴木による組織形態の説明を抜粋したい。

農青組織は自主分散に因る自由連合の組織である。其れは一切の過去の無政府主義組織に於ける結成的集中組織を排して、各地各所の地理性とその土着性と能力性に依拠し、無政府自治の自然法的革命組織とも云ふべく即ち自由コンミユン実現の全地区画確立の建設的破壊によつて現実のコンミユン（地方自治村落）を無政府コンミユンへ直接移行せんとする全村運動の動向に於ける仕組である其れは恰もロシア革命のマフノのコンミユン組織に似て、唯だ其の異る処はマフノの自然発生的コンミユンのミールの如き無意識性に拠るものと異り寧ろその自然生長性に於ける意識的コンミユンの自由（無政府）コンミユン性に拠るものである。[54]

農村青年社が志向した組織形態は、自主分散型の網目状組織と呼ばれるものであり、運動家は参加が自由とされ、中央からの指令により統率されて運動を行うことを否定した。そのため、運動は東京など都市部ではなく長野県下の農村で行われることとなった。[55] そして運動理念には明確にマフノ運動が模範として挙げられている。すでに日本においてもアナーキズムが退潮となり、個人的テロリズムがアナーキズムの代名詞と見なされる中で、マフノこそが僅かに存在した「アナキズムによる真実の社会革命」として挙げられている。[56]

マフノに対する信奉はそれに留まらない。八木による小説「一九二一年の婦人労働祭」は、労働者の自主的運動を鎮圧するボリシェヴィキの圧政に苦しむ農民の貧困を描いた作品であるが、彼らが想いを託す義賊としてマフノが出てくる。主人公のワシリーはマフノを「俺達の心持をよく知つてゐる正しい男」と評している。[57] 他に八木は、

「ウクライナ・コンミュン（1）　ネストル・マフノの無政府主義運動」と「ウクライナ・コンミュン」という二部小説を書いている[58]。ウクライナ農村の貧困状況の中で、窮乏の原因がロシア帝国下の地主支配とそれに続くボリシェヴィキ政権の徴発に拠ることを冷静に分析し、革命運動を遂行していくマフノとその同志が描かれた作品である。八木の小説には、ウクライナの過酷な自然とウクライナ農村の苦境の中から革命運動が起こっていく様が描かれている。

鈴木は、「各地各所の地理性とその土着性」としてウクライナ農村のミール共同体を挙げているが、『「農村青年社」資料』には、他にもウクライナの地域性に対する認識が読み取れる以下の記述がある。

---

(54) 社会問題資料研究会編『「農村青年社」資料』東洋文化社、一九七二年、六四頁。

(55) 農村青年社については、農村青年社運動史刊行会『一九三〇年代に於ける日本アナキズム革命運動――農村青年社運動史』ウニタ書舗、一九七二年、社会問題資料研究会前掲『「農村青年社」資料』、農村青年社運動史刊行会『農村青年社事件・資料集』Ⅰ〜Ⅲ、黒色戦線社、一九九一年、一九九四年など資料集が充実している。これは、一九三五〜三六年に発生した農村青年社関係者三〇〇名の一斉検挙に見られる通り、思想弾圧事件としての戦後の関心の高さの表れである。一方で、研究はほとんど見られないが、運動家である宮崎や八木へのインタビューを収めた保阪正康『農村青年社事件　昭和のアナキストが見た幻』筑摩書房、二〇一一年がある。

(56) 農村青年社運動史刊行会前掲『一九三〇年代に於ける日本アナキズム革命運動』、一四〇頁。

(57) 八木秋子「一九二一年の婦人労働祭」『黒色戦線』一九二九年十二月号。

(58) 八木秋子「ウクライナ・コンミュン（1）ネストル・マフノの無政府主義運動」『婦人戦線』一九二九年三月、八木秋子「ウクライナ・コムミュン」『婦人戦線』一九二九年四月（ともに、『近代の〈負〉を背負う女』八木秋子著作集Ⅰ、ＪＣＡ出版、一九八一〜一五一頁、一五一〜一五八頁所収）。

今や社会運動の焦点は都会から農村に移されなければならなくなつたと云ふこと、このことは既に都市プロレタリアートの労働運動が見捨てられ、反つて農民運動が重視されるやうになつたといふことは強ち一片の階級闘争ではなく同胞死活の問題に直面し、民族自決の叫びと共に今や民族闘争説さへもが凡ゆる国々の人々の頭にピンと釘打つ程のものがあると云ふ事実に根拠してゐることなのである。然し夫れが必ずしも今日民族自決のフアッシズムだけの問題ではなく、既にロシア革命に於て吾等のマフノの農民運動が二十世紀の初鼻にレーニンの都市プロレタリアートと一大決戦をした事実に於てロシア革命の秘密とともにアナーキズムの秘密として持ち伝えられて来た処の由々しき重大な無政府主義革命の秘密であり、これこそ吾々の今日に於て直ちに検討さるべき無政府主義組織の根本問題の一つではないか。(59)

マフノ運動は農民運動であったが、階級闘争の範疇に収まらない民族自決の闘争としての性格をも有していた。すなわち、マフノ運動がウクライナの「民族自決」闘争であったという認識が下地にあることになる。

他にもマフノの農民軍が敗北した理由として、「マフノの性来の気楽性（スラブの鈍性）等々に依る」とされている点は興味深い。(60)「マフノと其の一連のアナーキストが元来のお人好し（農民達の鈍性）(61)」、「スラブ農民の鈍性(62)」と表現が度々変化しているが、ウクライナ人をロシア人と同じスラブ人と大雑把に同定し、鈍く気楽な農民であるという偏見が看取できる。この「スラブ人」についての描写は、石川の『マフノの農民運動』に寄稿したフェデリーカ（おそらくはスペインのアナーキストで第二共和政において厚生大臣となったフェデリーカ・モンセニ（Federica Montseny））の文章にも見られる。

私の前には蒼ざめ、ひげを剃り落し白髪混りのブロンドの小男がスラブ人特有の悲しい目付をして坐っていた。(63)

農村青年社の運動家を含めて日本のアナーキストは、革命の同志としての共感を持つのみで、ウクライナ人とその地域性を深く知ろうという意思は見られず、直接的に交流する機会がなかったがゆえに、思慮を欠く偏見が温存されたと考えられる。農民への信頼と偏見の両義性が看取できる。

マフノ運動が敗北した理由について、「スラブ農民の鈍性」なるものがミール共同体の性格とともに戦略を左右したためであり、マフノの組織については肯定的に捉えている。

マフノの呑気さは敵を逆退したとき、彼はポケットに両手を突込んで口笛を吹き乍ら有頂天になつて骨休み?（それは余りにも無計画な骨休み）をして過して了つたと言ふ点も決してスラブ民族性とは云ひ乍ら革命戦上に於ける事実としては決して見逃せない処であつたろうと思はれる所以である。

ウクライナのミール性、自然的共産村の事実はその自然性の故に無自覚であり、全くの「無組織無計画」が此のウクライナ州をして唯自然、有の儘に共同村たらしめたに過ぎなかつた。(64)

マフノの敗北は夫の組織の敗北ではなくして実に戦略戦術の敗北で在つたと言つて決して過言ではないであろ

(59) 社会問題資料研究会前掲書『「農村青年社」資料』、五六頁。
(60) 同書、五七頁。
(61) 同書、五八頁。
(62) 同書、九三頁。
(63) フエデリーカ「農民の友マフノを想う」石川前掲書、六頁。
(64) 社会問題資料研究会前掲『「農村青年社」資料』、一三一頁。

う。

さて吾々は上述に依ってマフノのコンミュン組織たる網状組織は自由コンミュン建設の直接革命に於ける唯一なる組織方法であると云ふことが出来る所以である。(65)

ウクライナ人の「民族性」に対する認識は、マフノ以外のウクライナ人の描写において顕著に見られる。次の節で、一九二〇年代に日本に紹介されたマフノ以外のウクライナ人の農民運動家を挙げることで、日本のアナーキストがどのようなウクライナ・イメージを持っていたかを明らかにしたい。

四　一九世紀ウクライナ農民革命の紹介

1　ステファノヴィッチとステプニャーク――ウクライナ人の容貌

『「農村青年社」資料』には、マフノ運動の他にも農村における自由コミューン設立を目指したウクライナ農民の運動が挙げられている。それは、一九世紀末にナロードニキ運動、続いて帝政ロシアに対するテロリズムに従事したヤコブ・ステファノヴィッチ（資料中では、ステパノビック、Яків Василевич Стефанович）である。ステファノヴィッチは、帝政ロシア期に最大の農民一揆を指導した人物であり、農村青年社がアナーキスト革命成功の手段と考える自由分散組織を設立し、マフノが六年（実際は三年――著者）にわたって自由コミューンを維持したのに対し、ステファノヴィッチは数百日間維持したとされる。[66]ステファノヴィッチについては、一九二〇年に宮崎龍介[67]によって翻訳された同じくウクライナ出身のアナーキストであるステプニャーク（Степняк、本名はセルゲイ・クラフチンスキ Сергій Михайлович Кравчинський）の著書『地底の露西亜』[68]に詳しく紹介されている。ステプニャークとステファノヴィッチは、P・クロポトキン（Петро Олексійович Кропоткін）も所属したナロードニキ団体であるチャイコフスキー団に所属し、農民の教化を目指したが、次第にテロによる農民革命を目指すようになった。『地底の露西亜』には、ステファノヴィッチ（ステプァノヴヰック）の容貌が以下のように描写されている。

ステプァノヴヰックは余り頑丈な性ではなかつた。彼は寧ろ中丈の痩型で、肋骨露に溝をなして、肩幅狭く、いかにも柔弱らしい男であつた。殊にその容貌の醜いことは天下一品で、顔は黒人というよりは韃靼人に近く、頬骨は突起し、口は鰐魚の如く、鼻は獅子のそれに似て、その風采の醜悪なることは、實に筆舌に盡す能はざ

（65）同書、一三二頁。
（66）同書、九二頁。
（67）宮崎龍介は、宮崎滔天の息子として知られるが、一九二〇年には、雑誌『解放』の主筆として堺利彦、大杉栄、石川三四郎、近藤憲二などと交流した。
（68）ステプニャク著、宮崎龍介訳『地底の露西亜　革命物語』大鎧閣、一九二〇年。本書の原典はまずイタリア語で出版された後、早期から様々な言語に翻訳された。宮崎は、英訳 Underground Russia を邦訳した。ステプニャク（宮崎）前掲書、二頁。すでに明治一八年に宮崎夢柳「鬼啾啾　虚無党実伝記」『自由灯』一八八四年（『リプリント日本近代文学』81、平凡社、二〇〇七年）という翻案が出版されている。そこでは、ウクライナは「小露西亜」と訳されているが、首都キーウは、キエフではなく「キーウ」と表記されている。

るものであつた。然しかゝる風采裡にも一種云ふ可からざる魅力を有し、その灰白な眼の光の中には、非凡な才智の閃きを現はし、多少の陰険を含んだ微笑は、その縦横な奇策に富んでゐることを示してゐた。彼の骨相の特徴から推せば、確かにウクライナ種族の好標本であつた。[69]

これが翻訳されたことで、「ウクライナ種族の好標本」なるものが日本に伝わったことになる。ステファノヴィッチの紹介は、他のアナーキストによってもなされた。一九二二年に出版された遠藤友四郎著[70]『アナーキスト列伝』では、一九世紀末以来のアナーキストが多く挙げられているが、クロポトキンなど著名なアナーキストに頁が割かれている一方で、幾人かウクライナ人アナーキストが紹介されている。その中で遠藤は、ステファノヴィッチはステプニャークと並び称される当時の代表的アナーキストであり、「奇略縦横」さから「現代」でいうところのレーニンのようだと述べている。遠藤もまた、ステプニャーク『地下の露西亜』（本文ママ）からステファノヴィッチの容貌を翻訳している。

「私はあれ位な不男を見た事はない！」と、ステプニアクはそう言つて居る。その顔はと云ふと、黒奴と云わんより、寧ろ韃靼人で、頬骨が高く、口が大きく、鼻が扁平であつた。総じてその所ゆる不男は、人を惹き付ける質の不男であつた。その茶褐色の眼は、聡明の光を放つて居り、その或は陰険に、或は巧みに愚弄するが如き微笑は、そのよくウクライナ人たる特徴を現はして居た。[71]

ウクライナ人の風貌について二度の邦訳が出版されたことは、ウクライナ人イメージを社会運動家に広めることに一定の役割を果たしたと考えられる。邦訳を行った宮崎龍介と遠藤友四郎はともに一九三〇年代に国粋主義的傾向を強めたが、一九二〇年頃は大杉や石川らアナーキストと交流していた。語り部であるステプニャークについても、その風貌が援用されたことがある。魯庵生は、大杉を回顧して以下のように述べている。

大杉は眼のギヨロリとした、人を馬鹿にするやうな笑い方をする一種凄みのある顔であつた。私は能く人に咄すが、バクーニンでもステプニヤックでも今のトロツキーでも共通な物騒な眼を持つてをる。(省略)大杉は眼ばかりでなく頭の恰好から顔の輪郭までが露西亜の革命家とドコか似通つてをる。(省略)アレに露西亜のラッコ帽を被せたら大杉栄で無くてイワン・サカエウヰチ・オウスギーだ。[72]

魯は、ステプニャークをロシア人として捉えていたが、ステプニャークの風貌についてはすでに知られていたことがわかる。

では、ウクライナにおける農民革命とは、アナーキスト運動に限定されるものであったのだろうか。一九二〇年代には、アナーキスト運動とは異なるウクライナの農民運動も紹介され、豊かな自然を背景に、自治独立のためにロシアの支配と戦ってきた国・地域というウクライナのイメージが強化されることになる。

(69) ステプニャク(宮崎)前掲書、六七頁。
(70) 遠藤は、一九一八年四月七日に赤坂の新日本評論社にて大杉が発起したロシア革命記念会に参加している。大杉前掲『日録』、二三一頁。
(71) 遠藤友四郎『アナーキスト列伝』大鐙閣、一九二二年、二二五頁。
(72) 魯庵生「第三者から見た大杉」『大杉栄追想　大杉・野枝・宗一死因鑑定書』黒色戦線社、一九八四年、一二六頁。

ドイツとウクライナの合弁マーケティング調査会社GfK-USM (Gesellschaft für Konsumforschung- Ukrainian Surveys and Market Research) が一九九八年に「全時代を通じて最も偉大なウクライナ人」というランキング形式の市民アンケートを実施した。その結果は、ロシア帝国の支配に抗した歴史的人物がランキングを占めることとなった。その中で第一位となった人物が、タラス・シェフチェンコ (Тарас Григорович Шевченко) である。[73]

2 ウクライナの国民的詩人の紹介——タラス・シェフチェンコと農民革命

シェフチェンコは一八一四年にキーウ近郊の村落で農奴の子として生まれた。幼少期に両親を失い、一四歳で地主に奉公人として雇われるが、その絵画の才能を評価され、地主がペテルブルクに移住した際に同伴し、著名な画家の弟子となった。これを機に美術界・文学界で絵画、特に詩作に天稟を認められ、一八二四年に詩人たちの援助を受け、地主に身代金を払い自由身分を得ることが出来た。一八四〇年に詩集『コブザーリ』を刊行し、ロシア語の方言扱いであったウクライナ語による表現力の可能性を示し、ウクライナ文学の時代を開いた。シェフチェンコはその後、農奴制の廃止やウクライナを盟主とするスラブ人民主連邦の設立を目指す秘密結社に入り、農民解放運動に従事した。一八四七年に逮捕され、以後要塞監獄に収監され、そこで詩を書き、靴の敷皮に隠したといわれる。一八六一年に四七歳で死去した。[74]

シェフチェンコは、アナーキストではなく、一九世紀ロシア帝政下の農奴解放とウクライナ独立を訴えた詩人であるが、日本に受容されたのは、マフノやステファノヴィッチと同時期の一九二〇年代であり、アナーキストの影響を受けた人物やマルクス主義者によってであったという点で共通している。

渋谷定輔は、一九二二年にシェフチェンコの小伝を読んで深い感銘を受けたといい、一九二六年に詩集『野良に叫ぶ』の出版に際し、シェフチェンコに献辞した。しかし後年、渋谷は「シェフチェンコと私」において、自身が読んだ小伝が何であったのか失念し、典拠を示せていない。しかし、シェフチェンコを初めて日本に紹介したと推定されるゲオルク・ブランデス著『露西亜文学印象記』とともに、クロポトキン著『露西亜文学講話』という、シェフチェンコを紹介している三冊の書物を挙げている。[73] ブランデス『露西亜文学印象記』には、シェフチェンコの出自と経歴、その詩についての評論があるが、肝心の詩は載っていない。[76] クロポトキン『露西亜文学講話』においても、「小露西亜」の詩人としてシェフチェンコが挙げられているが、それは、「古代に於ける自由コサックの生活を歌つた叙事詩、農夫の生活を歌つた胸を裂くような歌、抒情詩等は悉く小露西亜語で書かれたもので、形式内容共に非常に評判のよいものである」と紹介されているに過ぎない。[77] 渋谷自身が挙げる文献の中には、シェフチェンコの詩が載っていないことになる。

日本で最初にシェフチェンコの詩集が邦訳出版されたのは一九五九年であるが、竹内次郎による一九三六年の論考によれば、農民詩と農民運動の先駆者である渋谷定輔が一九二四年一〇月にシェフチェンコに自身の詩集を献げ

(73) 原田義也「レーシャ・ウクラインカ再読——ウクライナ文学におけるナショナル・アイデンティティ」『スラブ研究』二〇〇七年、二〇七頁。なお、第二位がボグダン・フメリニツキー、第四位がレーシャ・ウクラインカ、第五位がミハイロ・フルシェフスキー、第六位イヴァン・マゼーパ、第八位イヴァン・フランコであり、帝政ロシアの支配に抵抗した詩人や政治家が挙げられた。

(74) 渋谷定輔『大地に刻む——「農民哀史」の周辺』新人物往来社、一九七四年、一二五〜一二七頁。藤井悦子「訳者解説」藤井悦子編訳『シェフチェンコ詩集』岩波書店、二〇二二年、二一一〜二四四頁。

(75) 渋谷前掲書、一二七〜一二八頁。

(76) ゲオルク・ブランデス著、瀬戸義直訳『露西亜文学印象記』中興館書店、一九一四年、一三一〜一三五頁。

(77) クロポトキン著、馬場孤蝶・森下岩太郎・佐藤緑葉訳『露西亜文学講話』アルス、一九二〇年、五八〜五九頁。本文では、ウクライナ語ではなく「小露西亜語」と記されている。なお、一九世紀におけるウクライナ・ナショナリズムの高まりの中で「小ロシア」は蔑称とされ、現在では公式に用いられることはない。

ていることから、その頃には日本に紹介されていたと見なしている。[78] 渋谷がシェフチェンコの詩集をどのような経路で得たかについては村井隆之が考察しているが、渋谷自身の考察に従っている。[79]
なお、シェフチェンコとは別に、マアール・ボフチョクの匿名でマリィ・マアルコヴィッチという作家が紹介されている。この作家は、農奴解放を唱えながら、農民に伝わる物語を蒐集し、「小露西亜語」でウクライナの村落の雰囲気や生活を描いている。[80]
渋谷は、『コブザーリ』に収められたシェフチェンコの代表的な詩「遺言　私が死んだら」（村井隆之・渋谷定輔共訳）を「シェフチェンコと私」の冒頭に挙げている。

わたしが　死んだら　なつかしい　ウクライナの　ひろい丘の上に　埋めてくれ
かぎりない畑と　ドニエプルと　けわしい岸べが　みられるように
しずまらぬ　流れがきけるように

ドニエプルが　ウクライナから　すべての敵の血潮を　青い海へ　おしながすとき
わたしは　畑も　山も　すべてをすてよう
そのとき　わたしは　神のみもとに　かけのぼり　祈りもしよう
だがいまは　神のありかを知らない

わたしを埋めたら　くさりを切って　立ちあがれ
暴虐な敵の血潮と　ひきかえに　ウクライナの自由を　かちとってくれ
そしてわたしを　偉大な　自由な　あたらしい家族の　ひとりとして　忘れないでくれ

やさしい　ことばをかけてくれ[81]

ドニエプル川と畑というウクライナの広大な自然を背景に、流血の中で敵（ロシア）からウクライナの自由を獲得しようと呼びかけている。その点は、岡本潤、宮崎秀、延原大川の詩と共通している。この詩を翻訳した渋谷は、大杉栄の影響を受け、下中と石川とともに農民自治会を結成した。晩年はマルクス主義に移り、階級的農民運動に移っていく。[82]著書『野良に叫ぶ』や『大地に叫ぶ』には、農村・土地に根差す自身の体験が歌われている。竹内によれば、シェフチェンコは「ウクライナ・ソヴェート文学の源泉となつてゐる[83]」と述べられている。すなわち、大杉と石川というアナーキストとマルクス主義の影響を受けた、広義の社会主義ネットワークの中で、シェフチェンコは日本に受容されたのである。

---

(78) 竹内次郎「農奴から出た革命詩人シェフチェンコ」『詩人』第三巻第九号、一九三六年、二六〜二九頁。ここには、シェフチェンコの詩「夢」が載せられている。ウクライナのプロレタリア詩人ミハイルスキイがシェフチェンコを日本に紹介するために竹内に送ったとされる。
(79) 村井隆之「渋谷定輔とタラス・シェフチェンコ　比較文学的試み覚書き」『近代』五九号、一九八三年一月、九五〜一〇〇頁。
(80) クロポトキン（馬場・森下・佐藤）前掲書、三五五〜三五六頁。
(81) 渋谷前掲書、一二三〜一二四頁。
(82) 安田常雄「渋谷定輔」前掲『日本アナキズム運動人名辞典』、四六八頁。
(83) 竹内前掲論文、二六頁。

おわりに

本章では、大杉栄、石川三四郎、農村青年社の運動家によるそれぞれのマフノ運動への解釈を見てきた。まず大杉の認識では、マフノ運動とは、中央集権化を目指すソヴィエト・ロシアに抗する、労働者と農民、すなわち「民衆」の自治を求める運動と捉えられており、ボリシェヴィキは民衆を指導しようとする「前衛」という権威であり、マフノ運動は権威を否定し、ウクライナ民衆によって自発的に発生したことが強調される。アナーキストの大杉は、マルクス主義者への敵対心から、ソヴィエト・ロシアに立ち向かったマフノ運動に共感を寄せていたと考えられる。そうであるとすれば、アナーキズム対マルクス主義という対立軸が重要でありウクライナという地域的個性は等閑視されることになるが、大杉はロシアの都市アナーキストがマフノ運動に非協力であったことをマフノ運動の敗因として挙げており、思想的対立のみではなく、地域的対立、ウクライナ自治運動への反感があったことを指摘する。大杉がマフノ運動をウクライナの地域的な運動としても認識していたことが分かる。

続いて石川の認識であるが、大杉との違いは、マフノ運動を農民の革命運動と捉えたことである。石川の交流の広さにより、マフノ運動は都市のボリシェヴィキに対する農民の革命であったという解釈が、詩の世界にも広まり、ウクライナの雄大かつ過酷な自然に抱かれて、流血の中でボリシェヴィキと戦う農民の決死の覚悟と苦悩が歌われた。石川のマフノ運動観は、カーペンターらヨーロッパの社会運動家との交流により得られた「土民生活」思想が影響していると考えられる。石川は、労農の協同をサンディカリズムと「土民生活」の要諦と捉えていたが、彼が協力した農民運動においては、都市労働者をも農民に対する支配階級と見なす潮流が現れた。

農村青年社は、徹底的に農村の内からの革命を志向し、マフノ運動と同様の自主分散型組織、自由コミューンの形成を目標とした。しかし、彼らは、すでに一〇年前に敗れたマフノ運動の敗因を探る必要があった。敗因として挙げられたのは、「スラブ農民の鈍性、気楽性」という思慮に欠ける偏見であった。そこには、ウクライナという遥か遠方の農村の内から発生した革命に憧憬を抱きながらも、自身の民族的偏見を疑わないという両義的な性質が見て取れる。以上から、マフノ運動とウクライナのイメージが、日本におけるアナーキスト自身の置かれた状況や志向する運動に合わせて変遷していったことが分かる。

本章は、マフノ運動の他に、日本のアナーキストによって紹介されたステファノヴィッチとステプニャークという一九世紀の農民革命家を挙げた。ステファノヴィッチに関しては、農村青年社においてもマフノに先立つ自由コミューンを形成したウクライナ人として挙げられている。ステファノヴィッチを紹介したステプニャークの著書から、ウクライナにおける思想や運動のみならず、ウクライナ人の容貌も日本のアナーキスト周辺に輸入されていたことが明らかになった。

最後に、日本におけるアナーキストとつながりを持った広義の社会主義サークルによって、ウクライナの代表的な詩人タラス・シェフチェンコも同時期に日本に紹介されていたことを示した。シェフチェンコは、アナーキストではなくウクライナの独立を目指した人物であったが、日本に輸入したのは、アナーキズムや社会主義の影響を受けた詩人であった。以上に挙げた日本のアナーキストや広義の社会主義者が一九二〇～三〇年代に紹介した農民革命家の運動を通じて、ウクライナは、雄大かつ過酷な自然の中でロシアの支配に抵抗する農民運動の地であるという共通したイメージが形成されていたことが明らかになる。

最後に、本章はテーマ設定により、邦語文献に史料・文献調査を限定し、日本と海外のアナーキスト間の往復書簡などの未刊行一次史料の蒐集も行っていないため、試論の域を出ない。しかし、互いの体制や慣習を左右するような深い関係史を持たない日ウ両国ではあるが、ロシア・ウクライナ戦争を契機として日本のウクライナ史研究が盛んになる中で、何某かの示唆が与えられると考える。豊かな自然を背景に、自治独立のためにロシアの支配と戦ってきた国・地域というウクライナ・イメージは、一九二〇年代から連続したものではないものの、今も根本的には変わっていない。

第九章　原子力利用における人為的災害の克服へ向けた
ウクライナと日本の相互協力について（抄訳）

ナタリヤ・ソロシェンコ

はじめに

一九八六年四月二六日、数百万人の人びとの運命を変えた世界最大規模の環境的大災害がチェルノブイリ原子力発電所四号機で発生し、ウクライナは災害地域に指定された。出力の急激な上昇が引き起こした化学的爆発により、五二〇種類に上る危険な放射線核種が大気中に放出された。この原発事故は、第二次大戦で使用された核兵器の一〇〇倍の規模と想定され、国際原子力・放射線事象評価尺度（ＩＮＥＳ）で最高の「レベル７」を記録した。爆発の規模は非常に大きく、現在のベラルーシ、ウクライナ、ロシアを含む当時のソヴィエト連邦の広い部分が汚染された。仮に他の三つの黒鉛減速沸騰軽水圧力管型原子炉（ＲＢＭＫ）も爆発していたとするならば、より高いレベルの放射能汚染が拡大し、それは英仏海峡も超えていたであろうと核科学者らによって推計されている。ウクライナは歴史上最悪の人為的原発災害を被った最初の国であった。

破壊された原子炉からは、四月二六日から五月六日までの一〇日間、一日当たり数百万キュリーの放射性物質が放出された。それ以降、放出レベルは一〇〇〇分の一に低下し、その後徐々に減少していった。

公式報告書によると、原子炉の爆発により三一人が即死し、消火と除染など放射能除去に従事した六〇万人に上る作業員は、高い量の放射線を浴びたとされる。これらの人びとは、大災害の最初の犠牲者であった。

汚染の規模をみると、イタリアの面積のほぼ半分の一五万五〇〇〇キロ平方メートルの土地が影響を受けた。また、デンマークの面積より広い五万二〇〇〇キロ平方メートルの農地がセシウム137とストロンチウム90（半減期はそれぞれ三〇年と二八年）に汚染された。

チェルノブイリ大災害の当初から、四月二六日の夜に起きたことに関する情報は不完全で信頼性が低いものであった。今日に至っても、世界はこの大惨事のすべての側面についての包括的かつ詳細な情報を得ていない。この大災害をめぐっては、多くの根拠のない、歪曲された作り話や憶測が出回っている。中には、主観的利害や打算に導かれて、このチェルノブイリ事故の深刻さを矮小化し、さらには忘れ去ろうとする企てもみられる。しかし、チェルノブイリ事故は過ぎ去ったものではなく、依然存在する諸問題を私たちに雄弁に問いかける。それは地域社会や、数百万人の運命といった局地的問題を大きく超え、むしろ現代に生きる私たち一人ひとりの生命と未来に関わる人類史上最も重大な局面の一つを成しているのだ。(1)

チェルノブイリ事故勃発後、最優先に取り組まれたことは、破壊された原子炉から環境への放射性物質の放出を止めることであった。破壊された原子炉にシェルターを被せることで、原発の周辺地域や上空の放射線量を通常の水準に下げる努力がなされた。同時に、原子力発電所とその周りの三〇キロゾーンの除染作業も進められた。

チェルノブイリ原発事故と福島第一原子力発電所〔以下、福島第一原発と表記〕事故の比較の複雑さは、前者の事故が後者よりも様々な意味において一層深刻であること、ソ連政府が事故の危険性に関する情報を隠蔽したこと、それゆえ汚染地域からの住民の避難が早急に実施されなかったことなどに起因する。また放射能に汚染された牛乳など食料品の飲食が禁止されなかったため、多くの子どもたちの内部被ばくへと導いた。その結果、独立前のウクライナ（ウクライナ・ソヴィエト社会主義共和国）では、記録されているだけでも数千件におよぶ甲状腺疾患が発生することとなった[2]。

チェルノブイリ原発事故の七年前の一九七九年三月二八日、アメリカのスリーマイル島で原発事故が発生していた。この事故は、それまでの原子力発電の歴史において最大規模の事故とみなされた。冷却水漏れの発見が遅れたため、核燃料が冷却されずに、炉心が溶融（メルトダウン）した。放射能に汚染されたスリーマイル島原発の敷地の除染など放射能を除去する作業は一九七九年八月に始まり、およそ一五の年月をかけて、ようやく一九九三年一二月に完了した。この作業の費用は総額九億七五〇〇万米ドル（以下、ドルと表記）に上ったとされる。スリーマイル島原発事故はアメリカが経験したなかで最悪の原発事故であったが、この事故による死傷者はなく、周辺地域の放射能汚染も起きなかったことは幸いであった。この事故は、国際原子力・放射線事象評価尺度で『レベル５』と認定された。

福島第一原発事故の場合、二〇一一年三月一一日に三陸沖で起きたマグニチュード九・〇の地震により、福島第一原発のすべての原子炉が緊急停止した。その後、原発を襲った一四～一五メートルの津波により、非常用ディーゼル発電機が故障し、原発は全ての電源を喪失した。そのため、原子炉の冷却機能が失われ、水素爆発や炉心溶融（メルトダウン）が発生する事態となった。ＩＡＥＡ（国際原子力機関）は、福島第一原発事故をチェルノブイリ原発事故と同じ「レベル７」であると評価した。

福島第一原発の六つの原子炉のうち三つの原子炉で起きたメルトダウンは、トラブルの連鎖的発生と、広範囲の

（１）Наталія Солошенко. Ліквідація наслідків Чорнобильської катастрофи 1986 р. та внесок українських військових. Вісник Національного університету оборони України № 5/58, 2020 С.183.

（２）Наталія Солошенко. Чорнобильська проблема в міжнародному вимірі. Віче 7/2011. С. 32.

地域の放射能汚染につながった。周辺地域は原発から放出されたセシウムとストロンチウムに汚染され、半径二〇キロ圏内が政府により警戒区域（立ち入り禁止区域）に設定された。福島第一原発は、そもそも世界で最も出力が大きい二五の原発の一つに数えられていたように、その影響は甚大であった。

日本は、第二次大戦末期の広島と長崎における米軍による原爆投下、その結果としての放射能による被ばくという悲惨な経験から、戦後、核兵器の廃絶を世界に向けてアピールしてきた。だが、二〇一一年の震災によって生じた福島第一原発事故は、元を正せばエネルギー生産という核の平和利用の枠組みであったにもかかわらず、結果的に環境と人体への放射能汚染という忌々しい問題を発生させることとなった。その意味で、福島の事故は日本社会に今一度、核エネルギー利用について考えさせる大きな契機となった。

一　原発事故処理問題をめぐるウクライナと日本の協力関係の発展

ウクライナは、福島原発事故後の除染など、日本に対して放射能除去作業の援助を最初に申し出た国であった。ウクライナ政府が日本政府による求めに応じ、いち早く専門家を日本に派遣したことは、両国の関係のさらなる発展に重要な意味をもった。

二〇一二年四月一八日、来日中のヴィクトル・バローハ・ウクライナ非常事態大臣と玄葉光一郎外務大臣は、「原子力発電所における事故へのその後の対応を推進するための協力に関する日本国政府とウクライナ政府との間の協定」に署名した。(3) この協定は、両国政府が原子力発電所の事故の予防で協力することを確認した。また協力の方法として、「情報の交換」、「研究者、技術者その他の専門家の交流」、「合同委員会の設置」などが合意された。合同委員会は、原発事故後の放射線安全管理や、除染などの放射能除去について話し合うものとされた。

福島第一原発事故は、大半の原子炉が使用していた沸騰水型軽水炉の欠陥を明確にした。この惨事は、原子力発電に反対する人々による大規模な抗議活動を引き起こしたのみならず、原子力発電推進派の人々にも原子炉の形式の変更など、技術的安全性の向上が必須であることを認識させるきっかけとなった。大きな代償を払うこととなったスリーマイル島、チェルノブイリ、福島第一の一連の原発事故は、原子力発電が安価で安全であるという認識へ警鐘を鳴らし、今後の発展を再考する契機となった。

とはいえ、日本とウクライナの環境問題に関する協力は福島事故後が初めてではなく、実際のところは、すでにウクライナの独立以前から始まっていた。チェルノブイリ原発事故問題は、九〇年代の二国間関係の主要なテーマの一つであった。それは原子力発電事故処理問題のみならず、核兵器廃棄処理問題にまで関わっており、ウクライナと日本の核問題をめぐる協力関係は多岐に渡っている。一九九四年三月に調印された「ウクライナにおいて削減される核兵器の廃棄に係る協力及びこの協力のための委員会設置に関する日本国政府とウクライナ政府との間の協定」（ウクライナとの核兵器破棄支援協力協定）が挙げられる。これを通じ、ソ連崩壊後の核廃棄廃絶の二国間協力が国際法的に規定された[4]。

その背景には、ソ連邦からの独立後、ウクライナは核兵器の保有を放棄したということがある。ウクライナの核兵器政策は、「ウクライナの主権に関する宣言」（一九九〇年七月一六日）のなかで記されており、核兵器の「使用、生

（3）Министр иностранных дел. Украина и Япония заключили соглашение о сотрудничестве в ликвидации аварий на АЭС. РБК Україна 18 апреля 2012.

（4）Угода між Урядом України та Урядом Японії про співробітництво в галузі ліквідації ядерної зброї, що підлягає скороченню в Україні, і створенні Комітету зі співробітництва в цих цілях. URL: https://zakon.rada.gov.ua/laws/show/392_029#Text

産、取得」の禁止という三つの原則に基づいている。ウクライナ議会は一九九一年一〇月二四日にウクライナの非核化声明を発表し、ウクライナに配置されたソ連の核兵器を撤去することを宣言した。一九九二年五月二三日、ウクライナはリスボン議定書に署名をした。同議定書は、核拡散防止条約にできるだけ早期に参加することを義務付けた。一九九六年までにウクライナ、ベラルーシ、カザフスタンは、それぞれの領土から核兵器を撤去した。

一九九九年にウクライナに日本センターが開設されたことも重要であった。同センターの開設は、国際機関である支援委員会とウクライナ政府との間で一九九七年五月に結ばれた覚書に基づくものであった。同センターは、ウクライナの市場経済化に必要となる様々な人的・技術的支援を提供し、日本企業との交流などを組織している。また、一九九五年三月には「ウクライナと日本の共同宣言」が来日中のレオニード・クチマ大統領と村山富市総理の間で結ばれた。この共同宣言は、両国の経済、安全保障、科学振興の分野での協力の深化を確認した。

一九九五年一二月、ウクライナと日本輸出入銀行〔現在の国際協力銀行〕が融資協定を結び、ウクライナは二億ドルに相当する融資を受けることになった。さらに二〇〇三年九月にウクライナ政府と日本政府によって署名された「日本・ウクライナ共同コミュニケ」は、核の安全性確保、チェルノブイリ原発事故被害への対応、持続可能な発展などの分野での両国の協力関係の枠組みを創出した。また二〇一二年に両国間に「原子力発電所における事故へのその後の対応を推進するための協力に関する日本国政府とウクライナ政府との間の協定」[5]が合意され、原子力発電所事故の防止と処理に関する両国の協力体制が強調された。

また戦略的に重要な外交文書では、二〇二四年六月一三日に結ばれた、「日本国政府とウクライナとの間のウクライナへの支援及び協力に関するアコード」がある。[6]このアコードは、両国間の安全保障および防衛における協力を強めて、[7]ウクライナがロシアからの侵攻に対抗することを支援するものである。さらに、科学、教育および文化の分野での協力に関しては、「文部科学省とウクライナ教育科学省との間の教育及び科学技術分野における協力覚書」が二〇二四年二月二八日に署名された。[8]

二　チェルノブイリ原発事故と福島第一原発事故をめぐる ウクライナと日本の協力関係に関する先行研究

ウクライナ外務省の公文書館に所蔵されるウクライナ・ソヴィエト社会主義共和国および独立後のウクライナの外交文書は、チェルノブイリ原発事故を研究する者にとり非常に興味深い情報が含まれている。また、『チェルノブイリの悲劇――文書と資料の集大成』（原文はウクライナ語）が編纂されており、チェルノブイリ原発の建設、一九八六年四月の四号機の爆発事故、除染や放射能除去など、その後の処置・対策について主要な資料を網羅している。[9]

チェルノブイリ問題に関する資料は、ソ連時代、研究者が閲覧できない非公開資料とされてきた。ウクライナは独立後、一九九四年一月に「国家機密に関する法」を採択し、[10]これに基づき、環境や環境災害に関する情報を機密扱いとすることを禁止したのみならず、ソヴィエト時代のチェルノブイリ原発事故に関する国家機密資料の公開を

（5）Угода між Урядом України та Урядом Японії про співробітництво у сфері поліпшення післяаварійного реагування на надзвичайні ситуації на атомних електростанціях. Угоду ратифіковано Законом № 4669-VI від 27.04.2012.

（6）Угода про підтримку України та співробітництво між Україною та урядом Японії. URL: https://www.president.gov.ua/news/ugoda-pro-pidtrimku-ukrayini-ta-spivrobitnictvo-mizh-ukrayin-91481

（7）外務省 URL: https://www.mofa.go.jp/mofaj/erp/c_see/ua/pageit_000001_00737.html

（8）文部科学省 URL: https://www.mext.go.jp/a_menu/kokusai/mext_00034.html

（9）«Чорнобильська трагедія: Збірка документів і матеріалів». Київ: Наукова думка, 1996. 715 с.

（10）Закон України Про державну таємницю вводиться в дію Постановою ВР № 3856-XII від 21.01.94, ВВР, 1994, № 16, ст.94.

開始し、事故の本格的な科学的調査が可能となった。[11]

チェルノブイリ原発事故の著名な研究者の一人であるナタリヤ・バラノフスカは、原発事故に関し、多くの重要な研究を発表した。彼女の二〇一一年の単著である『チェルノブイリの悲劇――歴史的教訓』[12]（原文はウクライナ語）は、チェルノブイリ原発事故の被害の克服のための工学的、技術的、医学、生物学的観点からの方向性を詳細に論じている。彼女のもう一つの単著『チェルノブイリの試練』[13]（二〇一六年刊行、原文はウクライナ語）では、原発事故が起きる以前の状況と、事故の被害とその後の社会の変化が分析された。バラノフスカの論文「チェルノブイリの悲劇とディアスポラのＮＧＯ」[14]（二〇〇七年刊行、原文はウクライナ語）は、海外に在住するウクライナ人組織がチェルノブイリ原発事故に対しどのような活動をしたのかを追跡調査した。

バラノフスカは、原発事故の被害から人類を守る方法を編み出すための国際的な協力についても分析している。彼女の単著『ウクライナ・チェルノブイリ・世界――チェルノブイリ問題の国際的側面一九八六～一九九九』[15]（一九九九年刊行、原文はウクライナ語）は、原発事故による健康や環境への悪影響を最小化し、ウクライナが直面する社会、政治、経済、技術などに関する課題の解決のために、国際機関、政府、経済界、あるいは篤志家がウクライナに対して提供した援助について分析している。

福島第一原発事故後のウクライナと日本の協力関係では、駐日ウクライナ特命全権大使を二〇〇七年から二〇一三年まで務めたミコラ・クリニチが彼の著作のなかで、核の安全の分野での両国の協力について触れている。また、オレグ・ナスビット（オレフ・ナスヴィト）も、福島第一原発事故後から数年間に渡る日本・ウクライナ間の協力関係について述べている。[16]

ハーヴァード大学のセルヒー・プロヒーによる単著『チェルノブイリ――原子力災害の歴史（*Chernobyl: The History of a Nuclear Catastrophe*）』[17]（英語版はBasic Books社より二〇一八年に刊行）についても言及する必要がある。この本で、著者はチェルノブイリ原発事故の原因と事故後に連鎖的に起きた事象を詳しく分析し、重要な情報を機密にして市民や専門家から情報を遮断するソ連の隠蔽体質が事故を不可避なものにしたと論じた。イヴァン・ヴィシュネウスキーとヴォロディミル・ダヴィドウスキーが二〇一六年に『ウクライナ国立科学アカデミー紀要（*Bulletin of National Academy of Sciences of Ukraine*）』誌で発表した論文、「チェルノブイリ原発事故後の原子力発電所発展の段階――原発事故から三〇年を迎えて」(18)（原文はウクライナ語）も興味深い。この論文は、ウクライナの原発の問題点、今後の発展の可能性について分析し、安定した原発稼働のためのウクライナ独自のインフラ設備を整備することが必要だと論じた。

ウクライナ国立戦略調査研究所環境技術安全部主席専門官であるオレグ・ナスビット（オレフ・ナスヴィット）は、「チェルノブイリ・福島ラインに沿ったウクライナと日本の協力――現状と今後の見通し」(19)と題する二〇一三年の政策

(11) Брахма Челані. Повчальна атомна історія Японії. День.17.03.2011. URL.//www.day.kiev.ua/206874

(12) Наталія Барановська. Чорнобильська трагедія. Нариси з історії. К.: Інститут історії України НАН, 2011.

(13) Наталія Барановская. Испытание Чернобылем. К.: Юстиніан, 2016. 296 с.

(14) Наталія Барановська. Чорнобильська трагедія і громадські організації в діаспорі. Наукові записки [Національного університету "Острозька академія"]. Історичні науки. 2007. Вип. 9. С. 19–27.

(15) Наталія Барановська. Україна–Чорнобиль–світ. Чорнобильська проблема у міжнародному вимірі. К.: 1986–1999. К.: Ніка-Центр, 1999. 400 с.

(16) Віолетта Удовік Українсько-японське співробітництво у сфері ядерної безпеки: основні напрямки та підсумки 30-річної співпраці. 2017. Наукові праці історичного факультету Запорізького національного університету. Вип. 47. С. 325–330.

(17) Сергій Плохій. Чорнобиль. Історія ядерної катастрофи. Харків: Фоліо, 2019. 400 с.

(18) Іван Вишневський, Володимир Давидовський. Етапи розвитку ядерної енергетики після Чорнобильської катастрофи (до 30-річчя аварії на Чорнобильській АЕС). Вісник Національної академії наук України. 2016. №4. С. 92–98.

(19) Олег Насвіт. Українсько-японське співробітництво по лінії Чорнобиль-Фукусіма. Стан та перспективи розвитку. Аналітична

報告書で、福島第一原発事故への対応での協力がウクライナと日本の政府レベル、および専門家レベルでの人的交流の再生に貢献していると論じた。彼は報告書のなかで、ウクライナは日本に対して、原発事故の被害の除去、汚染地域の除染作業と汚染地域の放射線管理、事故による健康被害の克服あるいは軽減、事故被害者の社会的・心理的ケア、原発事故後の研究成果なども含め、事故処理をめぐる総合的な援助を提供できる、と意見を述べた。

ヴィオレッタ・ウドヴィクは、二〇一七年に『ザポリージャ国立大学歴史学部紀要（*Scientific Works of the Faculty ob History of Zaporizhzhya National University*）』誌で刊行した論文「核の安全に関するウクライナと日本の相互協力——その方向性と三〇年間の成果」[20]（原文はウクライナ語）で、三つの分野におけるウクライナと日本の協力関係を検討した。第一に、旧ソ連の核兵器の廃棄に関する日本の援助、第二にチェルノブイリと福島第一原発事故被害の除去での協力、第三に国連の枠組みのなかでの核の不拡散と北朝鮮の核開発に対する対応である。とりわけ核の安全管理の協力が両国関係で重要な位置を占めると論じられた。

核の安全管理分野における両国間協力の現状については、ヴィタリー・ハヴルが二〇二二年に刊行した論文「福島第一原発事故以降の核の安全管理分野におけるウクライナと日本の協力の強化」[21]（原文はウクライナ語）で論じられている。本論文は、福島第一原発事故以降に協力が顕著となり、日本側がウクライナの核安全管理プロジェクト実施のための資金を提供し、ウクライナ側が日本にチェルノブイリ原発事故の経験を踏まえた除染などの放射能除去に必要な技術・情報などを提供したことが示されている。

核の安全管理に関しては、ヴィクトリヤ・リサクとテチヤナ・イヴァネツィが二〇一五年に発表した論文「ウクライナと日本の協力の発展の特徴と主な方向性（二〇一二〜一五年）」[22]（原文はウクライナ語）でも論じられており、その中で、研究者と技術者の相互交流などを含む「原子力発電所における事故へのその後の対応を推進するための協力に関する日本国政府とウクライナ政府との間の協定」（二〇一二年四月署名）が概観された。協力関係の具体的成果として、チェルノブイリと福島の立ち入り禁止区域をモニターする二つの人工衛星の打ち上げ、チェルノブイリ原発四号機と使用済み核燃料貯蔵施設を囲むシェルター建設に対する日本政府の資金提供が論じられた。

その他の原発事故の研究で注目に値するものとして三つの研究を挙げる。J・サミュエル・ウォーカーによる単著『スリーマイル島――歴史からみた原子力の危機』（原文は英語、二〇〇六年刊行）[23]は、事故をめぐる状況を検討し、原発労働者と当局がどのように最悪の事態を回避する行動をとったのかを分析した。原発事故の比較研究としては、G・スタインハウザー、A・ブランドル、T・E・ジョンソンが二〇一四年に発表した論文「チェルノブイリと福島原発事故の比較――環境への影響についての考察」（原文は英語）[24]がある。ここでは、福島第一原発事故の被害がチェルノブイリ原発事故による被害に比べ小さかった要因として、日本政府が迅速に周辺住民の避難、事故対策を実施したことが示された。船橋洋一と北澤桂による論文「福島レビュー――複雑な災害と悲惨な対応」（二〇一二年、原文は英語）[25]では福島第一原発事故の原因とその対応に関し詳細な分析を行い、日本政府による原子炉安全性の過信と

записка. URL: http://www.niss.gov.ua/articles/1042

（20）Віолета Удовік Українсько-японське співробітництво у сфері ядерної безпеки: основні напрямки та підсумки 30-річної співпраці. 2017. Наукові праці історичного факультету Запорізького національного університету. Вип. 47. С. 325–330

（21）Віталій Гавур. Інтенсифікація українсько-японських відносин у сфері ядерної безпеки після аварії на атомній електростанції Фукушіма-1. 2022. Сучасні дослідження з німецької історії. №48. С. 119–125.

（22）Вікторія Лисак, Тетяна Іванець. Особливості розвитку та основні напрямки співпраці між Україною та Японією на сучасному етапі (2012–2015 роки). Гілея: науковий вісник. 2015. №5 (96). С. 465–471.

（23）J. Samuel Walker. *Three Mile Island: A Nuclear Crisis in Historical Perspective*. University of California Press, 2006. 316 p.

（24）Georg Steinhauser, Alexander Brandl, Tomas E. Johnson. Comparison of the Chernobyl and Fukushima nuclear accidents: A review of the environmental impacts. *Science of The Total Environment*. 2014. Vol. 470–471, pp. 800–817

想定されうる原発事故への対応準備の欠如について批判的に論じた。

これまでの研究動向をまとめると、人為的に起きた原発災害を克服するためのウクライナと日本の協力関係は、両国の社会に大きな関連性を持つものの、依然、研究が不十分であると言える。ウクライナと日本の学界がこの課題により多くの関心を向けることが望まれる。

三　チェルノブイリ原発事故処理へ向けた国際的支援

チェルノブイリ原発事故後の日本との接触は一九八六年、広島と長崎の被爆者治療と調査にあたった日本人医師団や科学者らが非公式に日本からソ連へ派遣されたことから始まった。一九九〇年九月には、日本とソ連は「チェルノブイリ原子力発電所事故の結果生じた事態を克服するための日ソ協力覚書」に署名した。同年一一月、日本政府は原発事故の被害者援助の一環として、ソ連に対し、医療機器購入目的で二六億一〇〇〇万円（二〇〇〇万ドル）の資金援助を決定した。

破壊された四号機に仮シェルター（石棺）を被せる作業が八六年から始まったが、後に、「シェルター施設」と呼ばれるようになった。シェルター施設の建設は、六ヵ月という記録的短期間で完了した。しかし、シェルター施設は放射線管理や労働安全衛生の規則で求められている水準を満たしていなかった。そのため、シェルター設備が建設された後も、四号機の周りの危険な放射能汚染の状況は続いた。[26]

安全な新たな封じ込め施設（NSC［New Safe Confinement］）の建設は、シェルター施設の環境的安全対策への重要なステップであった。ウクライナの法律「チェルノブイリ原発の廃炉およびシェルター施設の安全なシステム転換に関する一般原則」は、ＮＳＣの建設において達成すべき目標を定めた。そこで設定された目標は、作業員、市民および環境全般が核や放射能の危険性から守られること、原発を環境的に安全なシステムに転換する実際の作業（残余核燃料や燃料溶融物の取り出し、シェルターの不安定な構造の強化、核廃棄物の処分など）が実行できる条件を整えることなどである。(27)

チェルノブイリ原発の安全性を確保するための国際的支援活動にとって、シェルター施設の問題は重要な位置を占めた。古い石棺を覆うＮＳＣの建設は、一九九七年のＧ７諸国の会合で決定された。その後、ヨーロッパ連合の加盟諸国がＮＳＣの建設のために総額で一五億ユーロを拠出した。欧州復興開発銀行（ＥＢＲＤ）からは、六億五七〇〇万ユーロの追加拠出があった。ＮＳＣプロジェクトの総額費用は二一億五〇〇〇万ユーロにのぼった。「シェルター基金」のトップ一〇の拠出者は、ＥＢＲＤ、ヨーロッパ連合、アメリカ、フランス、ドイツ、イギリス、日本、イタリア、ロシア、ウクライナであった。日本は二〇〇〇年、二二五〇〇万ドルをＮＳＣプロジェクトに拠出し、丸紅ユーティリティサービスがシェルター施設のなかで放射能物質がどのように分散しているか調査するプロジェクトに応札した。二〇〇四年、日本は一〇〇〇万ドルを「シェルター基金」に追加拠出することを決めた。

(25) Yoichi Funabashi, Kay Kitazawa. Fukushima in review: A complex disaster, a disastrous response. *Bulletin of the Atomic Scientists*, 68 (2), pp. 9–21.

(26) Современное состояние обьекта “Укрытие”/ Александр Ключников, Виктор Краснов, Владимир Рудько, Владимир Щербін. Проблеми безпеки атомних електростанцій і Чорнобиля: наук.-техн. зб.2006. Вип. 5.

(27) Закон Украины Об Общегосударственной программе снятия с эксплуатации Чернобыльской АЭС и превращения объекта “Укрытие” в экологически безопасную систему (Ведомости Верховной Рады Украины (ВВР), 2009, N 24, ст.300) {С изменениями, внесенными Законом N 3960-VI (3960 -17) от 21.10.2011, ВВР, 2012, N 23, ст.231}

また、日本は二〇一六年七月時点で、核安全管理プロジェクトに総額で二億一九〇〇万ドルを拠出した。[28]

二〇一二年三月七〜一一日、ヴォロディミル・リトヴィン・ウクライナ最高会議議長が日本政府の招きで公式に来日し、天皇、野田首相らと会談し、また国会や日本・ウクライナ協会を訪問した。ウクライナ代表団は、宮城県と福島県、福島原発などを訪問し、東日本大震災の犠牲者を追悼する式典に参加した。日本政府関係者は、チェルノブイリ原発事故の被害を克服したウクライナの経験、および福島とチェルノブイリという原発事故被害地域間の協力を深めることに強い関心を示した。また、衆議院が同年四月一七日に「日ウクライナ外交関係樹立二〇周年に当たり、原子力発電所事故後の対応に関する協力を含めた日ウクライナ友好関係の増進に関する決議案」を採択した。さらに、翌四月一八日には、「原子力発電所における事故へのその後の対応を推進するための協力に関する日本国政府とウクライナ政府との間の協定」が調印され、世界で最初の核の安全に関する二国間協定が成立した。[29] この協定で設置された合同委員会の第一回会合は、二〇一二年七月に東京で開催された。第二回および第三回会合は、キーウでそれぞれ二〇一三年七月と二〇一五年一一月に実施された。

四　原発事故をめぐる学術交流・調査活動

原発事故に関する学術交流も展開された。二〇一三年一〇月一一日、ウクライナ国立工科大学がホストとなり国際セミナー「フクシマ・チェルノブイリワークショップ——チェルノブイリから福島への教訓」が開かれた。セミナーでは、坂田東一駐ウクライナ特命全権大使が開会式であいさつし、「私は日本国民に対するウクライナの人びとからの支援に非常に感謝しています。福島第一原発事故から二年七ヵ月の間に、日本から五七の代表団がチェルノブイリブイリ原発事故の被害を克服したウクライナの経験を学ぶ目的でウクライナの地を訪れました。とくに、医療問題、被災者支援、被災地域の復興の在り方などを学ぶことは、日本にとって非常に大きな意味を持っています」と述べた[30]。

国際セミナーはその後も開催された。例を挙げると、セミナー「大規模事故と災害への対応の心理的側面——チェルノブイリと福島の経験の比較」(二〇一三年一二月)、セミナー「福島第一原発事故後の沿岸地域の海洋と河川の汚染の測定、モデリング、予測」(一六年七月)などである。これらのセミナーは、キーウ国立工科大学、ウクライナ国立戦略調査研究所、およびオデーサ州立環境大学が主催した。また、日本からは、福島大学、東北大学、名古屋大学の研究者たちが活発に参加した。

二〇一六年には、日本の科学技術振興機構の地球規模課題対応国際科学技術協力プログラム(SATREPS)の支援を受けて「チェルノブイリ災害後の環境管理支援技術の確立」プロジェクトが立ち上げられ、両国の学術交流が強化された。また広島の放射線影響研究所理事長の重松逸造博士が委員長を務めたIAEAの国際諮問委員会(IAC)が国際チェルノブイリプロジェクトを立ち上げた。このプロジェクトは、チェルノブイリ原発の現況、事故後からの経緯、環境汚染のアセスメント、個人や集団の被ばく量のアセスメント、被ばくの健康への影響、医学的の対応

(28) Галузевий державний архів Міністерства закордонних справ України. Ф. 8. Посольство України в Японії. 2006 р. Оп. 209. Спр. 29. Записи бесід, щоденників послів і постійних представників України, 2006 р. Арк. 1–61.

(29) Украина и Япония заключили соглашение о сотрудничестве в ликвидации аварий на АЭС. РБК Украина 18 апреля 2012.URL: //www.rbc.ua/rus/news/ukraina-i-yaponiya-zaklyuchili-soglashenie-o-sotrudnichestve-18042012144800

(30) Фукусима - Чернобыль: Уроки выживания после катастрофы. Новости пресс-службы Киевский политехник. URL: https://kpi.ua/ru/13-10-11

の検討などの分野で調査を行った。

五　人道的支援

国際的プログラムや国際機関からのウクライナに対する人道的支援にも触れる必要がある。欧州委員会の技術支援（TACIS）プログラム、国連開発計画（UNDP）、UNESCO、アメリカ、イギリス、日本、ドイツ、フランス、スペイン、キューバなどの諸国、そして世界中の人々がチェルノブイリ原発事故で苦しむウクライナの人々へ人道的支援を提供した。一九九一年以降、日本政府は独立国家共同体（CIS）加盟国に緊急人道支援を提供しており、一九九四年四月までの支援総額は二六〇〇万ドルに上った。九四年四月には、二〇〇万ドルの医療機器が日本からウクライナに提供された。それに加え、三〇〇万ドル相当の医薬品、医療機器などが国際赤十字を通じて届けられた。

NGOでは、日本で一九九一年四月に設立されたチェルノブイリ子ども基金などが含まれる。同基金は、がんの治療薬、栄養ある食事やミルクを幼児や子どもに届ける人道的支援を提供することを目的とし、日本企業による寄付やチャリティコンサートの収益を通じ、五年間で三五〇人の子どもの健康を回復させることに成功した。

一九九六年四月、チェルノブイリ原発事故一〇周年に際し、日本各地で数多くの関連イベント、写真展、研究会、また反原発集会などが実施された。チェルノブイリ子ども民族音楽団がチェルノブイリ子ども基金の招待で来日しコンサートを開催した。またテレビ朝日は、原発事故によるウクライナ社会の変化や人びとが体験した苦難に焦点を当てたドキュメンタリーフィルム「チェルノブイリの鐘――事故から一〇年」を放映した。ドキュメンタリー放映後、番組司会者から視聴者に向けて、チェルノブイリ原発事故の被害者援助基金への募金の呼び掛けが行われた。この放映作品は多くの日本人に視聴されたという。[31]

六　チェルノブイリの現状──事故から三七年後、ロシアによる全面的軍事侵攻開始から一年後

二〇二二年、ウクライナに侵攻したロシア軍はチェルノブイリ原発を二月二四日から三月三一日まで占拠し、同原発が再び世界から注目されることとなった。この期間、原発の状況についての情報が得られない不安な状態が続き、原発付近では常に軍事行動が行われていた。だが、ロシア軍がキーウ侵攻に失敗したため、両国は原発から軍隊を撤退し、ドンバス地方に転戦させた。

原子力発電所は国際人道法で特別に保護されており、チェルノブイリとザポリージャ原発の二〇二二年のロシア軍による占領は、新たな緊急事態を引き起こす可能性がある前例のない出来事であった。IAEAは、現在チェルノブイリを含むウクライナの原発に事務所を構えており、原発の安全性確保に努めている。戦時下の原発の安全管理という問題は、IAEAにとって初めて直面する課題であった。常駐するIAEAのスタッフは、原発の状況について日夜監視を怠らず、状況の変化に合わせつつ対応している。またIAEAの仕事は

（31）Галузевий державний архів Міністерства закордонних справ України. Ф.3У. Посольство України в Японії 1995 р. Оп.209. Спр.37 Засоби масової інформації, 1996 р. Арк. 12.

「透明性」の原則に基づいている。原発の稼働状況や安全性などに関するアセスメントの独立性や客観性を担保するために、二人の検査官は一つの原発に二〜三週間滞在し、ローテーションで別の原発に移ることで、不正や偏向が生じるのを防止している。

原発などの核施設が軍事的に占領されることは、歴史上前代未聞であった。チェルノブイリ原発が最初に占領され、次にザポリージャ原発が占領された。チェルノブイリの占領はごく短期間で終わったが、ザポリージャの占領は今日まで続いている。国家がこのような重要な施設のコントロールを失い、施設の安全管理が不可能な状態に陥った場合には、国際社会に援助を求めざるを得なくなる。

ＩＡＥＡの七〇年に渡る歴史において、激しい軍事行動が行われているさなかでの核施設の安全をモニターするような事態は初めてであった。ＩＡＥＡの最も重要なミッションは、核施設の安全を確保することにある。ＩＡＥＡのラファエル・グロッシ事務局長は、「危機に対応するときが来た」と述べた。またチェルノブイリ原発の安全部門の副技師長であるアレクサンドル・ノヴィコフは、「例えば、ザポリージャ原発で事故が起きたら、その被害や影響はヨーロッパ大陸全体におよぶ。ザポリージャ原発は六機の原子炉が稼働する、ヨーロッパ最大の原発である。核施設を軍事占領してはならず、原発周辺を非戦闘地域に指定する必要がある」と発言した。[32]

ウクライナでは、原子力発電所が電力需要の半分を供給する。これらの原発の新型原子炉は、信頼性が高く制御が可能であるが、戦時下の現在、原発の安全を確保するための新たなアプローチが必要となっている。

七　福島事故から一三年が経過して

福島第一原発事故発生から一〇年以上が経過し、科学界はその経過に強い関心をもちつつ観察している。日本政府は、事故処理費用として二〇一一年から一五年までの間に二二〇〇億ドルを支出した。一六年から二〇年の間の追加費用は五五〇億ドルに上った。原発周辺地域の一部は、依然として人が住むことができない状態にある。二〇二〇年三月時点で、住民の帰還が困難な立ち入り禁止地域は三三七キロ平方メートルとなっている。津波を被ったかつての農地や牧草地に、現在では多くの太陽光発電パネルが設置されている。内堀雅雄福島県知事は原発事故一〇年目にあたり、「一方で、放射線レベルは低下した。除染も行われた。立ち入り禁止区域の面積は全県の二・四%に過ぎない」としたが、「他方で、三万七〇〇〇人の元住民が依然避難している」と、事故の影響の対照的側面について言及した[33]。

事故から一〇年以上が経過した現在、原発周辺二〇キロ圏内では、被害にあったビルや家屋が取り壊され、東日本大震災の被害の目立った痕跡はみられない。しかし、長年の放置と放射能汚染により、帰還困難区域の解消はなお程遠い。

（32）Чернобыльская АЭС: 37 лет после аварии и год после оккупации. Новости ООН. 26 апреля 2023. URL: https://news.un.org/ru/story/2023/04/1440312

（33）Мартин Фриц, Виталий Кропман Как живет Фукусима спустя десять лет после аварии на АЭС 11 марта 2021. URL: https://www.dw.com/ru/kak-zhivet-fukusima-spustja-desjat-let-posle-avarii-na-ajes/a-56829299

おわりに

チェルノブイリ原発事故が発生してすでに三八年が経過した。ウクライナの人びとの生活は多かれ少なかれいまだにその影響を受け、環境汚染と障害の除去へのたゆまぬ努力が続けられている。チェルノブイリ原発事故から四半世紀後の二〇一一年に、巨大地震と大津波という自然災害を直接的原因として、また諸般の人為的要因も伴いつつ、経済大国である日本において大規模な原子力災害が発生したことは、世界に大きな衝撃を与えた。ヨーロッパの主要国は、福島原発と同様の事故の再発を防ぐためにも、原子力の平和的利用における安全性の向上という大きな課題の前に立たされた。ウクライナと日本の原発事故の解決には、国境を越えた大規模な国際的援助が必要であることが明らかとなった。経済性、合理性を重視する現代社会において、原子力発電を完全に放棄することはもはや現実的な選択肢ではない。将来的な原発事故のリスク軽減のためには、各国の原子力発電の技術、安全管理規制、原子炉運転の方法、そしてとりわけ原発事故処理の経験について、国際社会が相互に交換し情報を共有しあうような協力関係が、今後、何よりも重要となるであろう。原子力は常にリスクが伴い、ミスが許されない。原子力発電は正しく運用されるのみならず厳格に管理されることが要求され、また国際機関を通じた監視の下に置かれるのが望ましい。

ウクライナと日本は、共に未曾有の原子力発電災害を経験した国である。二つの国は、地理的には離れているが、同時に密接な関係にある。それはとりわけ、原発事故の事後処理と放射能汚染に関する調査と研究の相互協力を通じて培われた関係である。広島と長崎の原爆投下を通じて発生した放射能汚染と人体への被爆という人類史上初の惨事から得られた経験と知識の集積は、後に、チェルノブイリ原発事故に際して、日本の医師団や科学者らによってウクライナの救援に応用された。そしてウクライナがチェルノブイリ原発事故処理で獲得した経験は、さらに福島原発災害での日本への救援に適用されたのである。こうしてウクライナと日本の間には原子力発電問題をめぐる密接な相互協力体制が築きあげられた。原子力の平和的利用における安全性という国際的課題は、何よりもこのような協力関係の深化・拡大を通じて得られるのであろう。そしてそれは間違いなく、ウクライナの将来的な経済的・社会的発展のカギとなろう。

〔鈴木玲 訳／進藤理香子・平野達志 監修〕

第十章　ロシア・ウクライナ戦争と日本の反戦平和運動——抗議イベント・データの分析

大和田悠太

はじめに

二〇二二年二月、ロシアのプーチン政権がウクライナに全面侵攻を開始した。これに対して、反戦運動が世界中で起こった。日本においても、多くのデモなどがあった。本章の目的は、このようなロシア・ウクライナ戦争をめぐる日本の反戦運動の動向を分析するものである。また、それにより日本の市民社会がウクライナにどう向き合っているかの一端をあぶり出そうとするものである。

以上の課題へのアプローチとして本章は、ロシア・ウクライナ戦争とイスラエル・ガザ戦争をめぐる運動の比較という視点を導入するとともに、抗議イベント分析の手法を採用し、分析を行う。以下、一では、ロシア・ウクライナ戦争をめぐる日本の反戦運動についての既存の解説を検討しながら、本章の課題を改めて確認する。次に二で、反戦平和運動の理論的枠組みについて述べ、三で抗議イベント分析の手法とデータを説明する。そのうえで四において データ分析の結果を示し、最後に五で考察を述べる。

一 問い――市民社会からみたロシア・ウクライナ戦争と日本

ロシア・ウクライナ戦争は現在進行中の事象であり、反戦運動についてもそうである。そのこともあって本格的な実証研究は、未だ多くあるわけではない。とはいえ、戦争そのものに関する国際政治学的な分析に加えて、戦争に日本社会がどう向き合っているかというテーマに関しても、この間、重要な分析が出てきている。たとえば飯田健は、この戦争をめぐる日米の世論を計量政治学的に分析した[1]。山本昭宏は、戦争をめぐる思想や社会運動を取り上げながら、日本の平和主義の変容を歴史社会学的に論じた[2]。ほかにも、戦争最中の日本の有権者の安全保障意識とメディアの影響を分析した白崎護の研究などを挙げることができる[3]。そう考えると、利益団体研究や社会運動研究を含め広く市民社会研究の視点からの同時代分析も、なされてよいだろう。その一歩として本章は、ロシア・ウクライナ戦争をめぐる反戦運動に焦点をあて、その特徴を体系的に捉えたい。

日本のウクライナ反戦運動についての本格的研究は、管見の限り見当たらない[4]。とはいえ、様々な解説はなされている。たとえば五野井郁夫は、彼自身も関わった抗議集会「NO WAR 0305」について詳しく論じている[5]。また、日本での反戦運動について新聞や雑誌で盛んに論説を行ってきた研究者として、先述の山本昭宏を挙げることができる。この山本の議論については、本章のテーマに密接に関わるものであるため、詳しく取り上げておこう。

山本は、戦後日本の平和運動を歴史的に振り返り、ベトナム反戦、イラク反戦など代表的な反戦運動が、「アメリカの戦争」に対するものだったことに注意を向ける。そこでは、同盟国アメリカの戦争に日本も巻き込まれるという危機感や、アメリカの戦争に日本政府が加担することへの異議申し立てから、反戦運動が高揚した。このような運動の歴史を踏まえたとき、ウクライナ反戦運動については、上記の構図が成立しないことが最大の特徴といえる。日本の平和運動は、これまでとタイプの異なる戦争に向き合うことになった。山本は、日本においてロシア・ウクライナ戦争をめぐるデモが低調であるのはなぜかという問いに答える際、「アメリカの戦争」への抗議という従来型の運動の訴求力が働かないことを指摘した[6]。

比較の視座は有意義であり、示唆に富む洞察である。とはいえ、実証的データに基づき論証しているわけではない。また、イラク反戦などとの比較においてウクライナ反戦運動を論じることについては、方法論的にみて難点がある。たしかに戦争の性格も違うが、二〇〇三年から二二年までの約二〇年の間には、実に様々な変数が変化している。それらの影響を統制しなければ、戦争そのものの性格の違いが反戦運動の高揚の違いに帰結していると結論づけることはできないはずである。だが、ベトナム戦争やイラク戦争との比較という枠組みでけ、それは難しい。

たとえば、一般に社会運動への参加率は長期的にみて低下してきた。また、運動参加率は世代による差が大きく、若年であるほど参加経験が少ない[7]。それを踏まえれば、この二〇年あまりで運動参加率の高い世代の高齢化が進み、

---

(1) 飯田健「ウクライナ支援に対する日本の有権者の支持」日本国際問題研究所編『国際秩序の動揺と米国のグローバル・リーダーシップの行方』日本国際問題研究所、二〇二三年。
(2) 山本昭宏『変質する平和主義――〈戦争の文化〉の思想と歴史を読み解く』朝日新聞出版、二〇二四年。
(3) 白崎護「『認知領域の戦い』におけるメディアリテラシー――ウクライナ戦争をめぐる安全保障意識についてのSuper Learnerを用いた因果媒介分析」『年報政治学』二〇二三―II、二〇二三年。
(4) 運動の経過についての、ごく簡潔な概説は、法政大学大原社会問題研究所編『日本労働年鑑』旬報社の二〇二三年版、二〇二四年版などを参照されたい。
(5) 五野井郁夫「国際規範の萌芽をつくる――SNS時代の反戦・平和運動の展開」『新聞研究』八四五、二〇二二年。同「戦争に対抗する音の公共圏――GEZANと『NO war 0305』」『ユリイカ』五五(六)、二〇二三年。
(6)『朝日新聞』二〇二二年四月一五日、一三頁、二〇二二年八月一二日、二七頁。

世代交代が進んできたことは運動の退潮につながる要因である。[8] そのほか、運動参加に関わる社会経済的ないし社会文化的な要因、平和運動の供給サイドにあたる主な平和運動団体の動向も、日本社会において大きく変化してきた。[9] 戦争の性格の違いのほか、これらが運動の規模などに影響している可能性は十分に高い。

ロシア・ウクライナ戦争をめぐる反戦運動の特徴を明らかにするにあたり、他の事例との比較は極めて有意義だと筆者は考える。しかし、比較事例分析の方法論に基づく事例選択が肝要である。そこで、以上のような認識のもと本章では、二つの反戦運動を取り上げる。ロシア・ウクライナ戦争（全面侵攻開始の二〇二二年二月〜）とイスラエル・ガザ戦争（二〇二三年一〇月〜）をめぐる運動である。

この二つの戦争の開始直後から起こった反戦運動は、時期的に大きな隔たりがない。そのため、前述のような、社会運動を規定するマクロな社会構造の違いなどを、この比較では統制できる。主な平和運動団体の資源などについても、約一年間で大きな違いがあったとは考えにくい。政治制度や政党政治の構図についても同様であり、政治的機会構造も共通性がある。こうしたことを考えると、もし、二つの戦争をめぐる運動に違いが出ているのであれば、それは一般的、構造的な社会変容に還元されない、個々の戦争に対する日本社会の反応の違いとして捉えることが、一定程度妥当であろう。

石田淳は「残虐な限定戦争」という概念を提示して、二つの戦争の共通点を説得的に論じている。[10] また、山本の議論との関係でいえば、いずれもアメリカが開始した武力行使ではなく、また日本において自衛隊派遣などが論点になるわけではない、「巻き込まれの恐怖」が強く意識されるとは言いにくいといった点も重要であろう。しかしながら二つの戦争の性格の違いもあり、それが平和運動を規定する様々な要因と絡み合って、日本における運動の様態の違いにつながることが理論的に想定できる。以下、順を追って考えていこう。

二　理論——反戦運動の分析枠組みと仮説

反戦平和運動は、なぜ、どのようなかたちで起こるか。これについては当然、社会運動一般について理論が説くところが一定程度、妥当しよう[11]。運動組織の資源動員、政治的機会構造、文化的フレーミングといった要因が運動を左右しうることに、特段、疑問はない。その一方で、平和運動に固有の要素を視野に収めることも重要になるだろう。さらには、地理的に離れた地域の戦争、自国の安全保障との直接的な利害関係が必ずしも多くの人において

(7) 池田謙一「グローバル時代における日本人の価値観」同編『日本人の考え方　世界の人の考え方——世界価値観調査から見えるもの』勁草書房、二〇一六年、三〇三頁。同「政治行動」電通総研・池田謙一編『日本人の考え方　世界の人の考え方Ⅱ——世界価値観調査から見えるもの』勁草書房、二〇二二年、二六一、二六三頁。日本の若年層における社会運動への忌避意識の広がりも、この間、論点とされてきた。この議論については、たとえば、富永京子「若者の『社会運動嫌い』?」『生活経済政策』二八八、二〇二一年などを参照。

(8) イラク反戦運動では、従来と異なる若年層の個人の参加が目立つとメディアなどで報道された。とはいえ山本英弘によれば、二〇〇三年二月のワールド・ピース・ナウ主催デモの参加者の年代で最も多かったのは、当時五〇代（三二・二%）、次いで四〇代（二六・一%）であった。山本英弘「イラク戦争抗議デモ参加者の諸相——質問紙調査に基づく分析から」『社会学年報』三四、二〇〇五年。

(9) たとえば、エリート挑戦的な政治参加に関連性をもつ、イングルハートのいう脱物質主義的価値観について、日本では減退傾向がみられる。池田前掲「グローバル時代における日本人の価値観」三〇三頁。

(10) 申惠丰・石田淳「『残虐な限定戦争』の時代に」『世界』九八四、二〇二四年。

(11) 社会運動研究の理論史については、本田宏「社会運動論の再整理——政治学の視点から」『北海学園大学法学研究』五八（一）、二〇二二年などを参照。

意識しやすくはない戦争をめぐる場合に反戦運動は、ディーター・ルフトがいうところの「遠いイシューの運動」(distant issue movements: DIM)としての性格をも帯びるだろう[12]。

これらを踏まえたうえで、具体的な戦争に対する反戦運動を理論的に捉えるうえでの重要な参照点を提供していると筆者が考えるのは、ステファン・ヴァルフラーヴェとルフトの編によるイラク反戦運動の国際比較研究である[13]。この研究では各国の反戦運動の共通点と相違点を体系的に説明すべく、五つの要因で構成される分析枠組みが提示されている。その五つとは、①社会人口学的構成(sociodemographic composition)、②政治システム(political system)、③争点固有の政治的文脈(issure-related political context)、④社会運動組織(social movements organization)、⑤動員戦略とチャネル(mobilization starategies and channels)である。この枠組みは、多国間比較を行ううえでのヒューリスティックなモデルとして提示されたものだが、一国内の時点間、争点間の比較においても有効であろう。

このモデルを踏まえてロシア・ウクライナ戦争とイスラエル・ガザ戦争に対する日本の反戦運動を比較する本章の場合、①②は、ほぼ定数とみなせる。④も、社会運動組織の全体的な布置や資源の多寡という点では変動が少ない。したがって、③⑤が運動の特徴にどのようにつながっているかを分析することができる。そして実のところ、ヴァルフラーヴェとルフトらの研究の結論において、各国の運動の特徴の違いを整合的に説明するうえで、とりわけ重要な要因だとされたのが③と⑤だった。

③のイシュー固有の政治的文脈については、当該の戦争に関する政府と野党の立場、世論等をみる必要がある。戦争そのものの性格も重要であるが、それをめぐり様々な政治アクターの言論の対立構図、世論やメディアの動向に違いが生まれ、それが反戦運動の動員のパターンを規定していくという流れが重要である。その意味で、⑤の動員戦略とチャネルは、媒介変数として位置づけられる。動員のタイプは、参加者の特徴や規模の違いにつながる。このように運動の需要サイドと供給サイドの相互作用が、具体的な運動のあり方を規定すると考えられる[14]。

では、以上を本章の対象に即して考えると、どのような仮説が導出されるか。まず、イシュー固有の政治的文脈の違いについてであるが、結論からいえば政府、野党、世論の方向性は、ウクライナ反戦の場合に一致度が高く、ガザに関しては、それと比べるならば幅があったといえる。ロシアのウクライナ侵攻は明確な国際法違反であり、ロシア政府が非難されるべきである。このような基本的な見方は、政府、与野党を含め広く共有されていた。[15] G7の協調のもと岸田内閣は、ロシアへの制裁、ウクライナへの支援を行った。世論についても、こうした政府の対応を評価する人々が多かった。[16]

（12）Dieter Rucht, "Distant Issue Movements in Germany: Empirical Description and Theoretical Reflections," in John A. Guidry, Michael D. Kennedy and Mayer N. Zald eds., *Globalizations and Social Movements: Culture, Power, and the Transnational Public Sphere*, University of Michigan Press, 2000.

（13）Stefaan Walgrave and Dieter Rucht eds., *The World Says No to War: Demonstrations against the War on Iraq*, University of Minnesota Press, 2010.

（14）Walgrave and Rucht eds., op. cit. 湾岸戦争に関する反戦運動の国際比較を行った以下の分析の理論的含意も類似する。Ruud Koopmans, "Globalization or Still National Politics?: A Comparison of Protests against the Gulf War in Germany, France, and the Netherlands," in Donatella Della Porta, Hanspeter Kriesi and Dieter Rucht eds., *Social Movements in a Globalizing World*, Palgrave Macmillan, 1999.

（15）三月に衆院、参院で可決したロシア非難決議では、れいわ新選組を除く与野党が賛成した。政策位置が政府・与党と最も対極的な共産党も、防弾チョッキ等の提供に反対するなど具体的な支援の中身に関して異論があったが、制裁と支援を行うべきとの主張であることは変わらない。政党間の主張の対立は、戦争を契機に高まった日本の安全保障政策をめぐる議論において大きかった。

（16）たとえば『朝日新聞』二〇二二年三月二二日、三頁、四月一八日、三頁、五月二三日、三頁。いずれでも「評価する」が「しない」の二倍以上である。なお、日本維新の会の鈴木宗男などが、ウクライナや西欧諸国の非も強調し、紛争には双方の言い分これに対してイスラエル・ガザ戦争では、政府と野党などの対立がみられる場面があった。とくに二三年一〇月七日以後しばらくの時点では、一〇月二七日の国連総会における「人道的休戦」を求める決議案の採択で日本が棄権を選択した際、一一月八日の東京でのG7外相会合が「停戦」ではなく「人道的休止」の表現を用いた共同声明を発表した際などである。[17] その後は多くの国連決議で日本は賛成に回っており、トータルにみれば、イスラエルに軍事協力を続けるアメリカなどの路線と一線を画したとはいえる。ただ、人道危機に対して日本政府が、それ以上の積極的な働きかけをできてはいないとの指摘は可能だった。[18] 一方、世論については、大多数が停戦を願った。[19]

このようにみると、イスラエル・ガザ戦争については、虐殺に加担しているなどとしてアメリカ政府を抗議対象とする動員が成り立つ状況があった。また、そこに日本政府も追随しているというフレーミングによる動員が可能な場面があり、現にそのようなデモもみられた。日本と密接な関係にあるアメリカへの抗議、遠い外国ではなく自国政府への抗議というかたちでの動員力が発揮されるとすれば、イスラエル・ガザ戦争の方だったといえる。

一方、理論的枠組みを踏まえると、イシュー固有の政治的文脈の違いは、運動の動員パターンの違いにつながる。政府、野党、世論のいずれとも乖離した運動は周縁化されやすい。この場合に運動は、社会の主流への異議申し立てとなり、少数派が国内の明確なターゲットに対して苛烈な抗議を行うといった性格のものが中心的になる。これと対極的なのが、「ヴァレンス・イシューの動員」となる場合である。争点に対して強い信念をもち、政治意識・行動、イデオロギーに明確な特徴をもつ人々の運動になりやすい前者に対して、後者では、幅広い人々に支えられた抗議が特徴となる。[20] マリオ・ディアーニは、政府、野党、世論が揃って戦争に賛成の場合、そこに意見の対立がある場合、すべて反対の立場の場合の三パターンのいずれであるかで運動の動員パターンが明確に分岐すると指摘し、各国のイラク反戦運動の特徴を整合的に説明した。[21]

こうした知見を踏まえるならば、ヴァレンス・イシューの動員となるウクライナ反戦では、反戦という争点やウクライナという地域への関心を従来から強くもってきたわけではない様々な活動領域の団体が幅広く運動促進的な

ものになる、という推論が成り立つ。[22] そこで様々なイシューの運動の結びつきも生まれることになる。それと比べ

があるとする論陣を張った。しかし、この主張が説得力をもち幅広い支持を集めることはなかった。この点に関しては、さしあたり以下の記事などを参照。「『ロシアもウクライナも両方悪い』は不適切。」、HUFFPOST、二〇二二年三月二〇日（https://www.huffingtonpost.jp/entry/ukraine-russia_jp_6243c3fae4b0e44de9bab752）（二〇二五年二月一日最終閲覧）。

（17）複数の野党が批判したほか、朝日新聞などの社説が日本政府の対応を批判的に論じた。『朝日新聞』二〇二三年一〇月二九日、八頁、一一月二日、一〇頁、一一月一〇日、一二頁。

（18）たとえば、立憲民主党の二四年四月九日の「ガザ侵攻から半年、即時停戦を求める声明」は、UNRWAへの資金提供再開が遅れたこと、四月五日に国連人権理事会がガザ停戦やイスラエルへの武器売却停止を求める決議を採択した際に棄権したことについて、日本政府の対応を「極めて残念」とした。

（19）体系的に比較可能なデータは十分ではないが、初期の調査として、たとえばセーブ・ザ・チルドレンが二〇二三年一一月に行った一万二〇〇〇人のインターネット調査「イスラエル・パレスチナ（ガザ地区）の紛争に関する意識調査」（https://www.savechildren.or.jp/sp/news/index.php?d=4316）（二〇二五年二月一日最終閲覧）がある。紛争についての考えは「どんな理由があっても、市民を紛争に巻き込むことは許されない」（五六％）、日本政府に求めることとしては「一刻も早い停戦に向けた外交努力」（四三％）が一位だった。このような調査結果を用いて政府にアドボカシーを行ったという事実は、政府の政策と世論の方向性に一定の乖離があり、働きかけが必要と認識されていたことを意味する。

（20）Joris Verhulst and Stefaan Walgrave, "Politics, Public Opinion, and the Media: The Issues and Context behind the Demonstrations," in Walgrave and Rucht eds., op. cit., p. 43.

（21）Mario Diani, "Promoting the Protest: The Organizational Embeddedness of the Demonstrators," in Walgrave and Rucht eds., op. cit.

（22）たとえば、イラク反戦運動の際のベルギー、スイス、ドイツでは、政府、野党、世論が揃って戦争反対であった。そこでは与野党対立に沿って政治化された運動というより、中道左派的な志向をもつ幅広い団体が動員を促進する構図となった。Diani, op. cit.

ればガザについては、平和運動団体や、もともとパレスチナ問題に強い関心を寄せ活動してきた団体など、争点への関心の強度が高い人々の取り組みが、運動の中心に位置するということが理論的な予測となる。

平和運動における幅広い隣接分野の運動の寄与は、つとに指摘されてきたことではある。たとえばサム・マルーロとディヴィッド・メイヤーは、平和運動の歴史から言える重要な七つのポイントのうちの一つとして、動員の成功事例では、普段は平和の政治に関わっていない他の運動の資源に依存できていたことを指摘している。また、既存の社会運動理論が説くよりも、より広い構成主体を得ることが重要になるともいう。[23] また、とくにDIMといえるものについてはマンサー・オルソンのいう集合行為問題（フリーライダー問題）が深刻であるから、[24] その緩和において様々な組織やネットワークを通じた動員が極めて重要になることも容易に想像できる。

とはいえ、一口に幅広い団体と言っても、特定の国において、具体的にどのような団体が動員の促進に寄与するものになるかは、理論がアプリオリに想定するものではない。ここについては、当該社会において、どのような組織や運動コミュニティが既存し、それらが戦争にどう向き合っているかが決定的に重要になってくるといえるだろう。そう考えると、とりわけウクライナ反戦運動において、どのような団体が動員を促進しているかは確認すべき重要なポイントであるし、また、動員の規模如何は、このような点にかかっていたと考えられる。

三　方法——抗議イベント・データの分析をめぐって

ヴァルフラーヴェとルフト編の研究では、二〇〇三年二月に世界同時的に巨大な抗議集会が展開されたことに注目し、運動サーベイを手法として採用していた。これに対して、本章が行うのは抗議イベント分析である。運動参加者の属性などを事細かに知ることはできないが、抗議イベントを分析単位とした定量的データにより、運動の数や規模などの全体像を体系的に分析できる点に、この方法の強みがある。日本におけるウクライナ、ガザの反戦運動の場合、一つの象徴的な巨大イベントがあるとはいえず、草の根レベルを含む様々な地域、開催主体のイベントを視野に収めることで見えてくるものがあると考えられる。

抗議イベント分析は、社会運動研究における主要な研究手法の一つとなっている。スヴェン・フッターの整理によれば、それは大きく四段階で発展を遂げており、方法論的な精緻化もみられる[25]。そのなかで大きな議論となってきたのが、新聞データのもつバイアスへの対処の問題である。これまで抗議イベント分析では新聞記事のコーディングを行うのが一般的であったが、当然、新聞で報道されたイベント数と実際の数は同じではなく、一定のカバー率にとどまる。そのカバーの仕方においてバイアスが存在すると考えられることが問題である[26]。

この問題に、どの程度、どのように対処する必要があるかは、研究の目的や対象によるだろう[27]。多争点の長期データを構築、分析する場合は、選択バイアスがあるとしても、バイアスがコンスタントに存在すると考えられるか

---

(23) Sam Marullo and David S. Meyer, "Antiwar and Peace Movements," in David A. Snow, Sarah A. Soule and Hanspeter Kriesi, *The Blackwell Companion to Social Movements*, Blackwell Publishing Ltd, 2004.

(24) Rucht, op. cit., p. 95–101.

(25) Swen Hutter, "Protest Event Analysis and its Offspring," in Donatella della Porta ed., *Methodological Practices in Social Movement Research*, Oxford University Press, 2014.

(26) メディアが報道する抗議イベントの選択、および記述の仕方におけるバイアスの問題が知られている。Jennifer Earl et al., "The Use of Newspaper Data in the Study of Collective Action," *Annual Review of Sociology*, 30 (1).

(27) Hutter, op. cit. p. 339, 351.

ぎり、絶対数でなく変化のトレンドに注目してデータを分析することは問題ないという考え方をとりうる。[28]ところが、二つの短期データを比較することになる本章の場合、この考え方に全面的に依拠することは難しいように思われる。

そこで本章は、研究史において蓄積されてきたバイアスへの対処をめぐる様々な議論のなかから、以下の二つを援用する。一つは、「ブランケット戦略」(blanketing strategy)などと呼ばれてきたものであり、異なるかたちでバイアスをもつ様々な情報源にアクセスし、カバー率を高めていくという方略である。一般には多大な資源を要するため必ずしも推奨されないが、短期の分析においては選択肢に入るものである。フッターは、激しい紛争のピーク時の分析などで、これが必須とみている。[29]

いま一つは、運動主体側の情報源の活用である。この手法は、とくに権威主義体制など、メディアが政府に統制されている国・地域の抗議イベント分析において発展してきたものだが、[30]分析の目的や対象によってはリベラル・デモクラシー体制における事象の分析でも有益だろう。そのような情報源には様々なタイプのものがあるし、どのようなものが利用可能かは当然、国・地域により異なるが、広く言って社会運動の過程でつくり出されている情報源を抗議イベント分析で積極的に用いていくという発想は援用可能である。

以上の議論をもとに、本章の抗議イベント・データの構築は、次のような手続きをとった。まず、『朝日新聞』『読売新聞』『毎日新聞』の三紙について、記事データベース(それぞれ、朝日新聞クロスサーチ、ヨミダス、毎索)を用いて関連記事を集め、暫定データを作成した。[31]そのうえで、抗議イベントの開催主体として主要な団体について、機関紙誌やHP等を用いて、これを補足した。[32]伝統的な運動団体とは異なるタイプの組織では、機関紙誌をもたないものが多い。そのため、これらについては、上記主要三紙に基づくデータを作成後、そこで抗議イベントの主催者として登場した組織について、HPやX(旧ツイッター)アカウントを作成している場合、その情報に基づきイベント・データを補充した。

データの対象期間は、ウクライナは二〇二二年二月二四日、ガザは二三年一〇月七日を始点とし、そこから三か月間とした。サンプリングは採用せず、できるかぎり網羅的に抗議イベントを捉える方針をとった。抗議イベントの定義と範囲については、少なくとも二人以上によるものであり、当該の戦争を止めることを目指し、戦争への抗議を公共圏において表明するものを対象にした。[33]

---

(28) この点に関して、Ruud Koopmans, "The Use of Protest Event Data in Comparative Research: Cross-national Comparability, Sampling Methods and Robustness," in Dieter Rucht, Ruud Koopmans and Friedhelm Neidhardt eds., *Acts of Dissent: New Developments in the Study of Protest*, Editon Sigma, 1998.

(29) Hutter, op. cit., p. 349.

(30) Jan Matti Dollbaum, "Protest Event Analysis under Conditions of Limited Press Freedom: Comparing Data Sources," *Media and Communication*, 9 (4).

(31) 「ウクライナ」「ロシア」「イスラエル」「パレスチナ」「ガザ」といった語と、「デモ」「集会」「パレード」「スタンディング」「宣伝」「署名」「反戦」「抗議」「訴え（る、た）」「声を上げ（る、た）」といった語を組み合わせて網羅的に検索し、関連記事をリストアップした。

(32) 具体的には、まず、『社会新報』、『しんぶん赤旗』（CD－ROM版）である。ただし、これだと『赤旗』の情報量が圧倒的に多いため、全労連や共産党と関わりの深い運動の情報が網羅的に捉えられている一方、旧総評・社会党系の国民運動を継承した組織であるフォーラム平和・人権・環境（平和フォーラム）系の運動の情報が、十分でない。そのため、平和フォーラムについて『Newspaper』、定期総会資料、加盟地域組織HPを参照した。次に、いわゆる新左翼系の運動について、『週刊解放』『解放』『前進』『かけはし』『戦旗』『プロレタリア』『週刊MDS』を参照した。二つの戦争をめぐり、九条の会の取り組みも活発であった。これについて、『九条の会ニュース』、『九条改憲NO！　全国市民アクション　各地でこんな取り組みが』を参照した。

(33) 学校の校内での生徒の集会、教会内での信徒の祈り、個別の組織内部の会議（総会など）といったものは含まない。学習会の対象とするのは、当該戦争をめぐる抗議を主な目的としているイベントである。そこには、戦争への抗議を単一テーマとするイベントと、それ以外と並ぶ複数テーマの一つとするものがあるが、本データは、その両方を含む。一方、前述の方法で記事を収集すると、様々なテーマをめぐるデモなどでの参加者の発言が紹介されており、そこにウクライナやガザへの言及が含まれているというケースがある。しかし、当該戦争への抗議を主な目的の一つとしていると言えず、あくまで一部の発言がウクライナに触れたという場合は、本データに採録するのは適切ではない[34]。また、たとえば「ウクライナ戦争に便乗した〜に抗議する」といった主張を行う抗議イベントは数多いが、戦争そのものへの抗議を主たるテーマにしていない場合は、データの範囲外となる。

こうした抗議イベントについて、開催日、場所、開催主体、参加人数などをコーディングした[35]。抗議の形態については デモ等（デモ、集会、パレード）と、それ以外の宣伝等（スタンディング、宣伝、署名・募金）という区分を設けた[36]。開催主体は多様であるが、そのなかには政党支部や後援会などが開催したものも一定数ある。ただし、議員や候補者個人の街頭演説などについては除外している。

四　結果——二つの戦争に対する抗議の実態

それでは、抗議イベント・データを見ていこう。まず、イベント数の総計は、ウクライナが八四四件、ガザが四七九件である。前者の多さが、第一に注目される。ここには政党支部や後援会組織のみが主催者のものが含まれている。これを除外すると、七二六件と四三五件である。政党組織による抗議活動がウクライナ反戦で多くあるとわかるが、これを除いても、やはり前者が件数で大きく上回る。以下では、政治社会と区別された市民社会の活動に焦点を当てる主旨で、こちらのデータを扱う。

抗議イベントには、当該戦争を単一テーマとするものと、他のイシューも含む様々なテーマを掲げて開催されるものがある。毎月一九日に国会議員会館前で行われる総がかり行動（戦争させない・9条壊すな！総がかり行動実行委員会主催）などは、後者の典型である。ウクライナは前者が五二三件、後者が二〇三件、ガザは三一二件、一二三件である。単一テーマのイベントの割合は、いずれのデータでも全体の約七二％であり、この点は違いがない。

抗議の目的をみると、ウクライナ・データは、ほぼ全てがロシアの侵略に対する抗議である。[37]他方、ガザについては、イスラエルによる虐殺に抗議するというものが多いが、イスラエルとハマスの両方を批判するもの、アメリカ

開催なども対象外とした。声明や抗議文送付については、集合行為への人々の動員という性格が弱いと考えて本分析の対象には含めなかった。

（34）主な目的としているかについては、イベントのスローガン、横断幕やプラカードの文言、および記事内容から判定した。当該戦争に関する決議を採択している場合も該当と判断した。なお、春闘やメーデーに関する集会については　ウクライナ反戦をスローガンに含むケースもいくつかみられたものの、本分析の性格上、これは一律で除外した。

（35）複数の情報源で記述が異なる場合、記事を比較し多数派を採用した。この多数決で決定できない場合は、抗議イベントの主催者の情報を優先させた。

（36）厳密な区分は難しい。基本的には開催主体の発信や紹介記事の内容によったが、たとえば、スタンディングと宣伝の区別などは曖昧であり、開催主体の表現方法の違いによる部分もある。そうした限界を認識しつつ、大規模な抗議行動を計画する場合にデモや集会が、草の根的な活動として宣伝や署名・募金が企画開催される場合が一般には多いだろうことから、このような区分を設けた。ダイインやシットインはデモに含めた。

（37）ごくわずかな例外として、NATO批判、日本政府のウクライナ支援への批判、ゼレンスキー国会演説への反対などがあったが、七件のみであり、いずれも新左翼系の抗議行動である。

図1　抗議イベント数の推移

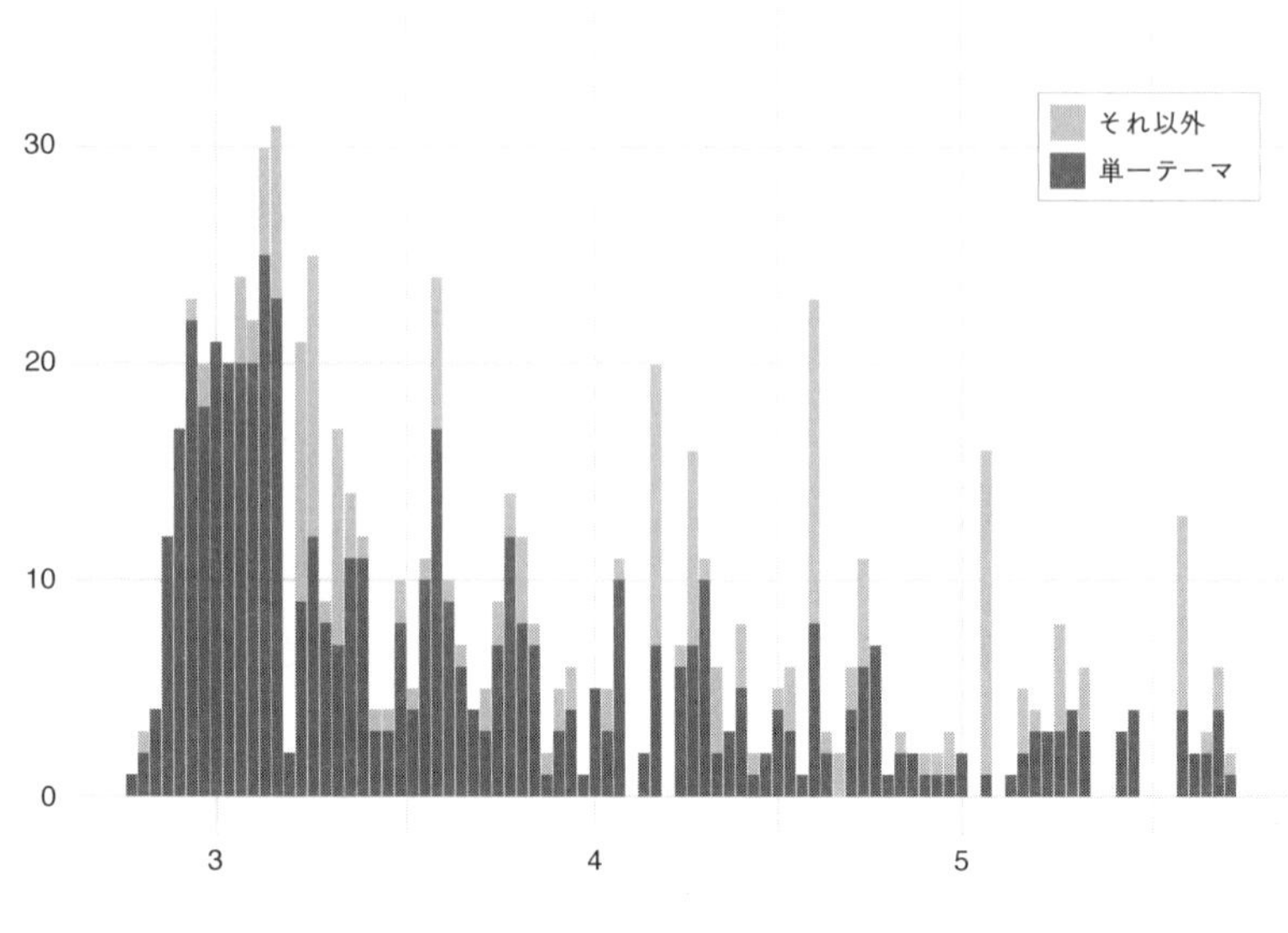

ロシア・ウクライナ戦争

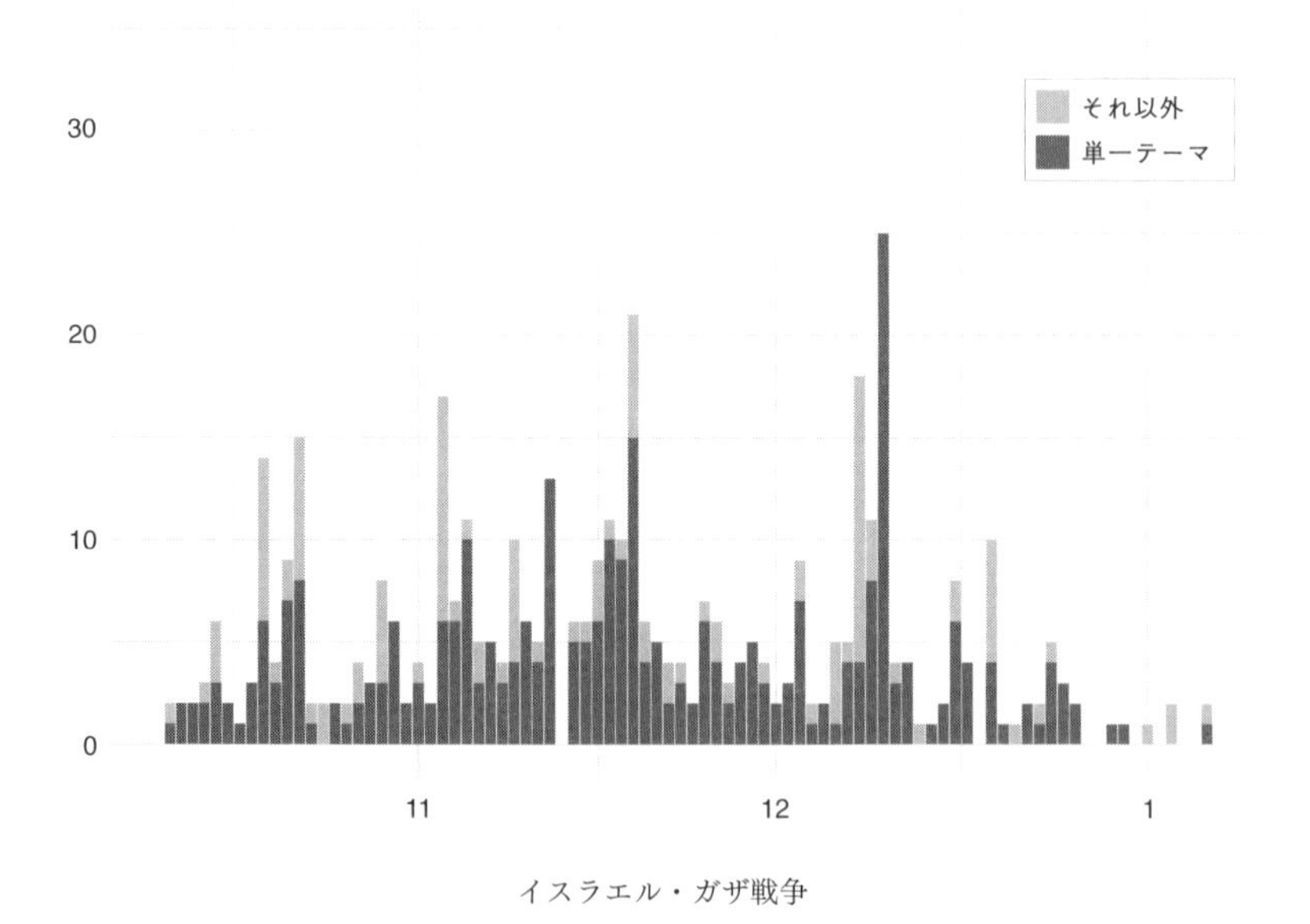

イスラエル・ガザ戦争

の対イスラエル政策を批判するもの、戦争に対する日本の姿勢を批判するものなど、ウクライナの場合に比べると幅がみられ、形式的な分類には難しさがある。抗議の形態については、ウクライナについてデモ等は二八八件、宣伝等が四三八件、ガザは二三七件と一九八件である。[38] ウクライナ反戦の方ではデモ等も多いが、それ以外に膨大な数の宣伝等がある。これらの多くは、各地の草の根的な活動である。対してガザ・データでは、デモ等の数を、それ以外が下回る。

イベント数の推移は、図1のとおりである。イベント数のピークはウクライナの場合、二月二四日の直後である。ガザの場合、一一月に入ってである。[39] 図では、単一テーマと、そうでないものを区別している。毎月一九日は二〇一五年以来、改憲反対などを主張する定例的な抗議イベントが各地にあり、五月三日や一一月三日は、護憲派の集会が開催されている。そのなかでウクライナやガザの反戦の訴えもなされたことが、これらの日付で非単一テーマのイベント数が多いことから分かる。なお、ガザに関して突出してイベントが多い一二月一〇日は、全国一斉アクションが呼びかけられていた。

イベント開催の地域について、図2のように両データを比較してみると、多くの都道府県が四五度線の右に位置する。図に示した回帰直線の傾きが小さいことからも、ウクライナをめぐるイベント数が上回る地域が多いとわか

(38) 宣伝に続いてデモを実施した場合など、デモ等と宣伝等の両方に該当するケースもあるため、二つの和が総数と一致はしない。なお、デモについて、ほぼ全てが平和的なデモである。機動隊との激しい衝突が報告されているケースは各データで、それぞれ一件である。

(39) 深刻な人道危機について報道は徐々に活発化したが、そのうえで一〇月末から一一月前半は、国連やG7での日本の立場をめぐって政治的対立がみられた。一一月一五日の一時休戦の安保理決議があり、人質解放の開始が二四日だが、一二月一日に戦闘が再開した。そのような経緯との対応関係も推測される。

図2　各都道府県の抗議イベント数

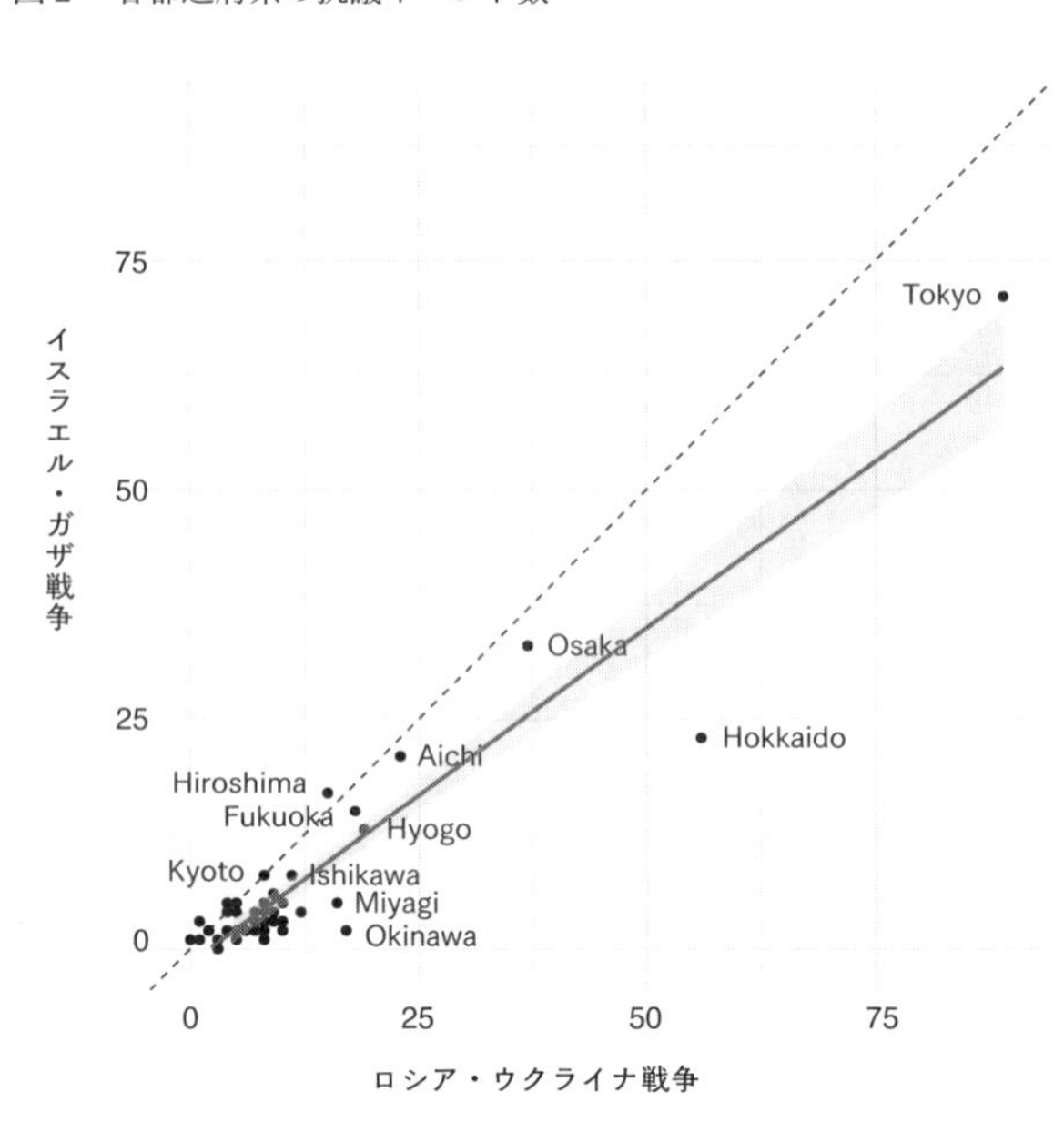

＊実線とグレーの帯は回帰直線と95％信頼区間

る。ここでは単一テーマに絞って作図したが、全数としても傾向は大きく変わらない。また、この図をみると、大都市では相対的にみてイベント数の差が小さい。ウクライナ反戦について、大都市以外の地方でも抗議が少なからず熱心に行われたことを特徴として指摘できよう。

場所については、広場や駅前、繁華街、人通りの多い施設や店舗前など街頭で、多くのスタンディングや宣伝がある。これらは主に、広く人々に訴えかける活動といえる。一方、対政府、対企業といった特定のアクターを明確なターゲットとし、直接的な抗議行動を実施する場合がある。こちらは、より対決的（confrontational）なイベントといえる。この点について、両データの違いは大きい。ロシア政府に直接的に抗議の声をぶつけるべく大使館や領事館前でなされた抗議は三八件、国会前や外務省前など日本政府に向けた行動は七件、対企業については〇件である。ガザの場合、外国の大使館や領事館前の抗議は、イスラエル政府だけでなくアメリカ政府を抗議対象とするものがあり、合計四七件に上る。対日本政府も一一件あり、戦争に関わる企業をターゲットとした抗議行動が五件、開催されている。

さて、ここからは運動の供給サイドにあたる開催主体に注目して、データの特徴を掘り下げてみたい。まず、ウクライナ・データで開催主体を大別してみると、総がかり行動実行委員会など、歴史の長い左派の運動団体が党派的分断を超えて集結した枠組みによるものが一二〇件、旧総評・社会党系の国民運動を引き継いだ平和フォーラム、各地の平和運動センターなどは五八件[40]、全労連や共産党と関係の深い団体（平和委員会、憲法会議、憲法共同センター、民主青年同盟、新日本婦人の会、革新懇、国民大運動実行委員会など）は二五九件だった。新左翼系は四八件、九条の会は六七件だった。これらのほかで、両データに一定数のイベントがみられる団体としては、武器取引反対ネットワーク（NAJAT）があるが、ウクライナ・データでは五件あった。在日ウクライナ人など外国人（団体、個人）が呼びかけたものは三〇件であった。以上に分類されない、その他の団体によるものは一二四件、個人によるものが四四件あった。後者については、SNSでの呼びかけを中心とするものが多かった。

ただし、これらの件数の大小を単純に比較して論じるのは適切ではない。前述のとおり、本データでは出来るかぎり網羅的に抗議イベントを捉えたといっても、情報源によってカバー率の違いは避けがたい。したがって、たとえば全労連系が平和フォーラム系より何倍多いかというような比較は不適切であろう。むしろ、ここで注目したいのは、それぞれの開催主体別に、ウクライナとガザに関するイベントを比較した結果である。

図3は、正の値についてはウクライナ関連の開催件数がガザ関連の何倍であるか、負の値は、ガザの件数の方が多い場合に、ウクライナのそれの何倍であるかを示している。ここに挙げた類型では新左翼系とNAJATを除いて、すべてがウクライナ反戦で大きく上回る。最も値が突出するのが個人である。特定の組織的基盤を背景とせず、

---

(40)「さようなら原発」の運動は、扱いが難しい。この枠組みは多くの市民団体で構成されている。ただ、さようなら原発一〇〇〇万人アクションの事務局機能などで原水禁が重要な役割を果たしていること、原水禁と古くからの脱原発運動団体の協力関係が重要な意味をもっていることから、本分析では便宜的に、ここに分類した。原発をなくす連絡会（全労連など）は現在、この枠組みの構成団体になっていない。

図3　開催主体類型別のウクライナとガザに関する抗議イベント数比較

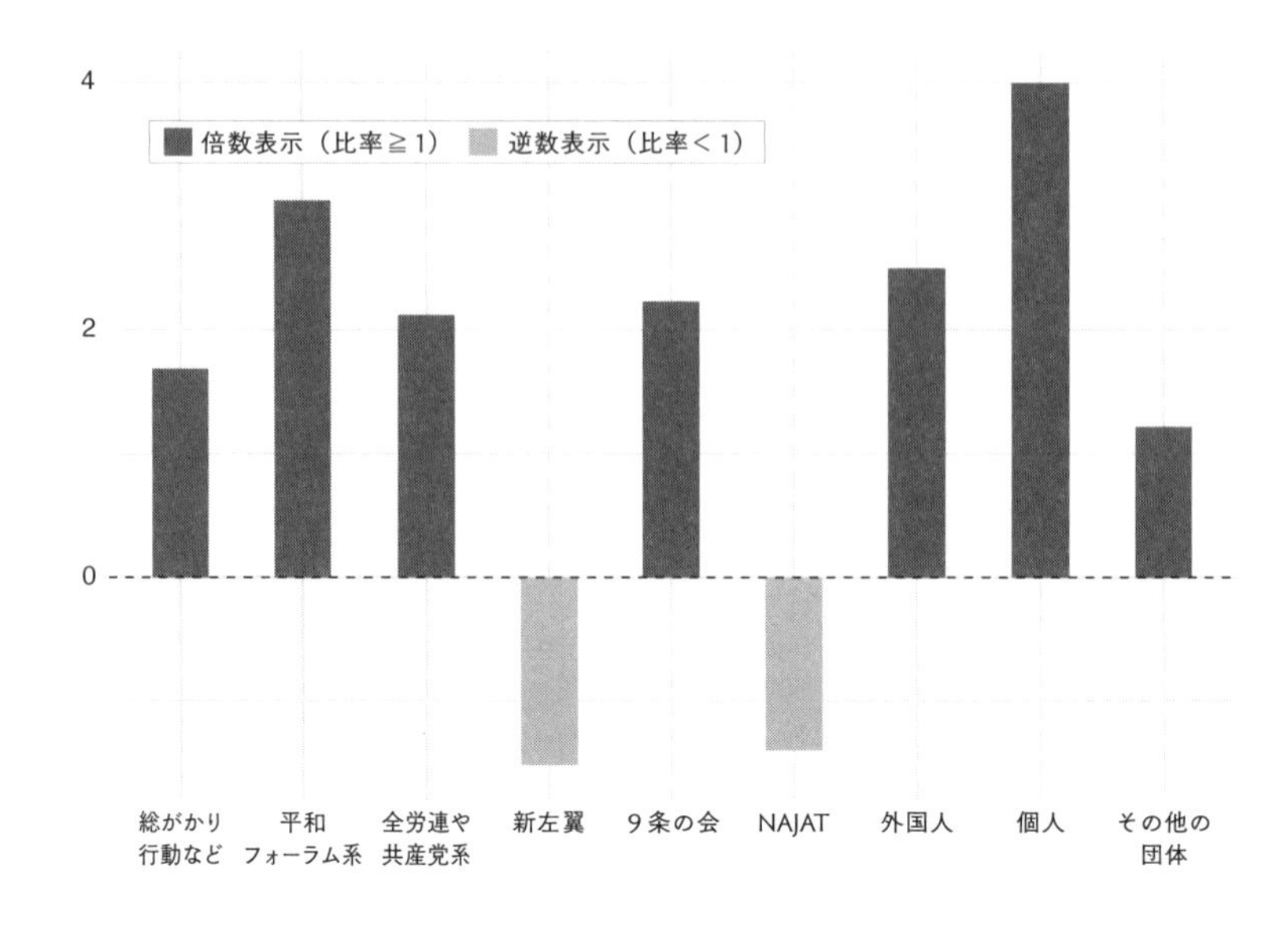

SNSなどを中心に動員がなされたイベントは、ウクライナ・データで多かった。次に、平和フォーラム系であるが、ここに「さようなら原発」関連の運動を分類したことが関わっていると思われる。プーチン政権が核兵器使用をほのめかした恫喝を行い、さらに原発を攻撃したことに対して、反核、反原発の立場からの独自イベントが一定数あったことが確認できる。総がかり行動等、全労連や共産党系、外国人団体等についても二倍前後であり、その他の団体のカテゴリーと比べて値が大きい。

これらと真逆の傾向を示すのは、新左翼系の運動である。ウクライナ・データの四八件に対して、ガザが七八件と大きく上回る。[41] NAJATの抗議イベントは、それぞれ五件と七件であり小さな差であるが、NAJATは主に大使館前や省庁、企業本社前でのダイインなどを主催してきた。前述のようにイスラエル・ガザ戦争について、こうした対決的なイベントのターゲットが多かったことが、ここに関連していると考えられる。

次に、主たる活動分野が何かという観点から開催主体をタイプ分けしてみよう。これは上述の区別を横断するが、いくつかの類型について興味深い点が指摘できる。たとえば、ウクライナとガザのデータにおいて、平和運動（護憲・基地反対など含む）は三四七件と二二九件、反核・反原発（被爆者団体も含む）は七九件と一五件、女性団体が五六件と三六件である。[42] とくにウクライナ反戦において、平和運動団体はもちろんだが、それ以外の幅広い隣接分野の運動団体の存在が、反戦の動員につながったといえる。とくに反核・反原発で、それは際立つ。

一方、ガザ・データの特徴もある。特定の国・地域との交流を以前からもっていた団体・個人によるイベントに注目してみよう。ここに分類したのは、ウクライナやパレスチナと従来から交流をもってきた、当該国・地域の問題を活動テーマとしてきたなど、戦争で被害を受けている人々に対する精神的に強いコミットメントにつながる背景をもつ団体・個人である。また、在日ウクライナ人やパレスチナ人などの活動も含めた。こうした団体、個人が、戦争に強い衝撃を受け、無関心でいられず抗議に立ち上がるのは自然である。これについては、ウクライナの二八件に対してガザ・データの五三件が大きく上回る。[43]

（41）これは日本の新左翼運動がパレスチナ解放運動に傾倒してきた歴史をもつことが影響しているかと思われる。

（42）ここで反核、反原発運動については原水禁や原水協も含んでいるが、それだけではなく二〇一一年以降にできた枠組みも多くある。また女性運動について、ここでは、新日本婦人の会の行動なども含めているが、各地のフラワーデモにおいて、性暴力を含む、あらゆる暴力に反対するという趣旨で、ウクライナ反戦の訴えがなされるといったケースが少なからず見られた。

（43）もちろん、在日ウクライナ人呼びかけによる“Stand with Ukraine”や、日本ウクライナ文化協会主催のイベントは多くあった。在日ロシア人やベラルーシ人の行動もあった。そのうえで、すでに日本社会に存在した組織や運動コミュニティにおいて、長年、パレスチナ問題に関心をもち運動を行ってきた団体の行動の多さがここに表れているといえる。各地のＢＤＳ運動が主催の抗議イベントも、ここに含まれる。

表1　抗議イベントの規模をめぐる重回帰分析の結果

	ウクライナ	ガザ	両データ
切片	2.417***	1.678***	2.237***
	(0.157)	(0.284)	(0.165)
経過日数	-0.007**	-0.005*	-0.006***
	(0.002)	(0.002)	(0.002)
休日	0.360***	0.279 +	0.331***
	(0.092)	(0.144)	(0.078)
DID人口比	0.014***	0.024***	0.017***
	(0.002)	(0.003)	(0.002)
総がかり等	0.589***	0.861***	0.695***
	(0.119)	(0.186)	(0.101)
デモ等	1.081***	1.138***	1.117***
	(0.095)	(0.156)	(0.081)
ウクライナ			-0.080
			(0.087)
Num.Obs.	374	187	561
R2	0.414	0.529	0.461
R2 Adj.	0.406	0.516	0.455

+ p < 0.1, * p < 0.05, ** p < 0.01, *** p < 0.001
＊係数の推定値、括弧内は標準誤差。

最後に、抗議イベントの規模についてである。参加者人数については欠損値も多いが、仮に単純な合算により累計人数を算出してみると、ウクライナ・データが八三六四五人、ガザが五一九一五人であり、前者の数の大きさが際立つ。一〇人以上、五〇人以上、一〇〇人以上、五〇〇人以上、一〇〇〇人以上という基準を設定してイベント数をみると、ウクライナ・データについては基準を満たすイベント数が、四七七、二四三、一三四、二三、一一件となる。同様にガザをみると、二四四、一四三、九七、二八、一二件となる。一〇〇〇人以上や五〇〇人以上については実のところ、さほど数に相違がない。ウクライナ反戦について、中小規模の抗議活動が広範に行われていたことが、総件数の違いにつながっているといえる。

表1は、参加者数（対数化）を従属変数とする回帰分析の結果である。規模の大きさにつながると考えられる、開戦からの経過日数、休日（土日祝）開催、人口の多い都市部の開催（都道府県のDID人口比）、総がかり行動系主催（開催主体類型別にみて平均参加者が多い）、形態がデモ等であることといった変数は、ウクライナとガザいずれのデータでも統計的に有意であった。三つ目のモデルは、結合データを用いて、以上の変数をコントロールしたときの、ウクライナとガザのどちらのイベントであるかによる

表2　参加者数上位10の抗議イベント

開催日	場　所	名称、スローガンなど	主　催	人　数
2022/3/5	東京・新宿駅新南口前	「全感覚祭 presents NO WAR 0305」	GEZAN	10000
2022/3/5	東京・渋谷駅周辺、表参道	「ウクライナ支援パレード」	Stand With Ukraine in Japan（SWUJ）	4000
2022/3/21	東京・代々木公園	「ウクライナに平和を！原発に手をだすな！市民アクション」	「さようなら原発」1千万署名市民の会、戦争をさせない1000人委員会	2500
2022/2/26	東京・渋谷ハチ公前	ロシアのウクライナ侵攻への抗議集会、「Stop Putin」	在日ウクライナ人有志	2000
2022/4/8	東京・日比谷野音	「ロシアは侵略をやめろ、ウクライナから撤退を！4・8集会」	総がかり行動実行委員会	1800
2022/3/11	東京・新宿中央公園	「ウクライナ侵略糾弾！即時撤退を！新宿大アクション」	総がかり行動実行委員会	1200
2022/2/27	東京・新宿駅西口	「ウクライナ侵略糾弾！ロシアの即時撤退を求める0227緊急アピール行動」	総がかり行動実行委員会	1000
2022/3/5	東京・代々木公園	「ロシアはウクライナ侵攻をやめろ！原発を攻撃するな！さようなら原発3・5緊急行動」	さようなら原発1000万人アクション実行委員会	800
2022/4/10	広島・原爆ドーム前	「原爆ドームを1,000人で囲み、広島からロシアに対し戦争反対と核兵器使用禁止を訴え、ウクライナの平和を祈ります」	核政策を知りたい広島若者有権者の会（カクワカ広島）	750
2022/3/9	大阪・中之島公園	「ロシア軍はウクライナから即時撤退を！3・9大阪総がかり緊急集会」	おおさか総がかり行動	700

開催日	場　所	名称、スローガンなど	主　催	人　数
2023/11/10	東京・国連大学前、渋谷周辺	「パレスチナに平和を！11・10緊急行動」	パレスチナに平和を！緊急行動	4000
2023/10/29	東京・イスラエル大使館前	「パレスチナのための大量虐殺反対デモ行進」	在日ムスリムコミュニティ呼びかけ	2000
2023/11/4	東京・イスラエル大使館前	「ガザ地区停戦緊急行動」	ガザ地区停戦緊急行動実行委員会	1600
2023/11/5	東京・日比谷公園、銀座周辺	「パレスチナに平和を！11・5緊急行動」	パレスチナに平和を！緊急行動	1600
2023/11/19	東京・新宿アルタ前	「パレスチナに平和を！11・19新宿緊急デモ」	パレスチナに平和を！緊急行動	1500
2023/12/10	東京・国会正門前	「パレスチナに平和を！日本政府は停戦を実現させろ！12・10国会正門前大行動」	パレスチナに平和を！緊急行動	1500
2023/11/29	東京・新宿中央公園	「パレスチナに平和を！緊急新宿デモ」	パレスチナに平和を！緊急行動	1200
2023/11/17	東京・イスラエル大使館前	「Stop! Genocide Youth Action」	総がかり行動青年PT	900
2023/11/12	東京・渋谷ハチ公前	「〈パレスチナ〉を想うFree Palestine/Stop Genocideスタンディング・デモ」	〈パレスチナ〉を生きる人々を想う若者有志の会	800
2023/12/16	東京・アメリカ大使館前	「パレスチナに平和を！米国はイスラエルによる虐殺に手をかすな！米国大使館抗議行動」	パレスチナに平和を！緊急行動	600

差をみたが、この係数については、統計的に有意な結果はみられなかった。

表2は、単一テーマのイベントについて参加者数の上位一〇を示したものである。参加者数の情報はカウント方法が一律とは言いがたく、また厳密とも言えないため、単純な比較はできないと考えるべきだが[44]、あくまで各データ中の大規模イベントを例示する主旨である。総がかり行動を基盤とするものに大規模なものが多いが、ウクライナの方では「さようなら原発」の運動によるロシアへの抗議が複数、入っていることが注目される。またSWUJの抗議デモが多くの参加者を集めたことやカクワカ広島の行動などが目にとまる。

ガザについては、イスラエルやアメリカの大使館前や、国会前での抗議が上位に入っている。総がかり行動実行委などによる「パレスチナに平和を！緊急行動」主催のものが多いが、そのほかではムスリムコミュニティ、ガザ地区停戦緊急行動実行委員会、〈パレスチナ〉を生きる人々を想う若者有志の会などの抗議イベントがあり、この表に入らなかった五〇〇人規模のものでは、関西ガザ緊急アクション（BDS関西など）による複数の行動や、BDS名古屋によるものなどが確認できた。

五　考察——ウクライナ反戦運動の特徴をめぐって

以上の結果をまとめると、ウクライナ反戦運動について次のような特徴を指摘することができる。第一に、ウクライナ反戦をめぐり、実に多くの抗議イベントが実施されてきた。たしかに、戦後日本の運動の歴史や国際比較からいえば、規模が小さいとの印象を持たれるかもしれないが、イスラエル・ガザ戦争のような近い時期の事例を取り上げ、運動の基本的な背景となるデモグラフィックな要因等を統制した比較を考えてみると、必ずしも数や規模が低水準であるということだけを結論とするわけにはいかない。

第二に、二つのイベント・データを比較したとき、動員パターンの違いがみられた。これは、二節で述べた理論的枠組みに基づく仮説に整合的なものである。すなわち、ウクライナ反戦では、幅の広さが特徴となる。様々な隣接分野で活動する組織、運動コミュニティの存在が抗議イベントの動員につながっていたこと、地域レベルの運動に全国的な広がりがみられたこと、一定数の大規模抗議イベントに加えて、それを大きく上回る数の中小規模の運動が展開されたことなどが、幅の広さという印象につながるだろう。相対的にみれば、ガザをめぐる運動においては、直接的に反戦というイシューやパレスチナという地域への関心に基づき活動してきた人々による抗議の存在感が大きなものとなり、都市部の大規模イベントがインパクトをもった。

第三に、ウクライナ反戦の抗議イベントを担った幅広い組織を具体的にみた場合に、注目すべき点があった。とくに脱原発運動による抗議イベントは特筆されるし、フラワーデモで反戦の訴えがなされたケースなども一つの例証である。様々な既存の運動が隣接分野において存在するといっても、それがどの程度、個々の反戦運動に資源を割いて取り組むかは自明ではない。そう考えると、日本において、反戦というイシューで大規模な抗議の動員構造となるような組織や運動コミュニティが決して多いとはいえないなかで、とりわけ脱原発運動が大規模な抗議を展開したことなどは無視できない[45]。

(44) たとえばウクライナ・データの「NO WAR 0305」は参加者一万人と紹介されているが、これは長時間の路上イベントであり、形態が特殊である。人数のカウントの方法などを考えると、この数字を他と単純に比較できるかは疑問が残る。とはいえ、注目を集めた大規模イベントだったという点には疑問がない。

(45) 二〇一一年以降の脱原発運動の高揚については、樋口直人・松谷満編『3・11後の社会運動――8万人のデータから分かったこと』筑摩書房、二〇二〇年。この運動の高揚により生まれたネットワークや人々の意識や行動の変化が、ウクライナ反戦運動過去の反戦運動の高揚にみられた「アメリカの戦争」への抗議という構図は、相対的にみればイスラエル・ガザ戦争の方で成立可能だった。したがって、ウクライナ反戦運動が、どのような形態で、どのような規模で生まれているかをみることは、これとは異なる論理による反戦運動の基盤が、日本社会にどのように存在するかを確かめる作業でもあったといえるわけである[46]。そのようなウクライナ反戦運動の分析は、日本の反戦平和運動を支える基盤を考えるうえで示唆があるだろう。

もっとも、本章の分析には限界もある。第一に、本章は一節で述べた理由からロシア・ウクライナ戦争をめぐる日本の反戦運動をイスラエル・ガザ戦争のそれと比較したが、この比較分析にも一面性がある。時期的に近い二事例であるが、前者の運動の動員が後者に影響を与えたことは考えうるし、逆に、いわば戦争のある世界に慣れが生じることで、人々の意識において前者の衝撃を後者が下回ったかもしれない。そう考えると、二つの事例は全くの横並びで比較可能なものとはいえない。こうした難点を完全にクリアする比較分析は難しいのが事実であるが、本章とは異なる研究設計によりウクライナ反戦運動に別様の光をあてることは重要な課題である。

第二に、抗議イベント分析の方法についてである。本章では、いわば第一次的接近として三か月に絞ったデータの構築、分析を行った。しかし、より長期の分析によって浮かび上がる運動全体のイメージもあるだろう。この点で分析の射程を拡張することは、今後の課題となる。また、本章は、あくまで一つの考え方に沿って構築された抗議イベント・データの分析に過ぎない。抗議イベントの範囲や情報源の選択などで、本章とは異なる考え方を採用して分析を行うことは可能である。この点も、検討課題となろう。

おわりに

本章では、ロシア・ウクライナ戦争に対する日本の反戦運動について、分析を行ってきた。これを、イスラエル・ガザ戦争をめぐるそれとの比較、抗議イベント・データの分析という二つの方法を導入して行ったことが、本章の特徴であった。既述のとおり本章の分析にも限界はあるが、日本のウクライナ反戦運動の特徴を一定程度、体系的なかたちで明らかにできたように思われる。

なお、ロシアのウクライナ全面侵攻を受けての日本社会の反応としては、本章で抗議イベントとして検討したもの以外に、多様なかたちでのウクライナ連帯の意思表示があったことを、最後に付記しておきたい。たとえば、「#StandWithUkraine」などのハッシュタグを付けたＳＮＳ投稿、ポスター掲示、ウクライナ国旗の掲揚や国旗のカラーをシンボルとしたライトアップなど様々である。こうした連帯表明は、定量的データとして捉えることが全く不可能なほど、至るところで行われてきたものである。

＊本章は、ＪＳＰＳ科研費24K16287の助成を受けた研究成果の一部である。

の下支えとして機能したという見方は、本章で十分に実証できているとは言いがたいが、今後の考察の課題としたい。

(46) 一部平和運動関係者や言論人の間では、この戦争をどう見るかについて、二二年二月の直後から議論が割れていた。この点については、さしあたり加藤直樹『ウクライナ侵略を考える――「大国」の視線を超えて』あけび書房、二〇二四年など。そう考えると、ロシア・ウクライナ戦争については反戦運動を進めるにあたり困難が大きく、むしろイスラエル・ガザ戦争の方が単純な構図のもと強固な運動を展開しやすいように思う向きがあるかもしれない。しかし、全体をデータで俯瞰的にみた場合、このような議論を支持する根拠は見出せない。

第十一章　日越協力の発展とロシア・ウクライナ戦争のベトナムへの影響

イェウヘン・O・プリーピク

はじめに

本章では、日本とベトナムの歴史的関係、一九七三年の国交樹立以来の日越間の包括的な政治・貿易・経済協力の形成と発展の過程、そしてベトナムが一九八六年に市場経済の導入を中心とした経済改革であるドイモイ政策を開始し、その後、新たに経済的な推進力を得たことについて考察する。二〇〇九年、ベトナムは日本と共通の利益のために、二国間関係を戦略的パートナーシップのレベルに引き上げることを決定した。二〇一〇年には、菅直人首相（当時）がベトナムに公式訪問し、その一環として、アジアの平和と繁栄のための戦略的協力に関する共同宣言が採択された。

本章では、国際機関や経済貿易協定、特に環太平洋パートナーシップ協定（TPP）の枠組みや、日本とASEAN加盟国が参加する地域包括的経済連携の枠組みにおける両国の協力に着目する。ここ数十年の間、日本はベトナムの主要な経済パートナーのひとつであり、ベトナム経済における第二位の投資国である。同時に、日本は政府開発援助（ＯＤＡ）の額においてベトナムの最大の支援国であり、両国間の協定に基づく協力関係のもとで二〇三〇年までを見据えつつ、ベトナムの国家戦略である工業化および近代化の推進を積極的に支援している。また、日本からの技術・資金援助を受けて、ベトナムではさまざまな共同プロジェクトが行われている。本章では、ベトナムにおける日本の経済的な関与についての考察・分析を行う。

本章では、日本とベトナムが二国間戦略的パートナーシップの関係を拡大・深化させ続けている多くの分野における両国間の協力の現状を明らかにする。政治的な協力の枠組みにおいて、日本とベトナム双方は安全保障分野に特別な注意を払い、南シナ海情勢に対する深刻な懸念を共有している。中華人民共和国との間に領土問題が存在する日越両国は、国際法に基づきこの問題を平和的に解決する必要性を強調する。

また、日越協力がロシア・ウクライナ戦争に関するベトナムの公式見解に与えた影響や、ベトナム政府がこの問題に関して中立を宣言した理由についても分析する。ウクライナとロシアのどちらを支持するかというベトナムの選択が、ベトナムの外交政策、国際関係、国内経済情勢、ベトナムが直面する大きな課題の解決に影響を及ぼす可能性がある。中立の立場をとるということは、一方ではベトナムが西側の反露連合に参加することを抑制し、他方ではロシアを直接支援することが許されないことを意味する。ロシアへの直接支援を行わない背景には何があるのか。その第一の要因として考えられるのは、日本、米国などの反露連合国からのベトナムに対する政治的圧力があり、ロシアを支援することによってベトナムは経済制裁が課される恐れがある。ベトナムが中立を選択した第二の要因としては、二〇一二年にベトナムとロシアが締結した包括的戦略パートナーシップの問題や、ロシア・ウクライナ紛争に関する中国の立場がベトナムに与える影響が挙げられる。

本章では、日本や他の反露連合の国々との交流、ロシア・ウクライナ戦争のさらなる進展とその結果によって、ベトナムの立場が変化する可能性について考察する。

一　歴史的背景

日本とベトナムが国交を樹立したのは、今から五〇年以上前の一九七三年九月のことであるが、実はそれ以前から両国の結びつきは存在した。一六世紀から日本の人びとはベトナム中部の海辺の町ホイアンを交易の拠点として選び、当時のホイアンは「ベトナム最大の日本人都市」と呼ばれた。ベトナムは日本の東南アジア貿易の中心地となった。古都ホイアンに架かる日本の橋は、両国の長きにわたる交易関係をよくあらわしている。そして今日に至るまで、日本とベトナムの経済的・文化的な結びつきを示す証言や記録は数多く残されている(1)。

日本で一六四一年から一九世紀半ばまで続いた鎖国政策にもかかわらず、両国の交易は行われていた。ベトナムは日本から銀、銅、青銅を輸入し、それと引き換えに日本はベトナムから絹、砂糖、香辛料、白檀を輸入していた。

一九世紀半ばから、フランスがインドシナ半島に侵攻し始め、ベトナム各地を徐々に占領していった。フランスとの戦争に敗れた中国は、一八八五年にフランスと天津条約を結び、ベトナムに対する主権を放棄した。こうしてベトナムはフランスの植民地に併合されていった。この際、ベトナムは、三つの地域――フランスの植民地であるコチナ（ベトナム南部）、フランスの保護領であるアンナム（ベトナム中部）とトンキン（ベトナム北部）へと人為的に分割された。そしてラオスとカンボジアと同様、ベトナムもフランス領インドシナの一部となった(2)。

一八六八年の明治維新によって、日本はより対外的な外交政策を行うようになり、その一環として、現在のベトナムを含むフランス領インドシナとのより積極的な外交および交易が行われるようになった。一〇世紀初頭、特に

（1）Schweyer A.V. Ancient Vietnam. History, Art and Archaeology. River Books Co., Ltd. Bangkok, Thailand. 2011. pp. 149–155.
（2）Lê Thành Khôi. Histoire du Viet Nam des origines à 1858. Sudestasie. Paris, France. 1981. pp. 34–36.

一九〇四年から一九〇五年にかけて日露戦争で日本が勝利した後、ファン・ボイ・チャウといったベトナムのナショナリストらは、フランスの植民地政府に対する蜂起に備え、ベトナムの若者に日本への留学を勧めた。当時、日本はグエン王朝の王位継承者であったクォン・デを含む、ベトナムの多くの反フランス、分離主義運動家および運動を支援していた。

一九一四年から一九一八年にかけての第一次世界大戦下では、日本は公然とインドシナでの反フランス分離主義運動を支援していた。にもかかわらず、フランス政府は西部戦線の情勢悪化のため、日本に対してフランス領インドシナからフランスへの労働者・兵員(主にベトナム民族)の輸送支援を要請せざるを得なかった。

第二次世界大戦中の一九四〇年六月、フランスはナチス・ドイツに敗れ、傀儡政権のヴィシー政権が樹立された。フランス領インドシナ政府は、日本との戦争を望まなかったフランスのヴィシー政権に忠誠を誓った。当時の日本は、フランス領インドシナに直接接する中国領の大部分を占領していた。

一九四〇年九月、日本はフランス領インドシナ当局に、日本がトンキン(北ベトナム)に進駐し中国軍を後方から攻撃することを認める協定に署名するよう強要した。その後、一九四一年一二月九日に締結された日仏防衛条約によって、日本はインドシナ全土を占領する権利を得た。フランスの植民地政権と日本軍との間に結ばれた同盟関係は、一九四五年三月まで続いた[3]。

一九四五年初頭、枢軸国の完全な敗北が明白となり、フランスではヴィシー政権が崩壊し、日本は中国と太平洋で敗北を喫した。インドシナではドゴールの支持者、特に軍部がフランスの支配を維持するためにあらゆる手段を講じた。フランス新政府は、極東地域におけるフランスの継続的なプレゼンスを確保するため、軍隊を極東に派遣する準備を進めていた。ベトナムでは革命運動が起こり、フランスとの関係が変化する可能性があったため、日本は困難な立場に立たされた。フランスの攻撃を防ぐ間にアメリカ軍がベトナムに上陸することを恐れた日本軍は、一九四五年三月九日にインドシナ各地のフランス軍駐屯地を攻撃し、数時間でフランス軍の主要部隊を壊滅させ、フランス兵を抑留した。一九四五年三月一〇日、日本政府はインドシナにおけるフランス植民地政権の廃止を発表した。ベトナムの支持を得るため、日本はベトナムの統治権をグエン朝の正当な代表者に返還すると宣言し、一九四五年三月一一日、ベトナムの皇帝バオ・ダイの指導の下、ベトナム帝国の創設が宣言された。バオ・ダイ帝は日本の支援を受けて、フランスとの間にあったすべての協定を破棄し、日本主導の大東亜共栄圏の枠組みの中でベトナムの主権を回復する勅令を発布した。ベトナム帝国は事実上、一九四五年三月一一日から八月二三日まで存在した親日傀儡国家であった。また、一九四四年から一九四五年にかけて、日本軍に食料を供給するためにベトナムの農民から米が掠奪された。農村部では大規模な飢饉が発生し、少なくとも五〇万人のベトナム人が餓死した。これは、日越関係史における悲劇の一ページとなっている。

関東軍の敗北と広島・長崎への原爆投下の後、一九四五年八月一四日に日本は降伏した。同年八月一六日、ベトナムでは、ベトミン（ベトナム独立同盟）が招集した国民会議に国中の大衆愛国団体、民族団体、宗教団体の代表が集まった。全国代表大会は、インドシナ共産党の総反乱決議を全面的に支持し、連合国軍がインドシナに到着する前に、日本軍と傀儡政権から権力を奪取する必要性を強調した。ベトナム国解放委員会が設立され、ホー・チ・ミンが臨時政府を率いた。同日、彼は人びとに蜂起を呼びかけた。ハノイ、フエ、サイゴンの三大都市では、蜂起はすぐに勝利に終わり、ベトナムの人びとの解放闘争の結果にとって重要な意味を持つことになった。流血を避けるため、ベトミンは当時、王政の首都であり親日傀儡政権の所在地であったフエ市にいたバオ・ダイ帝に退位を、チャン・チョン・キム首相に辞任を勧告した。一九四五年八月二三日、バオ・ダイ帝は退位し、チャン・チョン・キムの閣僚内閣は倒れた。一九四五年八月二五日、人民政府の代表団がフエ市に到着し、皇帝の権力の象徴である印章

（3）Papin Philippe. Histoire de Hanoi. Fayard. Paris, France. 2001. pp. 187–191.

と王朝剣をバオ・ダイ帝から譲り受けた。こうしてベトナムの人びとによる蜂起は成功裏に終わった[4]。

一九四五年の八月革命は、フランスによる八〇年にわたる植民地支配に終止符を打ち、王政を廃止し、ベトナムを独立国家として復活させた。この革命は、世界の植民地体制に大きな打撃を与え、他の民族解放運動とともに、植民地帝国崩壊の時代の幕開けとなった。八月革命での勝利の後、一九四五年九月二日、ホー・チ・ミン主席はハノイで独立を宣言し、ベトナム民主共和国の誕生を全世界に宣言した。ベトナムは再び独立した主権国家となった[5]。

一九四六年から一九五四年にかけて、ベトナムの人びとは、ベトナムに戻りインドシナの植民地を維持しようとしたフランスの侵略者に対して抵抗戦争を戦った。一九五四年のジュネーブ協定は、フランスのインドシナ侵略に終止符を打ち、ベトナムの主権と独立を承認した。しかし、当時のベトナム民主共和国と米仏連合との権力バランスでは、ベトナム北部の完全解放だけが可能な状態であった。ベトナムに関するジュネーブ協定は、戦争中の軍隊の再編成と撤退を求め、国を北部と南部の二つの地域に分けることを定めた。これにより、最終的にベトナムは一七度線に沿って分割され、北部ではベトミンが、南部ではベトナム最後の皇帝バオ・ダイが率いる二つの別々の政府が形成された。その結果、北にはベトナム民主共和国（いわゆる北ベトナム）と、南にはベトナム共和国（いわゆる南ベトナム）という二つの独立国家の存立が承認された。

一九五四年のジュネーブ協定締結後、北ベトナムは共産党とホー・チ・ミン主席体制のもと、社会主義路線を宣言した。これに対して南ベトナムでは、一九五五年にゴ・ディン・ジエムがバオ・ダイ帝を排斥し、大統領に就任した。さらに、北ベトナムが南ベトナム民族解放戦線を中心とする南部の地下共産主義者を支援したため、同国で内戦が勃発した。その後、アメリカとその同盟国である東南アジア条約機構（ＳＥＡＴＯ）は、ソ連と中国の支援を受けた北ベトナムに対抗するベトナム共和国政府の側に立って、この紛争に介入した。その結果、紛争は一九六四年から一九七三年まで九年間続く全面戦争に発展し、一九七三年のパリ和平協定の調印によって終結した。この協定では、南部において自由で民主的な選挙が実施された後ベトナムが平和的に統一されることを定めていたが、一九七五年三月に北ベトナム軍が侵攻し、瞬く間にベトナム共和国の領土を占領した。そして、一九七六年七月二日、共産主義の支配下にある統一独立国家、ベトナム社会主義共和国の樹立が宣言された。

一九五四年から一九七三年までの間、日本とベトナム民主共和国との間に公式の外交関係はなかったが、民間レベルでの関係は徐々に発展していった。一九六五年には北ベトナム日本友好協会が設立され、両国間の非公式な関係の維持に努めた。一九六〇年代から一九七〇年代にかけてのベトナム戦争の間、日本は一貫して平和的交渉による解決を求めた。南北の敵対関係が終結する以前から、日本政府はベトナム民主共和国政府と交渉を開始し、一九七三年九月には両国間の国交が樹立された。一九七五年一〇月にはハノイに日本大使館が開設され、一九七六年一月には初代駐ベトナム日本大使の長谷川孝昭が任命された。

二　政治協力――新たな挑戦

国交樹立の後、日本とベトナムの政治的接触、次いで貿易・経済協力は徐々に拡大していった。一九七八年、日本政府はベトナムに初めての政府開発援助（ODA）の融資を行った。一方、日本の商社や日越貿易協会を通じて行われた民間レベルでの二国間貿易は、一九八六年には二億八五〇〇万米ドルもの額に達した。日本の対ベトナム輸

（4）Nguyễn Khắc Viện. Vietnam: A Long History. Thế Giới Publishers. Hanoi, Vietnam. 2007. pp. 67–72.
（5）Taylor Keith W. The Birth of Vietnam. Berkeley and Los Angeles, University of California Press. 1983. pp. 132–135.

出は、主に化学製品、繊維製品、機械、輸送機器であった。一方、ベトナムの対日輸出は主に水産物と石炭であった。

一九八〇年代後半、ベトナムは国際的な孤立に直面した。(6) それはベトナムが、カンボジアで一九七九年のポル・ポト政権崩壊後に親ベトナム政権を樹立させ、ベトナム軍を駐留させ続けたこと、中国との国境紛争が続いていたこと、そしてソ連やワルシャワ条約機構からのベトナムへの支持が弱まっていたことに原因があった。日本や欧米諸国は、ベトナムによるカンボジアへの内政干渉を鑑みて、ベトナムに対する貿易・経済協力を制限した。

一九八六年一二月、第六回ベトナム共産党大会が開催され、党の新しい政策である刷新政策(ドイモイ)が発表された。これによって、ベトナムは自国の経済構造の抜本的な改革、官僚的な中央集権的慣行の排除、市場経済への段階的移行を目指した。ベトナムの内政・外交政策の原則もこの大会で策定された。(7) 一九八九年九月にはベトナム軍がカンボジアから撤退し、ベトナムが宣言した近代化と開放政策によって、西側諸国との関係を徐々に回復していった。日本はベトナムとの間にあった貿易・経済協力関係の制限を取り払った。一九九二年一一月、日本政府はベトナムに対する政府開発援助プログラムを再開し、三億七〇〇〇万米ドルに及ぶ資金援助を行った。一九九三年三月、ヴォー・ヴァン・キエット首相がベトナム政府の首相として初めて日本を公式訪問した。また一九九四年には、日本の国家元首として初めて村山富市首相がベトナムを公式訪問した。翌年の一九九五年五月には、ドー・ムオイがベトナム共産党の中央執行委員会書記長として初めて日本を訪問した。すなわち、日本はG7諸国の中で初めてベトナム共産党中央執行委員会書記長を公式に招待した国となった。

二〇〇〇年代に入り、日本とベトナムの政治・貿易・経済関係は急速に発展した。二〇〇〇年初頭、国際協力銀行(JBIC)はハノイのホン河に架かるタインチー橋の建設プロジェクトとハノイ環状道路南部区間の建設プロジェクトに融資を行なった。二〇〇三年一二月、ベトナムを日本企業にとって投資しやすい国にするため、日本政府とベトナム政府の合意に基づいて、日越共同イニシアティブが発足した。その後日本の対ベトナム政府開発援助プログラムによる資金援助は着実に増加している。二〇〇六年の援助額は八億三五六〇万米ドル、二〇一一年には一七億六〇〇〇万米ドルに達した。

二〇〇七年、ベトナムのグエン・ミン・チエット大統領が日本を公式訪問した。日越外交関係樹立以来、ベトナムの国家元首の初めての日本訪問であった。二〇〇九年にはベトナム共産党中央執行委員会のノン・ドゥック・マイン書記長が日本を公式訪問し、その際、日本の麻生太郎首相と両国の戦略的パートナーシップを締結することで合意した。

二〇一〇年一〇月、菅直人首相がベトナムを公式訪問した際、「アジアの平和と繁栄のための戦略的協力に関する共同声明」が採択された[8]。日本はベトナムとの戦略的パートナーシップを初めて確立したG7の国となった。その後一五年間で、ベトナム社会主義共和国大統領、首相、ベトナム共産党書記長を含む多くの政府高官が日本を訪問した。二〇一一年、グエン・タン・ズン首相の訪日時には、日本の国際協力機構とベトナム財務省との間で総額一二億米ドルの融資契約が締結された。加えて、日本はベトナムの宇宙開発計画のために、総額九億米ドルの無償資金協力を約束した。同時に、日本政府は二〇一二年、政府開発援助プログラムのもと、ベトナムに一九億米ドルを割り当てた。

二〇一三年一月に日本の安倍晋三首相がベトナムを訪問し、その年を日本ベトナム友好年とすることが宣言され

（6）Becker E. 'When the war was over. Cambodia and the Khmer Rouge revolution,' Public Affairs. New York. 1998. pp. 432–439.

（7）Elliott D. W. P. Changing worlds: Vietnam's transition from cold war to globalization. Oxford University Press. Reprint edition. 2014. pp. 267–273.

（8）Milestones in Bilateral Relations between the Socialist Republic of Vietnam and Japan. Consulate General of the Socialist Republic of Vietnam in Osaka – Japan. URL: https://vnconsulate-osaka.org/en/milestones-bilateral-relations

た。安倍首相の訪問中、両国の首脳は、二〇二〇年までの両国協力の枠組みにおけるベトナムの工業化戦略、また二〇三〇年までを見据えた様々な重要プロジェクトの遂行に向け、日本とベトナムの相互協力のさらなる強化に関する合意書に署名した。

二〇一四年三月、ベトナムのチュオン・タン・サン国家主席は、天皇の招待により日本を国賓として公式訪問した。訪問の主な目的は、両国間の戦略的パートナーシップを深め、様々な分野での協力をさらに強化することであった。[9] チュオン・タン・サンによる二〇一四年の訪日は、一九七三年の日越国交樹立以来、ベトナムの国家主席としては二度目であった。

二〇一五年九月、安倍晋三首相の招待で、ベトナム共産党中央執行委員会のグエン・フー・チョン書記長が初めて日本を公式訪問した。チョン書記長は日本側との会談の中で、ベトナムが一貫した対日政策を維持すること、そして日本はベトナムの最も重要なパートナーの一つであることを強調した。また、過去数十年にわたり、日本が各国と平和協力的パートナーシップを結び、地域的およびグローバルな開発の進展に積極的に貢献してきたことをベトナムは高く評価していると述べた。グエン・フー・チョン書記長は、今回の訪日は日越関係を新たな段階に引き上げることを意図したものであることを明らかにした。この中で、両国の経済発展、政治的相互信頼の強化、地域および国際問題の解決における協力の拡大など重要な議題に力点が置かれた。

会談後に両国首脳によって発表された「日越関係に関する共同ビジョン声明」では、安全保障の確保や貿易・経済分野での協力を強化し、日本とベトナムの戦略的パートナーシップ関係の包括的な深化を推進することが確認された。声明では、安全保障・防衛分野における協力強化の必要性が確認された。両国は、海上警備当局間の協力覚書に署名し、日本は、海上パトロールに使用できる中古船舶をベトナムに提供することに合意した。両国はまた、この分野におけるあらゆるレベルでの対話と交流を促進し、人材育成における協力を強化することを確認した。[10]

グエン・フー・チョン書記長の日本公式訪問は、両国にとって、信頼関係の構築、経済的結びつき、協力の拡大、持続可能な発展、未来志向をスローガンとする「アジアにおける平和と繁栄のための広範な戦略的パートナーシップ」[11]をさらに拡大・深化させ、新たな地平を切り開く重要な一歩と見られた。

二〇一七年三月、明仁天皇と美智子皇后は、チャン・ダイ・クアン国家主席の招待により、ベトナムを初めて公式訪問した。また、グエン・フー・チョン書記長、グエン・スアン・フック首相、グエン・ティ・キム・ガン国会議長とも会談した。これらの会談では、天皇と皇后の初のベトナム公式訪問が日越関係にとって歴史的な意義を持つことが強調された。また、両国の首脳は、今回の訪問が日本とベトナムの人びとの間の信頼と理解の進展に貢献し、近い将来、日本とベトナムの戦略的パートナーシップ関係のさらなる発展に寄与するだろうと述べた。

二〇二〇年九月の就任以来、初の外遊となった一〇月の菅義偉首相のベトナム訪問において、日本とベトナムは四〇〇〇万米ドル相当の協力協定に調印した。菅首相とベトナムのグエン・スアン・フック首相との交渉の結果、日本とベトナムは、気候変動、自然災害の予防と制御、干ばつや塩水浸入への対策強化、環境保護、デジタル政府構築における協力プロジェクトの実施に合意した。双方は、東南アジア諸国連合（ASEAN）、メコン地域、国連などの地域および国際的なフォーラムで協力し、包括的および先進的な環太平洋パートナーシップ協定（CPTPP）と

（9）'Strong ties bind Vietnam, Japan,' The Japan Times. March 17, 2014. URL: https://classified.japantimes.com/nationalday/pdfs/20140317-Vietnamese_president-s_visit.pdf

（10）'Joint Vision Statement on Japan – Vietnam Relations,' Ministry of Foreign Affairs of Japan. September 15, 2015. URL: https://www.mofa.go.jp/files/000099707.pdf. 外務省「日越関係に関する共同ビジョン声明」二〇一五年九月一五日 https://www.mofa.go.jp/mofaj/files/000099838.pdf

（11）外務省「アジアにおける平和と繁栄のための広範な戦略的パートナーシップ関係樹立に関する日越共同声明」二〇一四年三月一八日、https://www.mofa.go.jp/mofaj/files/000031618.pdf

地域包括的経済連携（ＲＣＥＰ）に関する経済連携枠組みを推進することを約束した。[12]

ベトナム首相との会談後の記者会見で、菅首相は、この地域で軍事的プレゼンスを高める中国を念頭に、日本がベトナムに対して軍事装備を輸出することに合意したと発表した。菅首相は記者団に対し、今回の合意は防衛装備品や技術の移転について基本的な合意に達したことで、両国の安全保障分野における大きな一歩となると述べた。また両国は、南シナ海における平和、安全、航行、空域の自由を維持することの重要性についても合意した。これに際し、グエン・スアン・フックは「ベトナムは、グローバルパワーである日本が、地域と世界の平和、安定、繁栄に積極的に貢献し続けることを歓迎する」と表明した。また日本とベトナムがコロナウイルスの流行による経済的影響を緩和し、できるだけ早く経済関係を再開するために相互協力を強化すること、以後、両国間のビジネス・トラックと直行便を再開することに合意した。

菅首相は、政府開発援助（ＯＤＡ）を通じて、ベトナムの工業化・近代化計画を引き続き積極的に支援することを確認し、ベトナムと日本の協力に関する枠組み合意に基づき、ベトナムの工業化戦略の実施において二〇三〇年まで協力を継続することを約束した。[13] さらに、インフラ整備（高速道路、橋、発電所の新規建設と既存の施設の近代化）のために日本がベトナムに日本円換算で五億米ドルを支援することも発表された。

同様に、日本政府とベトナム政府は共同声明、貿易・経済協力の深化に合意した。日本はベトナムの経済発展モデルの転換を引き続き支援し、インフラ整備と資源開発におけるベトナムへの援助を強化することを約束した。そもそも日本は政府開発援助（ＯＤＡ）を通じたベトナムへの最大の援助国であるが、日本はベトナムにおけるＯＤＡの利用効率の向上を支援し、この目的のために約八億三五〇〇万米ドルを割り当てると見込まれている。[14]

さらに、両国は特定の物品の貿易障壁も削減した。共同声明ではまた、国連、ＷＴＯ、その他の国際機関における両国の協力強化の必要性が確認された。両国は安全保障分野に特別な注意を払い、特に南シナ海の情勢に対する深刻な懸念を表明した。海上での安全航行を確保するための意思疎通の強化および国際的な犯罪集団や海賊への対策の必要性が指摘された。日本・ベトナム両国には中国との間に領土問題が存在することから、両国は国際法に基づき、この問題を平和的に解決する必要性を強調した。

二〇二一年九月、岸信夫防衛大臣はベトナムを訪問し、ファン・ヴァン・ザン国防大臣、グエン・スアン・フック国家主席、ファム・ミン・チン首相と会談した。岸にとっては、防衛大臣就任後、初の海外訪問となった。ベトナムが初の公式訪問国となったことは、日本の外交・安全保障政策におけるベトナムの重要性を示している。

防衛相会談では、新たな段階にある防衛分野の二国間協力枠組みにおける日本とベトナムの軍事協力の方向性が議論された。その結果、日本とベトナムの間で、軍事装備と軍事技術の移転に関する二国間協定（「日・ベトナム防衛装備品・技術移転協定」）が締結された。現時点では、この協定には、軍事装備・技術の移転に関する合同委員会の設置を除き、具体的な条項は含まれていない。日本にとってこの協定は、武器と兵器をめぐる新しい市場へのアクセスをもたらし、日本の軍事産業の地位向上の機会となる。また、ベトナムにとっては、軍事装備・技術の供給先を多様化する機会となる。ストックホルム国際平和研究所（ＳＩＰＲＩ）によると、現在、ベトナムへの最大の武器輸出国はロシア連邦で、市場全体の七四％を占めている。ハノイ訪問後、岸防衛大臣は、今回の合意は日本とベトナ

（12）'Japan Prime Minister Suga Travels to Vietnam for Bilateral Talks,' Voice of America. October 19, 2020. URL: https://www.voanews.com/a/east-asia-pacific_japan-prime-minister-suga-travels-vietnam-bilateral-talks/6197320.html

（13）'Decision No. 1043/QD-TTg approving Vietnam's industrialization strategy within the framework of Vietnam – Japan cooperation through 2020 with a vision toward 2030,' United Nations Environment Program. Law and Environment Assistance Platform. URL: https://leap.unep.org/en/countries/vn/national-legislation/decision-no-1043qd-ttg-approving-vietnams-industrialization

（14）Tsuno M. 'The Role of Japanese Official Development Assistance in Viet Nam's Socio-economic Development,' Economic Research Institute for ASEAN and East Asia. URL: https://www.eria.org/uploads/7_ch_3-Role-of-Japanese-in-VietNam.pdf

ムの軍事協力における新たな段階を示すものであり、中国の威嚇的な海洋進出のもとで、法の支配に基づく地域の安定のためにはそのさらなる強化が求められると述べた。日本とベトナムの防衛大臣は、軍事医学とサイバーセキュリティの分野での協力に関する覚書を締結するため、両国の関係省庁が積極的に行動を調整するよう指示することで合意した。また、高官級代表団の交流に関する協力のより一層の発展、次官級防衛政策対話、人材育成、軍事産業、地雷の除去、国連平和維持活動への参加といった二国間協力メカニズムの継続的な支援についても合意した。

岸信夫とファン・ヴァン・ザンはまた、軍事協力分野における二国間関係を基礎として、特にASEAN地域フォーラム、ASEAN国防相会議プラス（ADMMプラス）、サイバーセキュリティ分野における日本とASEAN加盟国の防衛省間の協力の枠組みの中で、新たな発展段階にある日本とベトナムの防衛省が、多国間および地域協力関連のプログラムをめぐって緊密に調整しあうことで合意した。

二〇二二年九月二八日、東京で行われた安倍晋三元首相の国葬には、グエン・スアン・フック・ベトナム国家主席が参列した。また、それに際して天皇と会見した七人の国家元首のうちの一人であった。

二〇二三年一一月、ベトナムのヴォー・ヴァン・トゥオン大統領は、日本・ベトナム国交樹立五〇周年を記念して日本を公式訪問し、ベトナムの国家主席として徳仁天皇、雅子皇后、岸田文雄首相と会談した。会談後、トゥオン大統領と岸田首相は、アジアと世界の平和と繁栄のために、日本とベトナムの関係を包括的な戦略的パートナーシップへと引き上げることに同意し、共同声明を発表した。ヴォー・ヴァン・トゥオン国家主席はアジア最古の立法機関である日本の国会を訪問し、参議院議長および衆議院議長と会見、また国会内で基調演説を行った。この演説の中で、トゥオンは、日本の指導者、国会議員、国民に向けて、革新的で開かれた平和なベトナムは発展を目指し、その外交政策は独立、自立、多様化、多国間関係を目指しているというメッセージを発した。また、ベトナムが日本の信頼できるパートナーとして、国際社会の責任ある一員でありたいとの抱負を述べた。さらに、ベトナムと日本の過去五〇年間の友好的な協力関係を鑑み、アジアと世界の平和と繁栄のための包括的戦略パートナーシップを効果的に実施するための構想とガイドラインを表明した。

三　貿易・経済・投資協力——新たな展望

一九八六年にベトナムが対外経済関係において社会の近代化の道、ドイモイ政策、すなわち市場開放戦略を選択して以来、日本は常にあらゆる協力分野においてベトナムの重要なパートナーであった[15]。日本はベトナムを二十一世紀のアジア太平洋地域で政治的・経済的に重要な役割を果たす国と見なしており、現在、両国の関係は発展段階にあるといえる。日本とベトナムは、相互の信頼と、協力の有効性を高めるという共通の関心、そして未来に向けた協調の意欲を示している[16]。過去数十年にわたり、両国政府は定期的に訪問を行い、高官レベルでの交流を常に維持してきた。二〇〇九年、日本とベトナムは、アジアの平和と安定のために二国間関係を戦略的パートナーシップのレベルに引き上げることに合意し、同年四月二〇日に共同声明を発表した[17]。地理的に近い位置にあること、長年

（15）Hong A. T. 'Đổi Mới and the Remaking of Vietnam,' Global Asia. URL: https://www.globalasia.org/v4no3/cover/doi-moi-and-the-remaking-of-vietnam_hong-anh-tuan

（16）Prypik Yevhen. 'Prospects for the development of Vietnam–Japan cooperation in the framework of strategic partnership,' Роль Японії у сучасному світі. Збірник наукових праць. Kyiv. 2022. pp. 161–175.（『現代世界における日本の役割』科学研究叢書、キーウ、二〇二二年）

（17）Dinh T. H. L. 'Vietnam–Japan Relations in the Context of Building an East Asian Community,' Asia-Pacific Review. Vol. 16, No. 1, 2009,

の関係、そして現在の戦略的利害関係が、日本とベトナムの距離を縮めていることは注目すべき点である。ベトナムと日本の協力関係の持続的発展は、両国の指導者と人びとによる努力の賜物である。

日本とベトナムは、国際的・地域的なフォーラム、航空・海上安全保障の確保、気候変動対策、テロリズムに対する協力において、相互支援を行なっている。日本はG7メンバーであり、ベトナムの市場経済を最初に承認した国である。ベトナムは、日本の国連安全保障理事会常任理事国入りを支持することを最初に表明した国の一つであり、この立場を一貫して堅持してきた。日本とベトナムは相互に協力し、ASEAN一〇カ国とその他日本を含む六カ国が参加する環太平洋パートナーシップ協定[18]と地域的な包括的経済連携（RCEP）の締結を加速させた[19]。

日本はベトナムにとって主要な対外経済相手国の一つであり、中国、米国、韓国に次いで第四位、輸出額では中国、米国に次いで第三位の貿易相手国である[20]。輸出志向のベトナム経済にとって、日本の市場は非常に重要である。二〇二二年、日本とベトナムの貿易総額は四七六億米ドルに達し、二〇一〇年と比較して二・八倍に増加した（二〇一〇年の両国間の貿易総額は一六七・五億米ドル）。二〇二二年のベトナムの対日輸出額は二四二・三億米ドルに達し、今年のベトナム全体の輸出額の六・五％を占める。同時に、二〇二二年の日本からベトナムへの輸入は二三三・七億米ドルに達し、ベトナム全体の輸入額の六・五％を占める。日本製品とベトナム製品の貿易構造は補完的で非競争的である。日本は水産物、繊維製品、革靴、加工食品などの消費工業製品の輸入大国であり、ベトナムはこれらの製品において絶対的な競争力を持つ。対照的に、ベトナムは日本から機械、設備、技術、加工向け原材料を輸入している。

現在、日本は政府開発援助を通じてベトナムを支援する最大の国であり、ベトナム全体では第二位の投資国である（この指標では日本は韓国に遅れをとっている）。過去二〇年間にベトナムが受領したODA資金の総額九〇〇億米ドルのうち、ほぼ三〇％を拠出しているのが日本である[21]。

政府開発援助プログラムのもと、二〇一二年から二〇一六年にかけて日本がベトナムに提供した無償援助額は総額一一億四〇〇〇万米ドルであった。同時に、ODAプログラムのもとで二〇一二年から二〇一六年の間に日本からベトナムに提供された融資額は合計で約一四二億米ドルであった。二〇二三年におけるベトナムへの外国直接投資（FDI）総額は約三六六億米ドルに達した。そのうち日本によるFDIの額は六五・七億米ドルとなり、同年のベトナムに対する外国投資の約一八％を占めた。

二〇二三年、日本はASEAN圏で第二位の外国投資国となり、投資総額は二六七億米ドルに達した。ベトナムでは、日本は常にFDI拠出国の上位三位以内に位置しており、二〇二三年九月現在、有効なFDIプロジェクトは五二〇〇件近く、その総額は七一〇億米ドルを超える[22]。

日本による主なベトナム投資プロジェクトは、ニプロファーマによる二億五〇〇〇万米ドルの医薬品・医療機器工場の建設[23]、ブリヂストンによる五億七五〇〇万米ドルのタイヤ工場の建設[24]、富士ゼロックスによる一億一九〇〇

---

pp. 100–130.

（18）'An overview of the TPP agreement,' Vietnam Law and Legal Forum. October 30, 2015. URL: https://vietnamlawmagazine.vn/an-overview-of-the-tpp-agreement-5051.html

（19）'Vietnam's Economy to Benefit Most from RCEP: World Bank,' Vietnam Briefing. April 14, 2022. URL: https://www.vietnam-briefing.com/news/vietnams-economy-benefit-most-from-rcep-world-bank.html/

（20）Thai Binh, Ngoc Loan. 'Japan is Vietnam's leading trading partner,' Customs News. November 30, 2023. URL: https://english.haiquanonline.com.vn/japan-is-vietnams-leading-trading-partner-28268.html

（21）Araki M. 'The Japan ODA model that began life in Southeast Asia,' Asia-Pacific Review. 2007. Vol. 14. № 2. pp. 17–29.

（22）Mai Huong. 'Việt Nam to lead the way attracting Japanese investments,' Việt Nam News. February 15, 2024. URL: https://www.omron.com/apac/en/uploadfile/newsroom/VietNam_News_P11_Japan_Feb152024.pdf

（23）'Nipro Pharma Co., Ltd. to invest in Vietnam Haiphong,' Phuhai. July 31, 2017. URL: https://phuhaico.vn/company-news/

万米ドルの印刷工場の建設など[25]、ハイフォン市における投資プロジェクトがある。二〇一六年までに、ハイフォン市での日本の投資プロジェクトは九五件、投資総額は二六億米ドルに達し、同市における全投資額のほぼ半分を占めた。

ベトナムでは、二国間協力の一環として、多くの大規模インフラ建設事業や産業プロジェクトが実施されている。日本はベトナムにおける物流の開発整備に積極的に参画しており、同国の後進地域の開発プロジェクトにも参画している。ベトナムの工業化戦略は、二〇三〇年までの日本・ベトナム間の相互協力枠組みのなかで実施されている。

現在ベトナムで行われているODAによる無償資金協力や技術協力など、日本の援助による主なプロジェクトは以下の通りである。

1　ベトナム初の宇宙センターであるベトナム国家宇宙センターの設立支援

二〇一八年、ハノイのホアラック・ハイテクパークに日本の専門家の協力を得てベトナム国家宇宙センターが完成した。日本は、政府開発援助プログラムのもと、この宇宙センターの建設に六億米ドルを割り当てた[26]。ベトナムは日本の宇宙技術を用いて人工衛星を製造する予定である。二〇〇八年以来、ベトナム宇宙技術アカデミー（VAST）の技術者は、日本の筑波宇宙センターでの衛星開発研修に派遣されている。二〇一一年から二〇一五年の間、三五人のベトナム人学生が日本の衛星技術に関する修士課程に派遣され、重さ五〇キロの人工衛星、マイクロドラゴンの製造に携わった[27]。二〇一三年一一月一九日、ベトナム国家宇宙センターの技術者が研究・製造した重さ一キロの人工衛星ピコ・ドラゴンが、軌道上で活動する初のベトナム製人工衛星となった。

2　ベトナムで二機目の原子力発電所の建設

ベトナム初の原子力発電所が、二〇一四年から二〇二〇年にかけてロシア企業アトムストロイエクスポルト（Atomstroyexport）によって建設される予定であったとされている。ベトナム当局は、原子力技術を一つの供給国に依存することを望まず、ベトナムで二機目の原子力発電所を日本の専門家に委託することで日本政府と合意した。ニントゥアン2原子力発電所は、ベトナムのニントゥアン省ヴィンハイに建設される予定で、一〇〇〇MWeの原子炉四基で構成される予定である。[28] また、このプロジェクトの調査は日本原子力発電株式会社が実施することになっている。ニントゥアン2は、日本の民間企業一三社からなるコンソーシアムである国際原子力開発株式会社（JINED）によって建設される予定である。同発電所はベトナム国営電力会社EVNが所有・運営する。ニントゥアン2

nipro-pharma-co--ltd--to-invest-in-vietnam-haiphong-299.htm

（24）'Bridgestone to build $575 mln Vietnam tyre plant –paper,' Reuters. February 2, 2012. URL: https://www.reuters.com/article/vietnam-bridgestone/bridgestone-to-build-575-mln-vietnam-tyre-plant-paper-idUKL4E8D213U20120202/

（25）'Fuji Xerox opens $119m LED printer factory in Hai Phong,' Vietnam Global.

（26）'Vietnam to build US$ 600 million national space center,' Vietnamnet Global. November 18, 2011. URL: https://vietnamnet.vn/en/vietnam-to-build-us-600-million-national-space-center-E15179.html

（27）Щоденник українського дипломата Євгена Припіка. Посольство України в СРВ. 2015 рік.（『ウクライナ外交官イェフヘン・プリィピックの日記』在ベトナムウクライナ大使館、二〇一五年）

（28）'Vietnam signs up Japan for Ninh Thuan 2,' Nuclear Engineering International. November 3, 2010. URL: https://www.neimagazine.com/news/vietnam-signs-up-japan-for-ninh-thuan-2/

の第一号機は二〇二一年、二号機は二〇二二年、三号機は二〇二四年、四号機は二〇二五年に運転開始が予定され、建設準備のための海洋地質調査を、日本の川崎地質株式会社が行った。しかし、二〇一六年一一月、ベトナム政府は原子力発電計画について、現状では他の安価な電源の供給があるため経済的に非効率であると判断し、二〇三〇年まで断念することを決定した。

3　ホーチミン市から東へ四〇キロメーターのドンナイ省にあるロンタイン国際空港の建設

ロンタイン空港の建設は二〇二一年一月にベトナム政府によって承認され、二〇二五年までに完成する予定である。この空港は、設計された最大規模まで建設されると、年間一億人以上の利用者と五〇〇万トンの貨物に対応することになる。ベトナム最大の空港となり、東南アジアでも最大級の空港となる。プロジェクトの総費用は一六〇億米ドルと見積もられている[29]。プロジェクト資金は、政府補助金、国内外からの投資で賄われる予定である。ベトナム空港公社（ACV）は、ロンタイン国際空港建設プロジェクトに二億三五三四万米ドルを投資する。政府は政府開発援助（ODA）融資のうち二二億五〇〇〇万米ドルを建設の第一段階のために借り入れる。日本による二〇億米ドルの拠出は、二〇一三年末にベトナムと日本の首相によって合意された。これは、第一段階で七八億米ドルが計上されているこのプロジェクトの実施を促進するための合意の一部である[30]。空港インフラの建設には政府資金と政府開発支援プログラムからの融資が充当され、空港利用者ターミナルの建設には民間の資金が使われる。ロンタイン国際空港の建設は、ベトナム史上最も高額なインフラプロジェクトとなる。

4　ベトナム北部のラックフエン国際港の建設

この新しい大水深の港湾は沿岸都市のハイフォン市に位置し、北部における重要な海上リンクとなり、グローバル・サプライチェーンにおけるベトナムの地位を高めることが期待されている。プロジェクトの投資総額は一二億米ドルと見積もられ、日本の政府開発援助（ODA）融資と日本とベトナム企業の合弁事業によって賄われる。ラックフエン港の建設は二〇一三年に開始された。第一期工事は二〇一九年に完了し、現在では約二〇フィート換算で約三〇万ユニット（TEU）の貨物を扱うことができる。この取扱量は、能力が向上するにつれて四〇〇万から六〇〇万TEUに増加する予定である。[31] 北米やヨーロッパに輸出されるベトナム北部の輸出品の多くは、現在シンガポールや香港を経由している。しかし、日本の海運会社の商船三井は、ラックフエン国際港から北米への直行航路を開設する予定である。こうした海運会社は、TPPやその他の自由貿易協定の下で輸出ビジネスが成長すると期待している。

---

(29) Rogers D. 'Vietnam chooses contractors for $16 bn Long Thanh airport,' Global Construction Review. August 30, 2023. URL: https://www.globalconstructionreview.com/vietnam-chooses-contractors-for-16bn-long-thanh-airport/

(30) Щоденник українського дипломата Євгена Припіка. Посольство України в СРВ. 2013 рік.（「ウクライナ外交官イェフヘン・プリィピックの日記」在ベトナムウクライナ大使館、二〇一三年）

(31) 'Lach Huyen International Gateway Port, Haiphong,' Ship Technology. November 2, 2017. URL: https://www.ship-technology.com/projects/lach-huyen-international-gateway-port-haiphong/#:~:text=Construction%20of%20the%20port%20began,scheduled%20for%20

5　ベトナムでのレアアース共同開発プロジェクト

希土類元素には、スカンジウム、イットリウム、周期表の一番下にある一五種のランタノイドが含まれる。レアアースの持つ独特の光学的・磁気的特性は、モーター、触媒、発光ダイオード、バッテリーなど、さまざまなハイテク用途に利用されている。近年、世界のレアアース埋蔵量の半分を有し、世界総供給量の約九八%を生産している中国が、レアアースの輸出に制限を設けたため、世界的に市場価格が高騰している。その結果、日本を含む多くの国々はハイテク産業に供給できるよう自国の資源開発に投資せざるをえなくなった[32]。二〇一一年以降、日本と中国はこの分野での協力を停止した。レアアースは日本経済の基幹産業である電子機器に広く使用されているため、日本にとっては非常に重要な分野である。現在、日本は中国に次ぐレアアース製品の消費国である。中国によるレアアース供給の独占に対抗するため、日本とベトナムは、レアアースの抽出と加工の技術を改善するための共同研究センターをハノイに設立した[33]。レアアース研究・技術移転センターは二〇一二年にハノイに正式に開設され、日本は五三〇万米ドルの設備を提供した。この新しいセンターでは、日本の研究者が、同じくハノイにあるベトナムの放射性希少元素技術研究所の科学者と共同研究を行っている[34]。

四　ロシア・ウクライナ戦争に対するベトナムの立場

過去七〇年以上を通じて、ベトナムの外交政策の特徴はバランスを重視することであった。ベトナム民主共和国は、一九五〇年代から一九六〇年代にはソ連と毛沢東により指導された中国の間で柔軟にバランスをとっていた[35]。一九八六年にドイモイ政策が宣言された後、ベトナム社会主義共和国は日本、中国、韓国、米国、欧州連合（EU）、ASEAN諸国、ロシアとの関係を積極的に発展させ、多角的外交へと移行していった(36)。ベトナムはその蓄積を現在のロシア・ウクライナ戦争のもとの状況でもいかそうとしており、一方向へ傾斜するのではなく、ロシアとウクライナ双方から等距離を保とうとしている。

ベトナム政府のこのような公式見解には、ロシアによるウクライナへの侵略が自国に及ぼす負の影響を最小限に抑えたいという狙いがある。たとえベトナムのように戦場から遠く離れていても、直接的または間接的にウクライナ情勢の影響を受ける。ベトナム政府にとっては、ロシア、ウクライナのどちらか一方に傾斜することは得策ではなく、二〇二一年一月から二月にかけて開催されたベトナム共産党第一三回党大会で決定された課題、とりわけ、ベトナムの国際関係、安全保障、国内経済状況への影響を考慮した上で、ベトナム政府はロシア・ウクライナ戦争に対する中立の立場を表明したと考えられる(37)。

---

completion%20by%202020.

(32) Areddy, J. T. and Chuin-Wei Y. "China Raises Rare-Earth Export Quota." The Wall Street Journal. August 22, 2012. URL: http://online.wsj.com/news/articles/

(33) Ichiko Fuyuno. Japan and Vietnam join forces to exploit rare earth elements. Scientific American. Nature. July 13, 2012.

(34) ウクライナ外交官イェフヘン・プリィピックの日記（二〇一五年）、前掲。

(35) Elliott D. W. P. Changing worlds: Vietnam's Transition from Cold War to Globalization Oxford University Press. Reprint edition. March 3, 2014.

(36) Schuler P. 'Vietnam's foreign policy under Đổi Mới,' Pacific Affairs, 2020. – Vol. 93 (№ 1).

(37) 'The 13th National Party Congress Resolution,' Tạp chí Cộng sản. URL: https://www.tapchicongsan.org.vn/web/english/focus/detail/-/

しかし、地球規模でネットワークが形成されているグローバルな現代社会では、軍事衝突の当事国から等距離を保つことは極めて難しい。ベトナムは国際社会から常に選択を迫られ、ロシア・ウクライナ戦争に関してより明確な立場を示すことを求められている。ロシアに対してウクライナでの戦争を止めるよう求めた国連総会決議の投票に際し、棄権した三四カ国のうちの一つがベトナムであった。さらに、国連総会のベトナム代表団は、国連人権理事会へのロシアの参加停止の決議に対し、反対票を投じている。またベトナム政府は、現在のウクライナ情勢に関連して、ロシアに対する制裁を支持しないことを表明した。

ベトナム政府はウクライナよりもロシアにやや近い立場にある。しかし、ベトナムの首相が二〇二二年五月にウクライナに五〇万ドルの人道支援を約束したとき、西側諸国の政治家の中には、ベトナムの立場がウクライナの方向に振れたと考える者もいた。[38] だがその少し前、二〇二二年三月に、ベトナムのブイ・タイン・ソン外務大臣は、ロシアのセルゲイ・ラブロフ外相、ウクライナ外相ドミトロ・クレーバと時間差で電話会談を行っており、それぞれの国との間で平仄を合わせていた。

二〇二四年一月、世界経済フォーラム（ダボス会議）の傍ら、ウクライナのヴォロディミル・ゼレンスキー大統領はベトナムのファム・ミン・チン首相と会談した。会談の中でチン首相は、同国政府がウクライナの領土保全と主権を支持し、戦争中のウクライナに人道支援を提供していることを強調した。ゼレンスキー大統領はベトナムに対し、ウクライナの和平実現を支援するよう呼びかけた。ゼレンスキー大統領とチン首相は、両国が長期的な関係と包括的な協力関係にあることから、多分野における二国間関係の強化の可能性を議論した。[39]

上述のとおり、ロシアによるウクライナ侵攻について、ベトナム政府は公式には中立を保っている。だが同時に、ベトナムのチン首相は、ロシアによるウクライナの民間人に対する攻撃と大量破壊兵器の使用に対して非難し、ロシアがウクライナに対して仕掛けた戦争は、現在の世界経済における大きな障害のひとつであると述べた。[40]

ベトナムは多方向のベクトルを持つ複合的な圧力にさらされている。ベトナムがロシアを非難することを難しくする要因もあれば、ベトナムがロシアを直接的かつ積極的に支援することを妨げる要因もある(41)。

ここでベトナム社会主義共和国がロシアを全面的に支持していない要因を分析することは重要である。ベトナムの中立的な立場は、反露連合の国々の姿勢とは明らかに異なっている。とはいえ、ベトナムは、ドイモイ政策の枠組みの中で、多部門・多角化政策を実施しており、過去数年間、日本や欧米諸国など、いわゆる反露連合の国々とかなり強い結びつきを築いてきた。ロシアの侵攻に関して反露連合の国々はベトナム政府に圧力をかけ、ウクライナ支援にまわるよう仕向けている。

その第一歩として、二〇二二年四月から五月にかけて岸田文雄首相がベトナムを訪問し、ベトナム政府に対してウクライナへの支援を訴えた。岸田首相は、ウクライナ情勢に関してベトナムの協力を求め、ロシアによる侵攻は世界秩序の根幹を揺るがすものであると述べた。また、岸田首相はベトナムの首相に対して、地域と世界の安定を

---

asset_publisher/FMhwM2oQCZEZ/content/the-13th-national-party-congress-resolution

（38）'Cultural and humanitarian cooperation,' Embassy of Ukraine in the Socialist Republic of Vietnam. URL: https://vietnam.mfa.gov.ua/en/ukraine-and-vietnam/cultural-and-humanitarian-cooperation

（39）'Volodymyr Zelensky met with the Prime Minister of Viet Nam in Davos,' President of Ukraine Official website. January 16, 2024. URL: https://www.president.gov.ua/en/news/u-davosi-volodimir-zelenskij-zustrivsya-z-premyer-ministrom-88393

（40）Прем'єр В'єтнаму назвав війну в Україні однією з головних причин проблем у світовій економіці.（ベトナム首相は、ウクライナ戦争を世界経済における問題の主因のひとつと呼んだ）. Укрінформ（Ukrinform）. URL: https://www.ukrinform.ua/rubric-economy/3728313-premer-vetnamu-nazvav-vijnu-v-ukraini-odnieu-z-golovnih-pricin-problem-u-svitovij-ekonomici.html

（41）Storey I. 'Vietnam and the Russia – Ukraine war: Hanoi's "Bamboo Diplomacy" pays off but challenges remain,' Fulcrum. Analysis on Southeast Asia. March 22, 2024. URL: https://fulcrum.sg/vietnam-and-the-russia-ukraine-war-hanois-bamboo-diplomacy-pays-off-but-challenges-remain/

確保するためには、共に協力する必要があることを伝えた。[42] ベトナムはその後、ウクライナへの人道支援を表明し、「前向きな一歩」を踏み出した。しかし同時に、援助は国際人道支援組織を通じて行われるものであり、ウクライナ政府に対して直接行われるものではないとベトナム政府は強調した。これを受けてロシア当局は、日本政府の非友好的な政策に対抗するとして、岸田首相のロシアへの入国を無期限で禁止した。[43]

ベトナム政府に圧力をかけようとしたもう一つの試みは、二〇二二年五月に米国で開催されたASEAN・米国特別首脳会議であった。[44] 会議に参加したファム・ミン・チン首相は、ジョー・バイデン米国大統領を含む米国の代表団と会談を行い、ウクライナにおける軍事衝突などの国際問題について話し合った。それに際して、双方は紛争解決のための武力を放棄し、国際法と国連憲章に基づいて平和的に解決することを求めるとの声明が発表された。

ベトナムがそれに先立って、ロシア・ウクライナ戦争に関連してロシアに対する制裁を支持しないと表明したことは、決してアメリカや日本といった反露連合の諸国を満足させるものではなく、ひいてはベトナム経済へのネガティブな影響というリスクを含んでいる。つまり、日本はベトナムの主要な経済パートナーであり、同時に最大のODA供与国（一九九二年から二〇二二年にかけて二〇〇億米ドル以上）、第三位の投資国（二〇二二年までに日本が供与する直接投資の総額は七〇〇億米ドル近くに達する）かつ、第四位の貿易相手国である。そして、ベトナムにとってアメリカは中国に次ぐ第二位の貿易相手国である。[45]

それでは、ベトナムが西側諸国の反露連合に完全に参加するのを妨げている要因とは何であろうか。二〇一二年、ベトナム社会主義共和国とロシア連邦は包括的戦略的パートナーシップ関係を樹立した。これは、二国間関係の枠組みの中で、両者が特別な行動規範を遵守することを前提としている。[46] さらに二〇三〇年までのベトナムとロシアの間の包括的な戦略的パートナーシップの発展ビジョンについて、二〇二一年一一月にベトナム政府とロシア政府が共同声明を発表したが、これは実に、ロシア軍によるウクライナへの侵攻が始まるわずか三ヶ月前であった。[47]

ベトナムが国連総会で行われたロシアによるウクライナ侵攻に関する決議案の採決で反露連合の側に立たなかっ

たことの理由はまさにこの問題にある。このロシア・ベトナム間の共同声明では、「多くの世界的、地域的な問題に対する立場の近接性または一致に基づき、平和、安定、繁栄を確保するために、国連やその他の国際機関の枠組みのなかで緊密な協力を継続する」とされ[48]、また同時に、国連安全保障理事会を介した一方的な強制措置や経済制裁

（42）'Japan–Vietnam Summit Meeting,' Ministry of Foreign Affairs of Japan. URL: https://www.mofa.go.jp/s_sa/sea1/vn/page3e_001194.html

（43）Заявление МИД России об ответных мерах на политику правительства Японии в отношении Российской Федерации. Министерство иностранных дел Российской Федерации.（日本政府の対ロシア政策に対する報復措置に関するロシア連邦外務省声明）.

（44）'Vietnamese PM attends ASEAN–US Special Summit,' Vietnam Law and Legal Forum. May 14, 2022. URL: https://vietnamlawmagazine.vn/vietnamese-pm-attends-asean-%E2%80%93-us-special-summit-48586.html

（45）'President's visit – highlight of Vietnam – Japan relations,' Vietnam Law and Legal Forum. URL: https://vietnamlawmagazine.vn/presidents-visit-highlight-of-vietnam-japan-relations-70873.html

（46）Thayer C. 'The Russia–Vietnam comprehensive partnership,' East Asia Forum. October 9, 2012. URL: https://eastasiaforum.org/2012/10/09/the-russia-vietnam-comprehensive-partnership/

（47）'Joint Statement on 2030 Vision for Development of Vietnam – Russia Relations,' Ministry of Industry and Trade of the Socialist Republic of Vietnam. December 3, 2021. URL: https://moit.gov.vn/en/news/ministerial-leaders-activities/joint-statement-on-2030-vision-for-development-of-viet-nam-russia-relations.html

（48）Совместное заявление о видении развития отношений всеобъемлющего стратегического партнёрства между Российской Федерацией и Социалистической Республикой Вьетнам на период до 2030 года. Официальный сайт Президента Российской Федерации. URL: http://www.kremlin.ru/supplement/5742/print（二〇三〇年までのロシア連邦とベトナム社会主義共和国間の包括的戦略的パートナーシップ関係の発展に関する共同声明、ロシア連邦大統領公式サイト）.

を容認することはできないとの内容を含んでいた。これに基づき、ベトナムはロシア・ウクライナ戦争に関連した対ロシア制裁を支持しなかったのである。これに対して、それ以前の時期、すなわち二〇一四年から二〇一九年にかけて米国とEU加盟国によって講じられた反ロシア制裁に関しては、ベトナムは反対していなかったということを指摘する必要がある。

現在、南シナ海の領有権争いにおいて、ロシアとの軍事技術協力はベトナムの安全保障にとって非常に重要であることに疑いの余地はない。だが、経済的に弱体化するロシアからベトナムが十分な利益を得ているとは言い難い。ベトナムとロシアの経済協力については、近い将来、西側の対ロシア制裁、物流の停滞、エネルギー価格の高騰などにより、マイナスの影響を受けることが予想される。とはいえ長期的には、西側企業のロシアからの撤退という事情は、ロシアとベトナムの経済交流の新たな回路を開くこともありうる。

二〇二二年七月にロシアのラブロフ外相がハノイを訪問し、ベトナム共産党中央執行委員会書記長、ベトナム首相、ベトナム外務大臣と交渉を行った際、ベトナム政府高官のブイ・タイン・ソンは「ロシアとの関係発展はベトナムの外交政策の主な優先事項の一つである」と述べた。同時に、彼はベトナムが「ロシアとウクライナの長年のパートナーとして、ベトナムがこの紛争の長期的な解決策を見つけるために対話の努力を強化すべきである」と表明した。[49]

日本とベトナムとの二国間関係においては、中国ファクターが大きな影響を及ぼしている。現在のベトナムと中国の関係は、南シナ海の領有権問題、アジア太平洋地域における日本と米国の役割に関する見解の相違、経済的利害の対立など、両国関係のゆがみによって特徴づけられる。[50] ベトナム政府は、中国との間に存在する、このような既存の諸問題の先鋭化は望んでおらず、外交政策において常に中国の立場を多かれ少なかれ考慮しなければならない。[51] このような事情からも、ベトナムは、ウクライナの軍事衝突問題をめぐり、中国当局の見解を無視することはできなかった。中国の「ウクライナ紛争」に対する立場は、とりわけ以下の点に集約される。中国政府高官が主張するように、紛争の解決は交渉のテーブルで行われるべきであり、一方的な制裁と武器供給で火に油を注ぐようなことせず、すべての国の領土の保全と安全の尊重を強調することである。(52)

国連総会でウクライナの軍事衝突に関連する決議案の票決において、ベトナムと中国の立場は一致している。二〇二二年三月、ベトナムは中国と同様、ロシアのウクライナに対する軍事侵攻を非難する決議案の採決を棄権した。また、二〇二二年四月、ベトナムは中国と足並みをそろえて、ロシアに対する国連人権理事会への参加停止決議を支持しなかった。

ベトナム・中国関係ではもう一点、国際政治上の重要な問題がある。国際共産主義運動と労働運動の深刻な危機という現代世界の事情を鑑み、今日においていまだ現存している共産党のなかで、とりわけ主導的役割を担う二つの党、すなわち中国共産党とベトナム共産党が、国際政策の問題で一致して行動するのかどうか、とりわけ日本やアメリカにどのように対峙するのか、ということも、今後のベトナム・中国関係を考慮する際の重要なポイントと

---

(49) 'Foreign Minister Sergey Lavrov's statement and answers to media questions following talks with Foreign Minister of the Socialist Republic of Vietnam Bui Thanh Son, Hanoi, July 6, 2022,' The Ministry of Foreign Affairs of the Russian Federation. URL: https://www.mid.ru/en/foreign_policy/news/1820812/

(50) Pham Sy Thanh. 'Vietnam's active diplomacy to engage with China's increasing regional presence,' Changing World Politics. September 10, 2018. URL: https://www.twai.it/magazines/vietnams-active-diplomacy-to-engage-with-chinas-increasing-regional-presence

(51) Nguyen X.C., Nguyen Thi P.H. 'Vietnam – China relations: from normalization in 1991 to the present,' Essential Problems of Vietnam Studies – 2019: Relations between Vietnam and China after the border war in 1979. RAS IFES. 2019. pp. 88–106.

(52) Rogalewicz M. 'China's position on the war in Ukraine: special report by Warsaw Institute,' Vox Ukraine. URL: https://voxukraine.org/en/china-s-position-on-the-war-in-ukraine-special-report-by-warsaw-institute

なろう。[53]

おわりに

本章は、第一に日本とベトナムの相互関係について論じた。長い歴史的交流を背景とする両国関係は、仏教と儒教道徳に影響を受けた共通の文化規範、政治的・経済的な相互協力など、多様なレベルの結びつきによって彩られている。これらの長い交流の蓄積は、現在、両国が包括的戦略的パートナーシップ、また、他の分野における二国間協力を強化するための原動力となっている。このような積極的な相互協力に基づく二国間関係は、日本とベトナムにとって有益なだけでなく、この地域の地政学的関係や多国間関係にもポジティブな影響を与えている。

政治交流の一環として、日本とベトナムは、国連、WTO、その他の国際機関の枠組みの中で両国間の協力を強化する必要性を認識している。両国は安全保障分野に特別な注意を払い、特に南シナ海情勢に対する深刻な懸念を共有している。両国に中国との領土問題が存在することを踏まえ、両国は国際法に基づいてこの問題を平和的に解決する必要性を強調する。

日本から見たベトナムの社会経済情勢は順調に発展しており、二〇二四年から二〇三〇年にかけての経済成長は安定的に続くと予測されている。このため、多くの日本企業はベトナムへの投資を拡大させると見込まれている。ベトナムにおける日本の輸出入・投資活動を後押しするため、両国はあらゆるレベルで、特に政府間の定期的な訪問といった外交を通じて政治的な結びつきを強化するのが望ましいであろう。また、ベトナムへの投資支援や税制優遇措置、例えば設備・技術に対する課税免除、事業税免除などを通じ、民間部門の投資を積極的に奨励すべきであろう。

現在の良好な二国間関係を背景に、日本とベトナムは、互恵の原則の下、互いの長所を十分に発揮し、政府開発援助のみならず、通商・投資における民間レベルでの協力を強化することを通じ、両国経済の結びつきを促進し、相互補完するよう努めるべきである。くわえて、ベトナムは投資環境を整備・改善し、ベトナム市場への外資参入により良い条件を準備する必要があり、貿易・投資促進会議を含め、さまざまな方法を用いて、日本からの投資を誘致するよう努力すべきであろう。日本とベトナム両国の企業は、積極的に経営能力を強化し、人材の資質を刷新し、グローバルなサプライチェーンを結び、あらゆる機会を活用する競争力を創出しなければならない。

ベトナムと日本は、二国間関係の発展のみならず、世界の人びとの利益のために、包括的に発展し続ける相互戦略的パートナーシップ関係の深化を追求する必要がある。もっとも、ベトナムが過去数十年にわたり維持してきた多角的外交という政策路線は、日本を含むパートナー国の対極にある他の国々の利害から、逆に圧力にさらされる危険性もはらんでいる。ロシアとウクライナの軍事紛争に際し、現在、ベトナム政府は複合的な外交要因の影響のもとにあることを認識し始めている。こうしたなか、このような錯綜する国際情勢の下の政治的圧力を中和する意図をもって、ベトナムの指導部は中立の道を選んだ。ロシア・ウクライナ問題に対し中立を宣言することで、ベトナムは日本との政治的・経済的利益の追求を継続しつつ、同時に、ウクライナ問題をめぐるロシア、中国、アメリカの間の緊張をはらんだ地政学的不確実性に対処している。

このように、ロシアによるウクライナへの侵攻をめぐるベトナムの姿勢に影響を与える複合的な要因を考察する

(53) Nguyen Huy Hoang. 'The rise of China and Vietnam's policy,' Essential Problems of Vietnam Studies – 2019: Relations between Vietnam and China after the border war in 1979. RAS IFES. 2019. pp. 119–126.

ことは、ベトナム政府の今後の方向性を予測するうえで重要であり、ロシア・ウクライナ戦争の行方次第で変化してゆく可能性があると結論できるであろう。

［根岸海馬 訳／進藤理香子 監修］

Japan and Ukraine
Distant yet Close Partners

Historical Ties, Contemporary Challenges and Future Perspectives

CONTENTS

伊東林蔵（いとう・りんぞう，Rinzo ITO）
法政大学大原社会問題研究所兼任研究員。ドイツ近現代経済史・企業史専攻。論文：「ヴェルサイユ体制下のドイツ鉄鋼業とフリードリヒ・フリック」（『大原社会問題研究所雑誌』751号、2021年）ほか。

ナタリヤ・ソロシェンコ（Natalia SOLOSHENKO）
ウクライナ国防大学軍事訓練学部上級講師。チェルノブイリ原子力発電所事故処理問題、環境保全と再建、ウクライナ現代史における軍事問題専攻。論文：Ліквідація наслідків Чорнобильської катастрофи 1986 р. та внесок українських військовослужбовців. Вісник Національного університету оборони України（= Elimination of the Consequences of the 1986 Chernobyl Disaster and the Contribution of Ukrainian Military Personnel. In: Bulletin of National Defense University of Ukraine 5（58), 2020, pp. 183–192）

大和田悠太（おおわだ・ゆうた，Yuta OWADA, PhD）
一橋大学大学院社会学研究科特任講師。政治学、政治過程論専攻。共編著：『インフォーマルな政治の探究：政治学はどのような政治を語りうるか』（吉田書店、2025年）、論文：「公共利益団体の形成過程と政策要因：日本消費者連盟の結成を事例に」（『ノンプロフィット・レビュー』24（1）、2024）ほか。

イェウヘン・O・プリーピク（Yevhen O. PRYPIK, PhD）
ウクライナ国立科学アカデミー世界史研究所アジア・アフリカ史部門上級研究員。東アジア、東南アジア、国際関係、政治学専攻。論文：Prospects for the Development of Vietnam – Japan Cooperation in the Framework of Strategic Partnership. In: Роль Японії у сучасному світі: збірник наукових праць. За заг. ред. канд. іст. наук., доц. В. О. Шведа. К.: Державна установа «Інститут всесвітньої історії НАН України»（= The Role of Japan in the Modern World: A Collection of Scientific Works, edited by V. Shved, Kyiv: The State Institution “Institute of World History of the National Academy of Sciences of Ukraine”, 2022, pp. 161–176）ほか。

翻訳者

坂本 博（さかもと・ひろし，Hiroshi SAKAMOTO）
法政大学大原社会問題研究所嘱託研究員、元富山国際大学教授。ロシア思想史専攻。共著：『チェルヌィシェフスキイの生涯と思想』（社会思想社）、共訳：S・H・バロン『プレハーノフ：ロシア・マルクス主義の父』（恒文社）ほか。

根岸海馬（ねぎし・かいま，Kaima NEGISHI, Dr.）
法政大学大原社会問題研究所嘱託研究員、日本女子大学人文社会学部学術研究員。人文地理学・社会学専攻。論文：「モビリティーズ研究の展開とアプローチ」（『立命館大学人文科学研究所紀要』142号）ほか。

平野達志（ひらの・たつし，Tatsushi HIRANO）
日本大学文理学部兼任講師。国際関係史専攻。共訳著書：『日中戦争と中ソ関係：1937年ソ連外交文書邦訳・解題・解説』（東京大学出版会）ほか。

執筆者（掲載順）

アンドリー・クドリャチェンコ（Andrii KUDRIACHENKO, Professor Dr.）
ウクライナ国立科学アカデミー世界史研究所所長、教授。ウクライナ・ドイツ関係史、ヨーロッパ・アジア関係史専攻。著作：Голодомор в Україні 1932–1933 років за документами Політичного архіву Міністерства закордонних справ Федеративної Республіки Німеччина / Упоряд., вступна стаття, пер. з нім. А. І. Кудряченка; Передмова Ю. Г. Рубана. – К.: НІСД, 2008. – 336 с.（= Holodomor in Ukraine 1932–1933 in the Documents of the Political Archive of the Federal Foreign Office of Germany, edited by A. I. Kudriachenko, Kyiv: National Institute for Strategic Studies, 2008）ほか。

鈴木 玲（すずき・あきら，Akira SUZUKI, Professor PhD）
法政大学大原社会問題研究所教授。労働社会学、環境と労働の運動史。共編著：『労働者と公害・環境問題』（法政大学出版局、2021年）。論文：「職業病の定義と補償をめぐる論争と紛争：アメリカの石炭じん肺の事例を中心に」『経済志林』（第89巻第3号、2022年）ほか。

ヴィクトリヤ・ソロシェンコ（Viktoria SOLOSHENKO, Associate Professor Dr.）
ウクライナ国立科学アカデミー世界史研究所副所長、准教授。文化政策史、ウクライナ・ドイツ関係史専攻。論文：Raub von hebräisch-jüdischen und anderen Kulturgütern während der deutschen Besatzung der Ukraine. Probleme der Recherche und Chancen der Rückgabe, in: Daniela Mathuber / Tillman Tegeler (Hg.): Aktuelle Forschungen zum nationalsozialistischen Kulturgutraub im östlichen Europa, Berlin: Frank & Timme, 2024, pp. 65–86ほか。

ヴャチェスラフ・シュヴェド（Vyacheslav SHVED, Associate Professor PhD）
ウクライナ国立科学アカデミー世界史研究所アジア・アフリカ史部門部長、准教授。外交史、国際関係史専攻。編著：Роль Японії у сучасному світі: збірник наукових праць. За заг. ред. канд. іст. наук., доц. В. О. Шведа. К.: Державна установа «Інститут всесвітньої історії НАН України» (= The Role of Japan in the Modern World: A Collection of Scientific Works, edited by V. Shved, Kyiv: The State Institution "Institute of World History of the National Academy of Sciences of Ukraine", 2022）ほか。

恵羅さとみ（えら・さとみ，Satomi ERA, Professor PhD）
法政大学社会学部准教授、法政大学大原社会問題研究所兼担研究員。産業・労働社会学、国際社会学専攻。著書：『建設労働と移民：日米における産業再編成と技能』（名古屋大学出版会、2021年）ほか。

ヴラディスラフ・ハヴリロフ（Vladyslav HAVRYLOV）
ウクライナ国立科学アカデミー世界史研究所アジア・アフリカ史部門研究員。現代カトリック教会史、ウクライナにおけるロシアの戦争犯罪問題などを研究。論文：Deportations as Mass Repressions against Humanity from History to the Present. Historical and Socio–Anthropological Aspects. In: Where Are Our People? Project by NGO PR ARMY, URL: https://deportation.org.ua/deportations-as-mass-repressions-against-humanity-from-history-to-the-present-historical-and-socio-anthropological- aspects/

編　者

進藤理香子（しんどう・りかこ，Rikako SHINDO, Professor Dr.）
法政大学経済学部教授、法政大学大原社会問題研究所副所長。ドイツ近現代史専攻。著書：Ostpreußen, Litauen und die Sowjetunion in der Zeit der Weimarer Republik : Wirtschaft und Politik im deutschen Osten, Berlin : Duncker & Humblot, 2013 ほか。

法政大学大原社会問題研究所叢書
日本とウクライナ　遠くて近いパートナー——歴史・挑戦・未来

2025年3月28日　初版第1刷発行

編　者　法政大学大原社会問題研究所／進藤理香子
発行所　一般財団法人　法政大学出版局
〒102-0071 東京都千代田区富士見2-17-1
電話03(5214)5540　振替00160-6-95814
組版：HUP　印刷：日経印刷　製本：積信堂

Printed in Japan

ISBN978-4-588-62554-1

法政大学大原社会問題研究所叢書

福祉国家と家族　法政大学大原社会問題研究所／原 伸子 編著　四五〇〇円

成年後見制度の新たなグランド・デザイン　法政大学大原社会問題研究所／菅 富美枝 編著　五七〇〇円

戦時期の労働と生活　法政大学大原社会問題研究所／榎 一江 編著　四八〇〇円

労働者と公害・環境問題　法政大学大原社会問題研究所／鈴木 玲 編著　三八〇〇円

「論争」の文体――日本資本主義と統治装置　法政大学大原社会問題研究所／長原 豊／G・ウォーカー 編著　四八〇〇円

無産政党の命運――日本の社会民主主義　法政大学大原社会問題研究所／榎 一江 編著　四八〇〇円

大原社会問題研究所100年史　法政大学大原社会問題研究所 編　三六〇〇円

❖表示価格は税別です。